云南省哲学社会科学创新团队成果文库

云南宗教文化
与民族团结的关系研究

A Study of the Relationship
between Religious Culture
and Ethnic Solidarity in Yunnan

孙浩然　著

社会科学文献出版社
SOCIAL SCIENCES ACADEMIC PRESS(CHINA)

《云南省哲学社会科学创新团队成果文库》
编辑说明

《云南省哲学社会科学创新团队成果文库》是云南省哲学社会科学创新团队建设中的一个重要项目。编辑出版《云南省哲学社会科学创新团队成果文库》是落实中央、省委关于加强中国特色新型智库建设意见，充分发挥哲学社会科学优秀成果的示范引领作用，为推进哲学社会科学学科体系、学术观点和科研方法创新，为繁荣发展哲学社会科学服务。

云南省哲学社会科学创新团队2011年开始立项建设，在整合研究力量和出人才、出成果方面成效显著，产生了一批有学术分量的基础理论研究和应用研究成果，2016年云南省社会科学界联合会决定组织编辑出版《云南省哲学社会科学创新团队成果文库》。

《云南省哲学社会科学创新团队成果文库》从2016年开始编辑出版，拟用5年时间集中推出100本我省哲学社会科学创新团队研究成果。云南省社科联高度重视此项工作，专门成立了评审委员会，遵循科学、公平、公正、公开的原则，对申报的项目进行了资格审查、初评、终评的遴选工作，按照"坚持正确导向，充分体现马克思主义的立场、观点、方法；具有原创性、开拓性、前沿性，对推动经济社会发展和学科建设意义重大；符合学术规范，学风严谨、文风朴实"的标准，遴选出一批创新团队的优秀成果，根据"统一标识、统一封面、统一版式、统一标准"的总体要求，组织出版，以达到整理、总结、展示、交流，推动学术研究，促进云南社会科学学术建设与繁荣发展的目的。

编委会

2017年6月

目 录

导　论

随着全球化进程和我国改革开放的逐步深入，宗教的地缘作用进一步凸显。尤其在民族人口和宗教信徒分布相对集中的边疆地区，为了促进民族内和民族间的团结，维护国家安全，更不能忽视宗教文化的积极作用。宗教可以赋予人信仰身份，并与民族身份、文化身份、社会身份协调互动。如果信仰身份与其他身份发生冲突，则不利于民族团结。因此，我们应不断将社会共享的共有身份、价值规范、群体意识等赋予信徒，使其产生我是"某民族"、我属于"中华民族"的心理认同。促进民族团结的过程，就是不断消除分裂因素的过程。在这一过程中，宗教同时作为价值性保障和工具性手段。在实现民族共同利益的过程中，应逐步消除宗教文化的对抗因素，使之作为虔诚信仰的催化剂，成为维系信仰家园的纽带。总之，我们可以从宗教信仰中寻找共同的文化因素，借助信仰力量促进个人对民族利益的文化认同。宗教是一把梳理社会的梳子，将人口按照信仰重新排序，并赋予人们"内外""我他"等差异标签。宗教是一面反观社会的镜子，借此粉饰自我、消除异己。宗教还是一个动员社会的扩音器，在公共领域发出声音，宣传特定价值观念，引导特定社会行动。在现代社会中，宗教的影响虽然有所衰退，但其"梳子""镜子""扩音器"的功能仍然存在，而且日益成为一把"双刃剑"，既有正功能，又有负功能。我们应在共同利益的目标下，正确引导宗教的教理教义、仪式活动、情感价值、网络传播等，去伪存真、激浊扬清，推动和维系民族团结。

在当今世界，原教旨主义、宗教极端主义、宗教恐怖主义的阴影笼罩着一些国家和地区。不少学者开始从宗教的角度对当今世界冲突的根源、性质、趋势进行分析，并探寻民族和解、宗教和谐、世界和平的道路。国际社会对民族宗教问题的关注持续升温，亨廷顿的文明冲突理论、潘尼卡的宗教对话理论等，一经提出即引起各国学者的热烈评议。选择宗教与民族团结的辩证关系作为一条研究线索，可以将国际学术界诸多热点理论申接起来，从中得出有益的启示。民族团结是社会和谐、政治稳定、国家昌盛的必要条件，是社会主义现代化建设顺利进行的基本前提，而宗教是影响民族团结的重要因素。在这一背景下，云南多民族、多宗教和谐共处的美好图景弥足珍贵，其经验教训值得我们系统总结，并提升到理论模型的高度。本书力求同时回答"何为民族团结、民族团结何为、为何民族团结、民族团结为何"等问题，系统分析云南宗教文化促进民族团结的本质特征、原因要素、过程路径、结构模式、功能作用等理论。研究不足之处，请专家不吝赐教。

一 云南宗教与民族团结关系的研究缘起

民族是特定人群形成的共同体。作为人群共同体并持续存在，关键是要找到将人群团结凝聚起来的因素。这些因素可能涉及政治、经济、文化、社会等诸多层面，但最终可以分为工具性和价值性两大类型。共同体的存在最终都指向团结，如果人群不能团结起来，则不能形成共同体。此团结既有以较弱的经济纽带、情感纽带、文化纽带或者政治纽带将人群联系在一起，也有以较强的利益粘连、情感互动、文化交织、政治压力将人群凝聚在一起的情况，前者可定义为弱团结，后者可定义为强团结。团结包括作为一种手段促进更高层次、更大规模人群凝聚的工具性团结，也包括作为最终目标、最终结果存在的价值性团结。此外，根据团结呈现出来的本质内涵，我们也可以将之分为情感型团结和利益型团结、长久型团结和暂时型团结、政府主导型团结和民间生成型团结等不同类型。无论哪一种类型的团结，都是在特定的人口范围、文化背景、工具手段、价值目标中展现出来的。可以说，团结具有相对性和辩证性，此时是弱团结，彼时则是强团结，此时是工具性团结，彼时则是价值性团结，其他类型的团结同样如此。宗教与民族团结的关系，即可在此框架内认识。

宗教是民族形成与发展过程中一个不可忽视的重要因素，关于这一点国内外学术界已有很多阐释。但是关于宗教促进民族团结的具体机制和过程，则缺乏微观、细致、深入的研究。对民族而言，从氏族到部落再到族群发展的早期阶段，因为人口规模和地域活动范围较小，图腾崇拜和民族宗教是维系其内部团结的强势手段和重要工具。例如，怒族原来每一个氏族都有自己的图腾和相应的神山、神树，并集体祭祀祖先。后来，怒族两个或以上氏族构成胞族，怒语称之为"霍"，类似于部落或部落联盟。近代以来，民族具有的人口规模和地域范围较大，宗教作为维系人群的纽带作用减弱，民族表现为多元化因素建构的社会制度或"想象的共同体"。

除上文所述工具性团结与价值性团结、强团结与弱团结等，宗教与民族团结的关系，在功能上还体现为"正、负、显、隐"四类，即宗教促进民族团结的正功能、宗教阻碍民族团结的负功能、宗教促进或阻碍民族团结并已经呈现的显功能、宗教促进或阻碍民族团结尚未呈现的隐功能。从民族角度而言，还可分为宗教促进民族内部团结与宗教促进民族之间团结两种类型。马克思说："要使各民族真正团结起来，他们就必须有共同的利益。"① 而利益不仅包括经济利益，也包括政治利益、社会利益乃至信仰利益等，宗教在促进民族共同利益方面有着特殊的作用。从经济利益角度分析，宗教并不是民族共同经济利益的代表，所以并不主要从经济方面促进民族团结。但宗教可以间接从经济利益的获得性，直接从民族情感的一致性、民族信仰的融通性、民族政治的建构性、民族社会的嵌入性、民族生活的结合性等方面，促进民族团结。在特定社会发展阶段或社会情境中，宗教也能同民族经济发生直接联系。例如，原始宗教的价值观念有助于维持人人平等，但也能阻碍其商品经济意识发展；放弃特定的仪式就不用准备特定祭品，可避免不必要的浪费；宗教改革推动了特定经济观念乃至社会制度的产生。历史上，早期基督教主张在教会内部平均财产。《圣经·使徒行传》说："那许多信的人都是一心一意的，没有一个人说他的东西有一样是自己的，都是大家公用……人人将田产房屋都卖了，把所卖

---

① 《马克思恩格斯全集》第一卷，人民出版社，1960，第501页。

的价银拿来，放在使徒脚前，照各人所需用的，分给各人。"①

宗教对于民族团结的作用，从原始社会直接的、几乎全面覆盖的影响，到现代社会间接的影响，呈现出一条清晰的时间线索和行动脉络。在行动脉络上，宗教对民族团结具有两面性，如果引导不当，则有可能导致民族对抗冲突乃至对立分裂。有时，宗教过度加强民族内部团结，却在民族之间引发冲突。有些民族的宗教禁忌不可触碰，有些民族就是因为信仰不同宗教逐渐从同一母体民族中分化演变而来。凡此种种，要求我们必须重视宗教与民族团结关系的研究，在引导宗教与社会主义社会相适应的实践中，促进宗教关系更加和睦，民族关系更加团结。对信仰宗教仍然较深的云南少数民族，更应该从理论和实践上对多元宗教的生成演化、宗教促进民族团结的功能路径、宗教引起民族冲突的现实表现、新中国成立以来党引导宗教推动民族团结的重要经验、营造宗教和谐与民族团结局面的对策建议等，进行系统梳理和研究。

从某种意义上说，首先要有宗教和谐，然后才能促进民族团结；实现民族团结，然后才能维护社会稳定；维护边疆民族地区社会稳定，才能保障国家安全。宗教虽然不是维护民族团结的充分必要条件，但也是不可忽视的重要因素。历史上，发生在云南的破坏民族团结的极端事件，或多或少都与宗教有关。加强宗教与民族团结关系研究，对云南多民族、多宗教和谐共处的相关经验进行系统总结与理论升华，有助于进一步落实党的民族宗教政策，引导宗教与社会主义社会相适应，防范民族宗教恶性事件的发生，巩固云南边疆民族地区宗教和谐、民族团结的局面，推动云南民族团结进步边疆繁荣稳定示范区建设。云南作为多民族共聚、多宗教共存的典型地区，对其宗教与民族团结关系的研究在全国多民族地区具有重要示范作用。同时，对民族与宗教团结关系进行深入系统的专题研究，有助于形成深具发展潜力的学科研究方向，引导民族学、宗教学乃至政治学、社会学相关理论研究的深化，推动"民族宗教学"这一新兴领域的发展。

---

① 中国基督教协会、中国基督教三自爱国运动委员会印《新旧约全书》，南京爱德印刷厂，1988，第151页。

二　云南宗教与民族团结关系的研究述评

我们可以从思想层面，为民族团结列出一个宗教思想的谱系，也可以从行动层面，为民族团结列出一个宗教关系的网络。宗教是传统社会凝聚力的重要基础和来源，关于这一点，很多学者都进行过论述，具体可以分为社会结构功能的分析、社会心理意识的分析、社会文化的分析、社会关系网络的分析四个方面的研究。

第一，社会结构功能的分析，代表人物有涂尔干、西美尔、吉登斯等社会学家，主要讨论宗教在促进社会团结中的功能与作用，其中也涉及宗教与民族团结的关系。

法国社会学家涂尔干（Emile Durkheim，1858 - 1917）认为，宗教是后来一切道德、哲学、科学和法律观念的起源，但是宗教不必在现代社会中扮演与以往时代一样的角色，相反它必须越来越服从于自己衍生的新型社会形态。宗教在方法论上的本质是二分法，将一切事物分成善恶、圣俗等两类。涂尔干将图腾崇拜作为最基本、最简单的宗教形式，并以此展开分析，写出大名鼎鼎的著作《宗教生活的基本形式》。图腾（totem）是北美印第安人奥吉布瓦方言的音译，意为"他的亲族"，原始社会人们将某种动物、植物作为自己的祖先和部落保护神加以崇拜。其实，我们可以进一步运用涂尔干的图腾理论分析云南少数民族的图腾崇拜。严复在《社会通诠》中为"图腾"添加按语说："图腾者，蛮夷之徽帜，用以自别其众于余众者也。北美之赤狄，澳洲之土人，常画刻鸟兽虫鱼或草木之形，揭之为桓表；而台湾生番，亦有牡丹槟榔诸社名，皆图腾也。"[①] 这段按语表现出严复对图腾及其区分并团结族群功能的认知。云南众多民族或者民族支系，其自称或他称中仍可见图腾崇拜的内容。例如，古代羌人部落中的白马羌、牦牛种，当以白马或牦牛为图腾。氐羌族群中的彝族支系"罗罗"，其意为虎，他们认为虎是自己的祖先，人死后也会转化为虎；大人物死去之后还要裹虎皮下葬，民间祭祖时也要在大门上挂一个绘有虎头纹

---

① 〔英〕爱德华·甄克思：《社会通诠》，严复译，北京时代华文书局，2014，第 5 页。

样的葫芦。彝族先民居住过的山川大河几乎都以虎命名，如澜沧江名"拉策江"，彝语"拉"即虎，"策"即是跃，"拉策江"意为猛虎跳跃的大江；哀牢山意为"大虎山"，彝语"哀"意为大，"牢"意为虎。此外还有很多类似的地名反映彝族先民虎图腾的宗教内涵。过去，怒族男孩名字中常有"腊"，女孩名字中常有"亚"，"腊"意为虎，"亚"意为鸡，当是怒族图腾崇拜之遗存。云南怒江傈僳族、白族支系巴尼人各个氏族都有自己祭祀的特殊鬼神如山羊、神鸟、蜜蜂等，外氏族并不祭祀这些鬼神，与孔子所说的"非其鬼而祭之，谄也"[1] 的精神不谋而合，这些鬼神显然也是从氏族崇拜的图腾演化而来。也可以说，图腾崇拜诞生于氏族，祖先崇拜诞生于部落，无论哪一类型的信仰形式都是适应社会发展阶段而形成、而发展的，其最初都发挥着整合团结特定人群共同体的作用。如果不同民族之间超越特定界限而凝聚团结，则可以融合为一个更大的民族共同体，例如中国 56 个民族紧密团结，形成中华民族。

德国社会学家西美尔（Georg Simmel，1858 - 1918）认为，"宗教在本质上表现为调控集体生活的形式和功能，在某种程度上甚至可以说就是这些形式和功能的实质化"。[2] 涂尔干也认为宗教的意义是集体的，巫术是个体的、偶然的、短暂的活动，具有工具性的追求。巫术在本质上基本不存在凝聚团结人群的作用，即使偶然涉及，也是以宗教为名义和旗帜。更多时候，巫术尤其是黑巫术容易引起人们的恐慌，破坏社会安定团结。例如，美国哈佛大学的著名汉学家孔飞力（Philip Alden Kuhn，1933 - 2016）的代表作《叫魂：1768 年中国妖术大恐慌》[3] 详细分析了乾隆盛世时，所谓的"叫魂"妖术如何在上至皇帝百官、下至平民百姓中引起恐慌。历史上，云南一些少数民族通过污名化的"放蛊""杀魂""琵琶鬼""摸秋秋"等进行社会排斥、人身迫害，屡屡引起社会冲突，也可作为"巫术"破坏民族团结的例证。对此，需要通过政策和法律手段予以取缔或引导。清朝雍正年间，云南改土归流之后，昭通仍有个别地方的彝族"袭其椎髻裹毡之旧，巫蛊械斗之常"，因此官府制定政策禁止巫蛊迷信。民国时期，

---

① 杨伯峻：《论语译注》，中华书局，2009，第 21 页。
② 〔德〕西美尔：《宗教社会学》，曹卫东译，上海人民出版社，2003，第 21 页。
③ 〔美〕孔飞力：《叫魂：1768 年中国妖术大恐慌》，陈兼、刘昶译，上海三联书店，2012。

长期生活在丽江的洛克记载当时仍有纳西族群众相信巫蛊，有些妇女会豢养"豹鬼虎鬼"害人，这些所谓"养鬼"的家庭会被社会排斥，子女很难成婚。

英国社会学家吉登斯（Anthony Giddens, 1938 - ）通过解读马克思的经典文本指出，宗教在东方社会具有凝聚团结的意义。在宗教克里斯玛权威的感召下，在想象中部落神灵的指引下，公社将其部分剩余产品贡献给专制君主。但是，统治者与其臣民结合成为一个整体，并不是因为广泛的经济相互依赖而凝聚成整合的社会，它基本上仍然是一个由各个环节单元组成的社会，单元之间主要由对专制君主个人形成的宗教性依附关系而结合。[1] 在原始社会，部落首领同时也是最大祭司的情况不在少数。《史记》的开篇之作《五帝本纪》记载，黄帝、颛顼、帝喾、尧、舜五位上古圣王，都"生而神灵"，是神一般的领袖人物。翻开二十四史，几乎任何一位帝王的诞生都被赋予克里斯玛的神化描述。

第二，社会心理意识的分析，主要有冯特（Wilhelm Wundt, 1832 - 1920）等人从社会心理与社会功能互动的角度，分析宗教如何促进社会团结。

冯特在其《伦理学》中认为，原始宗教包含对事物本质和规律的形而上学思考，以及行为准则和道德规范两种相互关联的现象。通过提供人们为之奋斗的理想，宗教成为一种社会团结的力量。宗教是原始社会中利他主义的重要源泉，宗教信仰和实践、宗教情感都控制利己主义行为，推动"人心系于他个人之外的事物，使人甘愿作出牺牲和公正无私"[2]。可以说，宗教不仅提供了社会契约，也提供了一种集体承诺和利他主义精神，使社会成员在彼此信任的心理前提下紧密团结在一起。例如，完全陌生的穆斯林，见面时互道问候语"色俩目"（意为"愿真主赐予你平安"），就能迅速拉近彼此距离。美国学者威廉·詹姆斯（William James, 1842 - 1910）的宗教心理学名著《宗教经验之种种》，主要讨论个人的宗教体验，较少

---

① 〔英〕安东尼·吉登斯：《资本主义与现代社会理论——对马克思、涂尔干和韦伯著作的分析》，郭忠华、潘华凌译，上海译文出版社，2013，第35页。

② 转引自〔英〕安东尼·吉登斯《资本主义与现代社会理论——对马克思、涂尔干和韦伯著作的分析》，第93页。

涉及宗教的集体心理，而宗教促进民族团结的心理机制，需要在集体心理层面发挥作用。

第三，社会文化的分析，主要以马林诺夫斯基（Malinowski，1884 - 1942）为代表，从宗教仪式、宗教节日、宗教民俗如何形成团结文化的角度，分析宗教如何促进民族社会的团结。

宗教是诸多文化的源头，其组织制度也是人类社会早期的重要制度之一，宗教不断传承、延续、发展了一类重要的社会文化现象。宗教是人类社会强有力的控制手段。在伦理道德方面，宗教通过禁忌、教规等影响人们的行为，使人们自觉遵守某些行为规范。在信仰方面，宗教给予人们强大的团结感和凝聚力，使人们感觉能够支配个体命运以克服自身不足。宗教在满足信众各种生活需求的前提下，提出人与人和谐相处的规范，帮助我们"诗意地"栖居在大地，赋予人类生活神圣使命。宗教确立的伦理道德、人际规范既在神圣之中也在世俗之中，对于形成民族团结的社会规范具有积极意义。很多世俗价值，最初都是从宗教之中引申出来的。马林诺夫斯基说："宗教信仰及仪式使人生重要举动和社会契约公开化，传统标准化，并且加以超自然的裁认，于是增强了人类团结中的维系力"[1]；"人生的各种圣礼将人们集合起来，不仅是为着举行非个人的仪式，并且是为着促进彼此的利益和保证彼此的责任，而唤起公共行动"。[2] 人类学家柯泽认为仪式具有五个方面的功能：满足组织的需求、为组织的活动提供合法性、为边缘群体提供团结的黏合剂、鼓励群众参与政治活动、培育特殊的认知能力和时代精神。[3] 可以说，宗教及其仪式训练了人们在共同体中生活的意识和能力，使社会团结成为现实。

第四，社会关系网络的分析，主要梳理宗教与民族的关系，分析宗教网络与民族网络重叠互构的过程，指出宗教如何促进民族团结，这是相当一部分国内学者的研究进路。

宗教推动民族团结的关键行动在于宗教通过自身的关系网络，在社会日常交往过程中使不同群体彼此接触，进而在宗教神灵的监督之下互助互

---

[1] 〔英〕马林诺夫斯基：《文化论》，费孝通等译，中国民间文艺出版社，1987，第78页。

[2] 〔英〕马林诺夫斯基：《文化论》，第78页。

[3] 转引自何国强《政治人类学通论》（修订版），云南大学出版社，2016，第322页。

动，形成紧密的人群共同体。如果是人口数量不同的两种民族，则可能在接触、互动之后，就开始出现涵化或融合关系，最终形成认同与团结。个体随之将团结规范内化，在社会行动中形成团结的良性循环。在宗教形成的信仰圈、文化圈及其所影响的民族圈中，个体与集体处于团结一致的行动脉络。例如，云南迪庆、丽江等地的藏传佛教文化圈和云南西双版纳、德宏等地的南传佛教文化圈，区域内各民族基本都能和谐共处。从整体结构看，宗教促进民族团结的关系属于中观目标，更高的目标还在于维护边疆稳定、社会和谐、国家富强，这一方面的研究属于宏观研究。国内学者如魏德东分析了宗教与民族认同的关联性等问题①，张践分析了宗教在民族国家认同中的作用，指出宗教对于民族团结、国家稳定的影响②。徐杰舜认为"各民族通过和亲通婚、怀柔教化、茶马互市、移民内徙、羁縻土司、朝贡赏赐、各教并存等形式在各个不同历史时期的不同层面发生了广泛的互动、交往和认同"③，将多元宗教和谐共存作为促进多民族和谐相处的重要因素进行考察。我们应从文化体系的角度、社会体系的角度和思想精神的角度，认真梳理宗教促进民族团结的实践路径和行动脉络。

总之，国内外关于宗教与民族团结关系的理论研究，多作为宗教与社会团结关系的子类型展开，提出了众多有待深入分析探讨的问题。目前，国内有关民族宗教的论文、专著、科研项目、研究报告日渐增多，较有代表性的学者如牟钟鉴、龚学增、何光沪、张声作、何其敏、张践等，从民族学与宗教学交叉结合的视角对宗教与民族的区别与联系、宗教在民族形成与发展中的作用和地位、宗教的民族性和民族的宗教性等问题进行了研究。当前，云南学术界颇为关注的多元宗教和谐共处问题，其实质即是宗教与民族团结的关系问题。张桥贵④、高志英⑤等学者撰文探讨了云南多元宗教和谐共处的历史、现状及成因，为我们进一步深入探讨宗教与民族团结关系提供了经验素材和理论向度。

---

① 魏德东：《探讨宗教认同与民族认同》，《中国民族报》2012 年 7 月 17 日。
② 张践：《宗教的类型对民族国家认同的影响》，《西北民族大学学报》2012 年第 3 期。
③ 赵旭东、韦小鹏主编《徐杰舜与汉民族研究》，云南人民出版社，2013，第 269 页。
④ 张桥贵：《云南多宗教和谐相处的主要原因》，《世界宗教研究》2010 年第 2 期。
⑤ 高志英：《多元宗教与社会和谐——云南少数民族宗教信仰发展问题调查研究》，《云南行政学院学报》2008 年第 3 期。

整体而言，现有研究以概念澄清、理论建构、宏观描述为主，缺少对具体问题进行重点调查的实证性研究，对专项问题进行深入研究的针对性不够，忽视了对多元宗教和谐共处的核心问题——宗教与民族团结关系的研究。目前有关宗教与民族团结的文章，还有一部分是政府部门的工作报告或经验总结，仍有较大的理论提升空间。很多文件都将民族团结的重要性罗列，但是关于促进民族团结的具体路径仍然缺少研究。将民族宗教学的理论视野聚焦宗教与民族团结的关系研究，既是社会发展的需要，也是学术发展的需要。同时我们也应该看到，宗教有促进民族团结的积极方面，也有阻碍民族团结甚至造成民族分裂的消极作用。因而在学术研究中，我们应辩证分析宗教的社会功能。

三　云南宗教与民族团结关系的研究设计

（一）研究思路

本研究以马克思主义为指导，坚持理论与实践、历史与现实、宏观与微观、文献研究与实证分析有机结合的研究原则，综合运用宗教学、民族学、政治学、社会学、历史学诸多学科的相关理论和方法，如文献研究、参与观察、访谈、问卷调查等。在整合已有文献成果、分析调查资料的基础上，按照宗教与民族团结的互动关系设计研究框架。我们将研究云南宗教文化与民族团结关系的历史脉络、现实状况和未来走向，分析不同类型的宗教如何在不同类型的民族内、民族间推动交流、加强理解、促进团结，立足云南民族地区实际，提出将宗教作为社会性资源、精神性资源和行动性力量推动民族团结的对策建议。民族与宗教问题关乎民族团结与国家安全，云南边疆少数民族地区宗教问题的研究尤其重要。我们拟从动态的角度，将宗教促进民族团结的过程视作信徒不断接触、认可良性宗教观念并不断内化、付诸实践，非信徒不断认可、尊重宗教信徒并与之和谐相处，国家与社会保护宗教信仰自由并逐步形成良性宗教文化生态、良性宗教关系、政教关系与社会秩序的渐进叠加的过程。本书在结构上由理论研究、现实研究和对策研究三大部分组成。

　　首先，是理论研究。理论是理解现实世界复杂关系的钥匙，是对各种经验现象的归纳提升，是某一知识领域概念和原理的体系。本研究拟以宗教文化作为自变量，以民族团结作为因变量，寻求二者之间的规律性关系，因而涉猎时间、空间范围很广。本研究拟在前人研究的基础上，重点从理论、现实、政策的维度，建构宗教与民族团结关系的学说体系。一是对民族团结的一般理论进行系统分析，重点包括民族团结的概念、类型、结构、模式、要素、特征、功能等；二是从民族宗教学的高度探讨宗教与民族团结的互动关系，重点包括宗教四要素与民族四要素之间的关系，宗教与民族认同、民族凝聚力的关系，宗教促进民族团结的历史进程、现实表现、正负功能、内在规律、作用机制、具体路径等；三是系统整理中国共产党关于宗教与民族团结的理论著述、经验教训，补充和完善马克思主义的民族宗教观；四是评述中国古代的民族宗教政策，总结其在处理宗教事务、协调民族关系方面的经验教训。

　　其次，是现实研究。本书在探讨云南民族多元、宗教多样、文化多维的客观事实中，突出"问题意识"，试图从宗教与民族团结关系的一系列现实事件及互动过程中建构并检验理论。一是对当前我国的民族宗教形势进行整体判断，系统分析云南多民族、多宗教、多文化和谐共存的历史、现状及趋势，对影响云南民族团结的各类宗教因素如宗教渗透、邪教传播、宗教极端主义等问题予以重点调查研究，尤其是云南积极融入"一带一路"倡议，建设南亚东南亚国际大通道、面向西南开放重要桥头堡、民族团结进步边疆繁荣稳定示范区以来，宗教对民族团结的现实影响；二是选取云南具有典型性的民族社区，从日常生活互动的层面，通过参与观察、问卷调查、个案访谈等技术方法，从宗教感情、宗教心理、宗教行为等角度，分析宗教对民族团结的具体影响。

　　最后，是对策研究。对于一项应用性研究来说，对策建议是不可缺少的组成部分。本书坚持"宗教和谐、民族团结、边疆稳定、社会发展"的原则，立足云南民族地区实际提出可操作性的对策建议。一是明确政府、社会、宗教界以及普通群众等各类行为主体促进宗教和谐、民族团结的责任与义务；二是防范宗教破坏民族团结的恶性事件，建立处理宗教突发事件的长效机制；三是促使宗教有益于民族团结的各种价值、行动、资源制度化、长期化、社会化，构筑宗教文化生态平衡系统，以宗教的健康、理性、和谐发展，推动民族内和民族间的团结。

（二）研究假设

通过研究和反思宗教与民族团结关系的正反两方面因素，本书提出以下四点认识。

第一，大多数云南少数民族群众信仰宗教，在社会、政治、经济、文化、心理、风俗习惯各方面都存在着深刻的宗教影响。宗教问题与民族问题相交织，宗教问题处理不好，往往影响民族团结、边疆稳定和祖国统一。

第二，宗教既可以承载和弘扬民族文化，整合凝聚各民族人民，加强彼此认同，从而促进民族团结，又可以冲破民族和国家的界限，挑战中华民族认同和社会主义制度认同，从而破坏民族团结。宗教自身很多变量既可以成为民族团结的因素，也可以成为民族分裂的因素，研究宗教与民族团结必须具备辩证思维。

第三，民族与宗教是特殊的社会现象，民族问题与宗教问题是特殊的社会问题，宗教与民族团结关系是特殊的社会关系，我们必须将其置于具体的社会场景中予以考察。

第四，宗教既是一种意识形态，也是一种社会力量，我们必须在党的宗教政策指引下，挖掘宗教信仰、情感、价值、行动中蕴含的积极因素，引导宗教作为社会性资源、精神性力量和行动性工具推动民族团结、社会和谐与政治稳定。

（三）研究方法

"工欲善其事，必先利其器。"[1] 正确的研究方法有助于深入分析问题、解决问题。基于云南宗教文化与民族团结关系的内在理路和客观事实，本书主要运用文献法、问卷法和访谈法收集整理资料，在相关理论指导下分析问题。

首先，查阅相关文献资料，系统掌握民族宗教理论的基本脉络、深入

---

① 杨伯峻：《论语译注》，第 161 页。

了解宗教与民族团结的典型事件、基本政策、主要经验教训，提出自己在理论层面的思考。其次，选取云南边疆典型的民族社区，将宗教置于云南民族社会的具体场景之中予以考察。最后，设计民族社区宗教信徒、非信徒、基层干部问卷，通过对不同代表人群的问卷调查和访谈，了解人们对宗教与民族团结的态度、行为、认知、意愿以及建议等。

四　云南宗教与民族团结关系的研究创新

宗教与民族团结关系研究是一项重大、复杂而又现实、敏感的课题，破坏民族团结的敏感事件如宗教渗透、邪教传播、宗教极端主义、宗教恐怖主义等，很难通过问卷调查和访谈获得第一手资料。在全球化的时代背景下，民族与宗教发生了诸多变化，这就要求我们必须以发展的眼光看待民族与宗教问题，关注宗教与民族团结领域的新情况、新问题。

本书的创新性体现在以下三方面。第一，首次将宗教与民族团结的关系作为多宗教和谐共处的本质问题进行深入系统的研究，在民族宗教学这一新兴学科领域凝练出一个具有学术价值的研究方向。第二，首次提出一元中心、一元边缘、多元中心、多元边缘的宗教民族关系模型，从不同关系模型中解读宗教与民族团结关系的不同内涵。第三，通过多种渠道获得尽可能多的文献资料，结合实地调查得来的第一手资料，对云南边疆民族地区宗教促进民族团结的具体过程与事件进行深描，使研究具有一定的典型性和代表性，对策具有一定的现实性、针对性和可操作性。

第一章

宗教与民族团结的理论阐释

从宗教信仰转化为实际行动，需要具备一定的社会条件。宗教与文化衔接，与社会嵌构，与生活关联，形成与特定民族密切关联的整体制度，并逐步从精神文化领域突破，进入社会领域沟通整合人际关系。宗教是整合人群的重要推动力，因为面对自然与社会的压迫，人们可以在特定宗教信仰背景中形成集体合力以对抗和化解风险，将之确定一套技术手段和文化系统，将人群凝聚为共同体。宗教形成的固定生活方式，在时空循环之中型塑个体成员的文化习惯，从心理和行动各层面，推动民族团结并使之在现实社会中呈现。宗教对信教群众的团结与整合，对不信教群众也能形成一种压力。不信教群众需要尊重信教群众的信仰，二者才能和谐相处，这在多民族多宗教并存的云南表现尤为突出。

学术界关于云南宗教民族关系的表述通常是"多民族多宗教和谐共处"，而本书思考的出发点是"多宗教多民族和谐共处"。从严格的学术意义分析，宗教在先还是民族在先，决定了哪个是自变量，哪个是因变量。本书将宗教作为自变量，分析宗教和谐促进民族团结的条件、机制、路径等问题。多元宗教是多元民族的重要文化情境，不同宗教信仰背景和风俗习惯的少数民族，进行交往的前提条件往往是尊重对方的宗教信仰，在随之而来的政治、经济、文化乃至日常生活互动中，逐渐形成恰切的沟通模式。本章主要对民族、宗教，以及民族团结的基本概念进行界定，分析民族团结的具体表现、关系类型及其社会功能，确定衡量民族团结程度的主要指标，进而探讨宗教促进民族团结的动态过程。

一　基本概念界定

（一）民族

民族是具有特定关系的人群共同体，人们习惯从共同特征方面界定民族。早在古希腊的《荷马史诗》中，就出现了"民族"一词。古希腊历史学家希罗多德在其著作中多次使用"民族"指称具有不同语言和风俗习惯的人群。过去，我国学术界普遍采用斯大林关于民族的定义："民族是人们在历史上形成的有共同语言、共同地域、共同经济生活以及表现于共同的民族文化特点上的共同心理素质这四个基本特征的稳定的共同体。"[①]孙中山先生提出的民族五要素是血统、生活、语言、宗教、风俗习惯，比斯大林关于民族的经典定义多了宗教因素。1903 年，梁启超介绍的德国学者布伦利奇（J. K. Bluntschli, 1808 – 1881）的民族概念包括八要素："其始也同居一地、其始也同一血统、同其肢体形状、同其语言、同其文字、同其宗教、同其风俗、同其生计"[②]，也将共同宗教信仰作为民族的重要因素。德国学者斯宾格勒（Oswald Spengler, 1880 – 1936）认为："民族既不是语言的单位，也不是政治的单位，也不是动物学上的单位，而是精神上的单位。这便马上导致了文化前、文化中、文化后的民族之间的进一步区分。"[③] 当前，学术界则倾向从历史、文化、语言、宗教、行为、情感、意识、生物特征等更为多元的角度来研究民族。

无论何种定义，都强调民族就是具有某类或若干类文化特征的人口共同体。近代以来，民族不再是一个纯粹概念，各种利益和因素夹杂其间，使民族从一个实在的人口共同体逐渐成为一个观念的共同体。英国学者埃里克·霍布斯鲍姆（Eric Hobsbawm, 1917 – 2012）认为，先有民族主义，

[①] 中央民族学院民族研究所编《马克思恩格斯列宁斯大林民族问题著作选》，内部资料，1981，第 481 页。

[②] 中国大百科全书编委会主编《中国大百科全书·民族卷》，中国大百科全书出版社，1986，第 302 页。

[③] 〔德〕奥斯瓦尔德·斯宾格勒：《西方的没落》，张兰平译，陕西师范大学出版社，2008，第 114 页。

再有民族，民族是民族主义者为了动员群众而创造的概念，民族是"民族主义的原型"。① 美国著名学者本尼迪克特·安德森（Benedict Anderson，1936 – 2015）将民族及其相关现象看作"特殊的文化的人造物"，是一种"想象的共同体"②。

中华人民共和国成立后，我国政府先后识别了 56 个民族，云南有包括汉族在内的 26 个人口在 5000 人以上的世居民族。

（二）宗教

宗教借助人与神之间的关系调节人与自身、人与自然、人与社会之间的关系，是人类从远古一直延续至今的社会现象和文化现象。至迟在距今 10 万年到 4 万年的"古人"时代，人类开始了穴居山洞的定居生活，出现了原始的氏族集团。出于对已故亲人的怀念，人们用特定仪式处理尸体，并出现了殉葬品，这一时期的人类可能产生了灵魂不死观念，并形成宗教最原始的萌芽。后来，宗教不断伴随并适应人类社会的发展进步，演化出越来越复杂的信仰形态，在人类文明史上扮演着非常重要的角色。

无论是民族宗教还是世界宗教，均认为是神创造了人，然而实际上却是人创造了神。古希腊思想家克塞诺芬尼（Xenophanes，约公元前 565 – 公元前 473）观察到"埃塞俄比亚人说他们的神皮肤是黑的，鼻子是扁的；色雷斯人说他们的神是蓝眼睛、红头发的"，因而推理断定："假如牛、马和狮子有手，并且能够像人一样用手作画和塑像的话，它们就会各自照着自己的模样，马塑出马形的神像，狮子画出和塑出狮形的神像了。"③ 德国唯物主义哲学家费尔巴哈（Ludwig Andreas Feuerbach，1804 – 1872）认为："人们的愿望是怎样的，他们的神就是怎样的。"④ 马克思进一步指出宗教神灵产生的心理机制："正是这种人格化的欲望，到处创造了许多神。"⑤

---

① 〔英〕埃里克·霍布斯鲍姆：《民族与民族主义》，李金梅译，上海人民出版社，2006，第 8 页。
② 〔美〕本尼迪克特·安德森：《想象的共同体——民族主义的起源与散布》（增订版），吴叡人译，上海人民出版社，2011，第 6 页。
③ 北京大学外国哲学史教研室编《古希腊罗马哲学》，三联书店，1957，第 46 页。
④ 北京大学外国哲学史教研室编《古希腊罗马哲学》，第 46 页。
⑤ 《马克思恩格斯全集》第二十卷，人民出版社，1995，第 672 页。

根据宗教发展的阶段不同，可以分为自然宗教与人为宗教、民族宗教与世界宗教等类型；根据宗教的组织结构，有制度性宗教和弥散性宗教等类型；也可以根据其神灵体系分为一神教和多神教等类型，还可以根据其仪式内容分为图腾崇拜、自然崇拜、祖先崇拜、鬼神崇拜、生殖崇拜以及各类巫术。恩格斯指出："一切宗教都不过是支配着人们日常生活的外部力量在人们头脑中的幻想的反映。在这种反映中，人间的力量采取了超人间的力量的形式。"① 因而，马克思和恩格斯主张"要把宗教夺取的内容——人的内容，不是什么神的内容——归还给人，所谓归还就是唤起他的自觉"。② 我们对马克思"人的本质不是单个人所固有的抽象物，实际上，它是一切社会关系的总和"的论述耳熟能详，但马克思这段名言正是针对"费尔巴哈把宗教的本质归结于人的本质"而言的。在马克思主义宗教观的基础上，我们认为宗教是人类表面上借助神灵、本质上运用自身力量追求成功、接近完美的特殊社会活动，在此过程中形成特定的思想、文化、制度等是宗教的直接外显。

需要指出的是，"公民宗教"对于理解宗教与民族团结关系具有启示意义。20 世纪 60 年代，贝拉（Robert Bellah, 1927 - 2013）指出，在美国存在着一种与具体的教会宗教传统相关又与其相异的独特宗教形式——制度化的公民宗教，主要包括美国人民在经历共同历史的基础上所享有的一套观念和象征体系，如民主、自由等。公民宗教不具有一般宗教的形式，但与美国宗教传统尤其是基督新教传统密切相关。在宗教学意义上，公民宗教也有圣徒、圣地、崇拜场所、仪式、特殊历史事件等，有助于维系国家团结、培养公民道德以及维系公民社会本身团结。

在世俗化进程中，宗教的影响日趋衰弱，从最初的中心地位，逐渐衰退并被民族社会生活边缘化。马克思说："在每一个民族中形成的神，都是民族的神。这些神的王国不越过它们所守护的民族领域。在这个界线以外，就由别的神无可争辩地统治了。"③ 实际上，在民族与宗教相联系、身份相一致的传统社会，民族之间的争夺也是神灵之间的争夺，或者借

---

① 《马克思恩格斯选集》第三卷，人民出版社，1995，第 666 ~ 667 页。
② 《马克思恩格斯全集》第一卷，人民出版社，1960，第 649 页。
③ 《马克思恩格斯选集》第四卷，人民出版社，1972，第 250 页。

助神灵名义展开的争夺。而神灵统治，有助于推动实际的民族统治。宗教信仰交流，也会伴随民族交流而进行。历史上，汉族儒教文化一般率先为少数民族上层人士接受，然后自上而下、由内而外推广，形成一些脉络相对清晰的"文化圈层"，并进一步交织互构。云南少数民族地区民族与宗教的对应关系，逐渐形成地域性宗教文化生态体系，在整体上形成特色鲜明的宗教文化圈。具体表现为以汉族为凝聚核心、各少数民族为组成单位的民族关系网络，在地缘、政缘、文缘、亲缘等方面紧密联系，呈现出多元性、立体性、周期性、整合性和螺旋性的中华民族团结特征。

本书中多次出现的云南民族民间宗教是指佛教、道教、伊斯兰教、基督教之外的云南各民族原始宗教和传统民间信仰，是在国家和社会之外的民间场域中存在和传播的一种信仰形式。

（三）团结

在古汉语中，团结最初指唐代团练地方丁壮的武装组织，后引申动员、组织之意。《辞源》引《资治通鉴》二百二十五卷唐大历十二年"差点土人，春夏归农，秋冬追集，给身粮酱菜者，谓之团结。"[①] 在现代汉语中，团结是使用频率非常高的词语之一，已经成为人们日常生活中的"熟语"和政治生活中的"术语"。《现代汉语词典》对团结的解释是"为了集中力量实现共同理想或共同任务而联合或结合"。[②] 显然，这一定义更倾向于将团结作为一种手段，也揭示与团结相近的汉语词语还有联合、结合、整合等，表示至少两个以上主体之间存在的一致关系。在汉语语境中，"团"有圆形的意思，如"团扇"即是一种圆形的扇子，其他如蒲团、麻团等，都是圆形物品。这也寓意团结必须有一个核心力量，才能将其他力量联结在周围。作为专业"术语"，团结有着丰富的概念内涵和理论指向。最有代表性的研究成果当属西方社会学奠基人之一涂尔干有关"机械团结与有机团结"的类型划分。机械团结建立在社会个人

---

① 何九盈等主编《辞源》，商务印书馆，2015，第 798 页。
② 中国社会科学院语言研究所编纂《现代汉语词典》，商务印书馆，2004，第 1279 页。

同质性基础之上，社会成员在信仰、情感、意愿等方面具有高度的相似性，例如，在原始社会，宗教作为共同的集体意识渗透整个社会，是维系团结的首要力量。社会分工导致个人差异扩大，有机团结随之出现，人们因社会分工而彼此依赖，社会分工取代传统社会宗教扮演"集体意识"的角色而将人们整合起来。涂尔干主要研究的是社会团结，但相关理论假设可以用来分析民族团结。团结并非僵化不变，随着社会的发展，其物质性基础和精神性保障都会相应发生改变，这就要求我们立足具体社会情境，在溯源历史、分析现实的基础上，深入探讨团结的理论与政策。

（四）民族团结

提起民族团结，人们往往联想到我国 56 个民族身着节日盛装欢聚一堂的美好场景，也时常能从各种媒体上看到关于民族团结的政治话语以及宣传文字。中华人民共和国成立以来，党和政府高度重视民族团结，将之上升到前所未有的高度，制定多项政策文件、法律法规；国家领导人的重要讲话也反复强调民族团结，普通中国公民对民族团结也都耳熟能详。我国《宪法》明确规定："公民有维护祖国统一和各民族大团结的义务。"然而，要从学术上为民族团结做出明确的概念界定，却并非易事。目前，国内学术界主要从历史性视角、现实性视角、政策性视角对"民族团结"进行定义，笔者在此基础上主张综合的视角。

历史性定义侧重民族团结的过程分析，如徐杰舜提出的汉民族研究的"雪球"理论和中华民族团结研究的"磐石"理论，他认为"民族团结是一个历史范畴，是民族与民族之间在互动中认同的整合关系。民族团结的这个定义包含了三层意思：其一，民族团结是一个历史范畴；其二，民族团结是民族与民族在互动中的认同；其三，民族团结的实质是一种民族与民族之间的整合关系。……其内涵就是互动、整合与和谐，即民族与民族在互动中整合，从而达到和谐的新境界"①。

现实性定义侧重民族团结的社会关系分析，如金炳镐在《民族理论与

_____

① 赵旭东、韦小鹏主编《徐杰舜与汉民族研究》，第 271～272 页。

民族政策概论》一书中认为："民族团结是指不同民族在社会生活和交往联系中的和睦、友好和协调、联合。"①

政策性定义侧重民族团结的客观效益分析，如《中国共产党第三代领导集体民族理论学习纲要》一书指出，民族团结"是指不同民族在社会生活和交往联系中平等相待、相互尊重、互助合作，共同致力于促进各民族在政治、经济、文化和社会各项事业的共同发展，致力维护社会稳定和国家安全、统一"②。国家民委政策法规司编著的《中国民族指南》认为，民族团结的基本内容是："各民族平等相待，友好相处，互相尊重，互相学习，互相帮助，为实现建设现代化国家的共同理想而团结合作，努力奋斗。"③

本书尝试基于历史、现实、政策的视角，对民族团结做出综合性的定义：民族团结是特定时期和地域范围内，不同民族之间因共同理想和目标而在政治、经济、文化、社会各领域呈现的良性互动关系与友好相处状态。很显然，综合性的定义和其他定义一样，侧重民族之间的团结。民族内部的团结同样非常重要，但不是本研究讨论的重点。因为民族观念本身就包含了民族内部团结，只有在内部团结的基础上，才能形成特定民族的共同体。而本书的研究主题是宗教文化与民族团结的关系，主要分析宗教如何借助民族互动，实现民族关系的融洽与和谐。

马克思主义关于民族团结的分析遵循辩证唯物主义和历史唯物主义的原理。列宁视"同化"为民族主义的"吓人字眼"，从字面意义理解，同化即在民族交往过程中，受其他民族影响而逐渐丧失本民族性格，最终成为其他民族复制版的过程。民族被同化的关键在于没有形成民族文化自觉，在大民族政治、经济、文化、社会乃至宗教的影响下，本民族的文化特征逐渐消融。民族同化不等于民族融合，前者仍作为一个民族独立存在，后者则不再独立存在，与其他民族逐渐合为一体了。民族团结既可以指民族内部的团结，也可以指民族之间的

① 金炳镐：《民族理论与民族政策概论》，中央民族大学出版社，1994，第216页。
② 《中国共产党第三代领导集体民族理论学习纲要》编写组《中国共产党第三代领导集体民族理论学习纲要》，民族出版社，2002，第32页。
③ 国家民委政策法规司编《中国民族指南》，海洋出版社，2000，第282页。

团结，当然也包括大民族与小民族在彼此尊重与平等基础上的团结。民族团结是社会主义民族关系的基本特征和核心内容之一，是社会主义政党和国家所追求的目标，是政治团结、社会团结和国家统一的重要组成部分。从我国民族政策的角度分析，民族团结包含反对民族压迫、民族歧视和民族分裂，促进民族共同繁荣、共同发展进步、维护祖国统一等内容。

英国学者霍布斯鲍姆强调："对'民族主义原型'而言，宗教的影响力是相当复杂的，至于对近代民族主义，宗教有时反倒是持保留态度，甚至演变成质疑'民族'是否有权论断所有国民忠诚的最佳利器。"[1] 在世界历史上，因宗教区分民族的例子非常多。例如，荷兰人和佛拉芒人族源相同、语言相近，由于前者信奉基督教加尔文派，后者信奉天主教而被看作两个不同的民族。塞尔维亚人和克罗地亚人也是如此，前者信奉东正教，后者信奉天主教。印度的锡克人本是旁遮普人的一支，原来信奉印度教，但自 16 世纪改信锡克教后逐渐在生活习俗和意识形态上与旁遮普人疏离，演化为独立的民族实体。[2] 一些阿拉伯国家将全国信奉伊斯兰教的穆斯林当作一个民族，信奉其他宗教的人群当作少数民族。近代以来，殖民者用宗教为民族贴上标签，强行将印度、巴基斯坦、孟加拉分为三个国家，造成了长久的动荡。在加拿大建国前期，宗教教派的分歧比种族血统的分歧更为严重，天主教和基督新教之间的对立在政治、经济、社会和文化领域都有反映。可见，宗教既可以在民族内部形成对立，也可以在国家内部造成分裂，只是存在激烈冲突或者冷静处理等不同方式的差异。

中国历史上也有类似例子，由于宗教信仰改变，民族文化的内核也随之改变，民族面貌也呈现新的特征，于是被周围人起了新的族名，这些人群的民族认同也发生了改变。如"傣崩"实际上是德昂族，因信仰南传上座部佛教而融合为傣族；居住在萨尔温江东西两岸的"傣莱"，即信仰南传上座部佛教而被同化的佤族支系拉瓦人。梅烈部落在血缘上是佤族，信仰南传上座部佛教后，说傣语、用傣文、穿傣服，生活习俗也傣化了，被

---

① 〔英〕埃里克·霍布斯鲍姆：《民族与民族主义》，第 65 页。
② 赵锦元、戴佩丽主编《世界民族通览》，中央民族大学出版社，1999，第 100 页。

称为"傣莱"。掸拉佤、傣莱、傣崩等新族群名称，与傣族文化的影响力有关，但与血缘融合无关。当然，我们不能将是否信奉同一种宗教作为划分民族的唯一要素，但也不能忽视宗教在民族形成和民族团结中的重要作用。我们主张，如果涉及现实利益而出现民族宗教冲突，一定要将所谓"民族宗教问题"去政治化、去敏感化，将之作为社会问题或文化问题进行处理。

总之，我们研究宗教与民族团结的关系，应梳理宗教在民族内部信徒与非信徒、同一宗教信徒、不同宗教信徒之间促进团结，以及宗教在不同民族中信徒与非信徒、同一宗教信徒、不同宗教信徒之间促进团结等多种情境中的作用。从本质上说，"因为宗教""为了宗教""基于宗教"等不同情状导致的民族团结在规律上具有一定差异。宗教促进民族团结，并不总是具有必然性、直接性、及时性，尤其是当民族成分越来越复杂、民族人口越来越多、民族发展程度越来越高时，宗教也许仅作为促进民族团结诸多因素中的一个，间接地、渐进地推动民族团结。有时，宗教还会成为民族冲突的导火索，尤其在不同民族之间、信徒与非信徒之间，更容易因为触犯宗教禁忌发生冲突。因此，我们应看到宗教作用的差异性、两面性，对于宗教与民族团结的关系，我们应该多维度、辩证地进行分析，不能陷入专断论和决定论的误区，过于拔高宗教的作用和过于忽视宗教的作用都是错误的。

二　民族团结的类型与维度

民族团结是民族关系的一种理想类型。由于我国地域辽阔、文化多样、民族众多，不同民族在长期交往中形成了多种类型。我们可以从不同视角和维度对民族团结的主要类型和衡量指标进行分析，以推进和深化相关认识。

（一）民族团结的主要类型

第一，按照某一地域范围内民族关系的特点，将民族团结划分为单一中心民族和多元中心民族的团结模式。从历史时期进行审视，从全国范围来看，在中国传统社会相当长的一段时期，是以汉族为中心的各民族团结。而魏晋南北朝、宋辽金夏时期是以多元民族为中心的团结模式。从地域范围进行观察，全国存在汉族以外的地方大民族，例如，云南西双版纳和德宏地区的傣族，其宗教信仰和文化习俗影响了当地布朗族、佤族、拉祜族、德昂族、阿昌族的部分群众，形成特色鲜明的南传佛教文化圈，呈现一元中心或多元中心民族团结模式。

第二，按照民族的社会地位和权利是否平等可分为不平等的民族团结和平等的民族团结。在中华民族几千年的历史发展中，较长时期由汉族掌握国家政权，汉族以外的民族，其社会地位和权利由掌权者决定。封建社会的汉族统治者虽大体上能平等地对待少数民族，但受儒家"华夷之辨"思维的深刻影响，不可避免地对少数民族持一定程度的歧视态度。在一些少数民族当政的历史时期，如元朝将国内的民族划分为"蒙古人、色目人、汉人、南人"四个分明的政治等级区别对待，即使民族间能够实现短暂的"团结"，也是在政权强压下的不平等团结。只有中华人民共和国成立后才实现了各民族的平等，才为民族团结奠定了坚实的基础。

第三，按照各民族是否真正意义上拥有和其他民族同等的权利，可分为名义上的民族团结和实质上的民族团结。当民族之间不能平等对话时，民族团结只不过是一种权宜之策，这样的民族团结并不能持久。只有实质上的民族团结保障各民族的权利一致，符合各民族的真正利益，才能持久稳固。民族团结不能仅仅停留在政治口号上，而要化为实实在在的社会行动。

第四，按照社会的治理形式，可以分为传统社会中的民族团结和现代社会中的民族团结。传统社会以人治为中心，民族团结具有不稳定性，各民族经常因为利益发生冲突。以中国封建社会为例，多个民族处于同一个国家政权的统治之下，而当非统治民族的势力壮大之后，在某一社会精英的领导下，以谋求本民族利益为号召进行武装斗争，最终形成社会分裂的局面。现代社会以法治为特点，各民族利益诉求趋同，实现本民族利益的合法路径多元多样，尤其是各民族社会精英向上流动的机会增多，较少倾向采取越轨和冲突的方式实现自我要求。

第五，按照社会分工的程度，可分为机械的民族团结和有机的民族团结。这一划分受到法国社会学家涂尔干从社会整合角度论述机械团结和有机团结的思想启发。机械的民族团结主要指向民族内部的团结，这与传统社会的发展阶段相适应，各民族拥有相对独立的社会空间，基本能够实现自给自足，彼此互动交往的动力和需求不足。有机的民族团结主要指向民族之间的团结，随着经济全球化和信息技术的快速发展，各民族已经不能保持封闭的自我生活空间了，社会分工甚至已经在世界范围内进行，各民族之间相互依赖程度加深，形成"你中有我，我中有你""你离不开我，我也离不开你"的"一体化"关系格局。我国新时期的民族团结关系即是建立在"汉族离不开少数民族，少数民族离不开汉族，各少数民族间也相互离不开"① 的有机团结的基础之上。云南立体的自然地理环境和气候条件，使居住在同一地域内坝区、山区、半山区不同民族在经济上相互依赖，生活上相互帮助，经常互通有无、各取所需，谁也离不开谁，这些构成云南各民族团结天然的经济和社会基础。

（二）民族团结的衡量维度

民族团结作为一项社会系统工程，既是一个社会过程，又是一种社会状态。民族团结的主体从微观向宏观依次包括各民族成员、各民族团体、社会组织、政府相关部门。民族团结的客体包括相关的资源、价值、行动、政策。只有将有益于民族团结的政策措施、价值理念等内化并植入各民族成员，方能发挥实际的规范促进作用。换言之，民族团结是主观见之于客观而又客观见之于主观的辩证过程，这一分析具有高度的抽象性。这就要求各民族成员内化价值规范，在行动上成为促进民族团结的榜样。本书拟立足于中国社会的具体情境，从政治制度、经济互动、社会交往、文化生态以及思想观念五方面提出一组衡量民族团结程度的指标体系，以增加研究的应用性和可操作性。这一体系在学术界尚属首例，本书的研究仅仅具备大致轮廓，以期抛砖引玉。

第一，政治制度方面。良好的政治制度设计为民族团结提供了宏观背景和政策支持。当前，我国已经建立一套符合我国国情的民族政治制度，

---

① 简称"三个离不开"。1990 年 9 月，江泽民视察新疆时提出。

如民族区域自治政策的实施，使少数民族群众真正当家做主。然而在不同地区，民族政治制度的落实不尽相同。我们可以从民族工作专门机构的数量、有关工作人员的数量与业务素质、工作经费的投入与使用、有关民族优惠政策与法律法规的制定落实情况等方面进行评价。相关主题可以围绕促进民族团结的实际作用再进行细分。

第二，经济互动方面。经济交往是民族团结得以实现的物质保障。在社会主义市场经济大潮的冲击之下，我国各民族都被纳入生产、分配、交换、消费的具体环节中，彼此往来进一步密切。从历史的角度看，经济交往是民族关系发生的自然起点，相邻或同一地域范围内的不同民族即是在互通有无的经济交往过程中逐步接触。如果能够通过经济互动解决各民族的不同需求，则不会诉诸武力，历史上茶马互市、边境贸易促进汉族与少数民族团结的例子便是其生动注脚。一旦经济互动链条断裂，则一方或双方倾向于动用武力掠夺自己想要的经济资源。历史上边疆少数民族屡次发动战争，其目的之一就是为了获取中原王朝的物产，尤其是饮食结构中不可缺少的茶叶。典型的例子如居住在怒江丙中洛山区半山区的民族与居住在江边河谷的民族结为"牛亲戚"，并世代友好。其中，一方有公牛，一方有母牛，双方自愿将公牛和母牛配对，由劳动力较多的一方喂养。"牛亲戚"并不局限在特定民族中，汉族、傈僳族、怒族、藏族、独龙族等不同民族之间时常相互搭成"牛亲戚"，各民族在生产生活上互助往来，有效促进了民族团结。① 总之，我们可以从各民族经济往来的频率解读他们之间关系和谐的程度。

第三，社会交往方面。社会交往包括很多内容，在同一地域场景中生存的不同少数民族越是能够在日常生活中相互帮助，在本民族传统节日和文娱活动中相互邀请，彼此接纳并相互通婚，则越容易实现团结和谐。2009 年，笔者在西双版纳勐海县勐混镇实地调研期间，恰逢拉祜族的拉祜扩新年，当地拉祜族代表送请帖给乡镇干部邀请他们一同参加，乡镇干部随口问道："傣族老大哥和哈尼族、布朗族兄弟都请了吗？"代表给出肯定

---

① 吴成立：《三江并流地区族群文化和谐存合的人类学考察——丙中洛乡的个案研究》，《广东技术师范学院学报》2010 年第 2 期。

的回答。在云南民族团结的典型地区，各民族在社会交往的广度和深度都比较好。西双版纳各民族一直都有通婚的习俗，从而通过血缘和亲缘的纽带加强了不同民族之间的联系与感情。在多民族地区，相互尊重对方宗教信仰和风俗习惯，是民族正常交往的前提条件。尤其是族际通婚，可以将多宗教、多民族和谐共处植入社会的基本细胞——家庭，有助于维系民族团结。通婚是民族关系和谐的重要文化表征，族际通婚在云南民族地区普遍存在。云南省镇康县民间谚语说："一家开出九门亲，九门说出九样音"，就是云南多民族地区民族通婚的生动写照。在通常情况下，某一地区因为多民族而拥有多宗教，进而相互影响形成宗教和谐、民族团结的局面。多元民族宗教和谐关系，对云南的整体文化结构影响深远。

第四，文化生态方面。文化生态是人类在社会实践中所创造的一切物质和精神现象的自身及其关联形式。文化生态具有历史性、现实性、整体性、延续性、实践性、多元性等特征。不同少数民族的文化生态既有独立性又有关联性，关联度越高的民族文化生态，其交往的可能性就越大。例如，宗教在民族的形成和发展过程中扮演重要作用，如果同一地域不同民族之间允许彼此神灵体系共享，宗教活动场所共用，信徒身份重叠，那么民族之间的关系就较和谐。例如在丽江地区，纳西族东巴教吸收了藏族苯教的不少仪轨，其传说中的创教始祖丁巴什罗的原型实际上为西藏象雄苯教创立者敦巴喜饶，而东巴教举行宗教仪式时所戴的"五佛冠"又具有藏传佛教的色彩，藏传佛教在丽江拥有部分纳西族、普米族信徒，纳西族支系摩梭人还有自己的活佛。随着现代化的发展，使各民族在政治经济、社会文化方面的联系更加紧密，民族文化生态亦随之不断发展改变。

第五，思想观念方面。民族团结的一个重要表现就是不同民族的个体成员在民族身份、国家政权、文化传统等方面具有认同感。不同民族之间必须将接纳、宽容、尊重、平等、互助、信任等基本观念内化为行为规范。实际上，这些观念也是现代社会应共同遵守的文化价值。围绕上述观念，我们可以结合少数民族地域社会设计出一套指标体系。例如，由高至低测量是否接纳省、市、县、生活社区有其他民族成员，是否愿意与其他民族通婚，是否信任其他民族成员，是否对其他民族文化感兴趣，是否信仰其他民族的宗教等。例如，在云南多民族团结、多宗教和谐、多文化交融的典型地区怒族自治县丙中洛镇，虽然历史上曾经发生过怒族传统宗教同藏传佛教、藏传佛教同外来基督宗教的短暂争斗，但在长期的经济文化交往、通婚过程中，人们逐渐对多元宗教和文化持接纳、宽容态度。在一个家庭中有多种民族成分、多种宗教信仰的现象并不罕见。思想观念的宽容虽然可以自发生成，但是同样得益于政府的保障、社会的提倡、社区氛围的营造。

（三）民族谚语体现的民族团结

谚语是民族心理和民族文化的体现与浓缩，既是民族生活的经验总结，又与民族伦理道德相连。谚语能够约束民族成员行为，具有深厚的社会内涵和文化意义，我们不能忽视民族谚语中体现的民族团结精神。一些云南少数民族的谚语生动反映了各民族追求团结的需求，形象地指出了民族团结的条件、目的、意义等，在潜移默化中维系着民族团结。

民族谚语用日常生活常见事物和情境，生动活泼地比喻民族团结与和谐。普米族谚语说："鸡蛋无大小，兄弟无尊卑。"藏族谚语说："珍珠越串越长，亲戚越连越广。"佤族民间流传的谚语说团结如同"三匹龙头宝马、三头金角牛"一样珍贵；又说"一段柴烧不开一锅水，一个英雄打不赢一场仗；一个人聪明不会兴旺，一个人勤快不会发达"；"见活帮忙干，遇食一起吃"。彝族谚语说："棕榈根须多，彝家亲戚多。"傣族谚语说："一根棉线织不成布，一根木头盖不起房"；"一棵竹子挡不住风，一片瓦遮不得雨"；"多种几棵树，多交几个朋友"。哈尼族也用竹子、生姜、大蒜、芦谷等丛生植物以及布匹等事物比喻骨肉相连、亲密无间的团结，《家庭团结调》唱道："咱们好像父亲栽出的一蓬竹子，咱们好像母亲织的一匹布；好像菜园里栽的生姜，一个枝丫生长出来；好像菜园里栽的大蒜，一个籽种繁殖出来；好像菜园里的芦谷，一丛枝叶发芽繁殖出来。"[①]这些谚语都要求民族成员在人际交往过程中注重亲情友情，从而维系民族团结。在云南多民族地区，人们在交往过程中，大都能尊重对方民族的风

---

① 孙官生：《古老·神奇·博大——哈尼族文化探源》，云南人民出版社，1991，第266页。

俗习惯，使用不同民族语言交流。"一个舌头会讲三种话"，就是这一情况的生动描写。

边疆少数民族有极强的爱国主义精神，近代以来发生多次反抗殖民者的起义，英法等国殖民者的威逼利诱在各民族强烈的国家认同面前不堪一击。例如，近代沧源佤族地区发生的班洪、班老抗英事件。由于种种原因，原属中国的炉房、金厂等地划给缅甸，佤族群众编了谚语："大树空爱花，百姓空爱国"，表达自己内心的不甘。也有一些谚语，描绘了新中国成立前民族隔阂情况。从关系网络的角度看，所谓民族隔阂就是连最基本的交往也不可能。经过外部势力挑拨和内部利益冲突纠纷后，当时云南边疆地区少数民族和汉族的关系非常疏远。恩格斯指出："迄今为止，一切统治者及其外交家玩弄手腕和进行活动的目的可以归结为一点：为了延长专制政权的寿命，唆使各民族相互残杀，利用一个民族压迫另一个民族。"[1] 在云南历史上，封建王朝推行"以夷制夷"政策导致的民族隔阂与民族冲突使民族关系陷入了恶性循环，这是我们构建新型民族团结关系时必须要避免的。

三　民族团结的过程与功能

（一）民族团结的主要过程

平等交往、认同整合、和谐共处以及友好互助是形成民族团结格局的四个关键过程，也是民族团结的本质属性与具体特征。可以设想，随着人类社会的发展进步，原本不相往来的民族逐渐在经济、社会、文化、政治各方面开始交往。一般而言，民族之间的自然交往最初多发生经济领域，然后渐次扩展到社会、文化、政治诸领域。例如，云南不同地域的少数民族之间因自然环境的差异，通过经济交换互通有无，著名的茶马古道即是从经济贸易开始逐渐成为多元文化汇聚的交通纽带。伴随交往广度和深度的增强，各民族之间的了解逐步加深，彼此尊重并协调合

---

[1] 《马克思恩格斯选集》第一卷，人民出版社，1972，第304页。

作，在此基础上实现互益共赢、和谐相处，由此推动民族团结的良好局面。当然，上述过程主要基于理想类型的分析阐释。如果不同民族在交往过程中不以平等姿态而是以大欺小、以强凌弱，彼此不能相互尊重也不能利益共赢，那么和谐相处就无从谈起，其结果有可能演化为民族冲突。我们可以从历史上的大汉族主义或地方民族主义造成的恶果中窥其一斑。社会主义新型民族团结关系必须摒除上述文化弊端，以平等、尊重、互益、和谐作为行动准则。此外，与民族团结相关的一些概念或行动如合作、协调、整合、一致等，也应给予重点分析。宗教因素有时就是通过促进民族交往、合作，继而包容异质性，通过协调民族关系、整合民族利益，进而实现民族团结。

首先，平等交往。民族平等是我国民族政策的基础，各民族平等交往是民族团结的基本前提。中华民族大家庭中的各个民族，在人口数量上虽有多少之分，但不能以多压少。新中国成立以来，毛泽东等老一辈国家领导人反复强调要彻底根除大汉族主义和地方民族主义。各民族在发展过程中，都创造了灿烂文化，没有先进落后和优劣之分，在交往过程中应秉持"尊重差异、包容多元、提倡平等、寻求互补"的基本原则，营造中华民族共同的文化精神。民族大团结即是不同民族在平等交往过程中相互依赖并根据对方表现而共同修正自己态度与行为而产生的良性社会后果。

其次，认同整合。认同整合是民族团结的必经阶段。在平等交往的基础上，民族之间发展出协调合作的良性关系，并在行为规范、文化意识、心理取向等方面形成较为一致的规范，由此使各民族成员实现认同整合，从而实现多民族社会的整体和谐。中华民族多元一体格局，即是我国56个民族在千百年来的交往互动中不断认同整合而成。

再次，和谐共处。和谐是不同事物在差异基础上实现的互补统一，是多元关系在动态生成中达到的平衡结构。[1] 民族团结关系中，和谐主要表现为彼此尊重、平等合作以及友好互助。一方面，互动交往的各民族只有彼此尊重才能合作共赢，在特定的社会情境中调节各自行为，彼此适应。适应是人类得以在自然界中生存发展的重要策略，在社会大环境中，各个

---

[1] 孙浩然：《多元宗教和谐共处的中国经验研究》，《吉首大学学报》2012年第6期。

民族之间互动也需要相互适应。只有相互适应，双方才会相互尊重，才会各自调整自己的行为，才能和睦相处，从而达到民族团结。另一方面，平等合作是各民族和谐共处的一种表达方式。不同民族之间为了达到共同目标，彼此之间相互信任、依赖和配合的联合行动就是友好合作。通过友好合作，各民族会加深对彼此民族文化的理解，也可以更好地促进民族文化间的交流。

最后，友好互助。社会主义制度的建立，彻底实现了我国各民族之间的地位关系平等。然而社会与自然界没有绝对的平等，孟子强烈批评"齐同万物"的主张："夫物之不齐，物之情也。或相倍蓰，或相什百，或相千万。子比而同之，是乱天下也。"① 由于各民族在自然环境、人文历史、文化心理等方面的不同，彼此也存在一定程度的差异。差异客观上又形成了文化多元、生态多样，为各民族交流学习、取长补短、利益共赢进而和谐共处奠定了坚实的社会基础。各民族友好互助的过程也是各民族共同发展、共同繁荣的过程。

（二）民族团结的社会功能

功能是特定事物、结构或状态所具有的作用，有正功能、负功能、显功能、潜功能之分。我们一般从狭义角度理解正功能，是指事物的积极作用。民族团结是多民族国家维持稳定、统一的重要保障，在宏观和微观方面都具有一系列正功能。

第一，降低社会管理成本。随着现代社会的发展，各种不确定的系统性风险影响着社会的良性运行，社会管理的成本也越来越高。民族团结在促进民族彼此信任、互助合作的同时，减少了民族之间因猜忌、怀疑、歧视等导致的隔阂、敌视、冲突，从而促进了社会稳定，有效降低了社会的管理成本。

第二，促进社会和谐。在多民族国家中，民族团结是社会和谐稳定的前提与基础。民族团结能够消除民族差异导致的消极作用，在全社会范围内推动良好秩序的生成。经过社会主义的改造，在中华民族大家庭中，各

---

① 杨伯峻：《孟子译注》，第 115 页。

民族多元一体的文化观念深入人心，各民族拥有平等的地位，共同的理想，共同的国家。当前，我国正处于全面建成小康社会的关键时期，如何继续维护和推进民族团结是我们面临的重要任务。

第三，维护边疆稳定。由于历史的原因，我国少数民族大多聚居于边疆，在建设边疆、保卫边疆中具有举足轻重的作用。在人们的日常观念中，边疆与民族往往联系在一起。民族团结，则边疆稳定、国家稳定；民族冲突，则边疆动荡、国家混乱。在改革开放的视野中，边疆更是成为直接联系国内与国际的特殊地域。昔日的边荒之地，转身成为今日的开放前沿。和平与发展是当今时代的主题，为了边疆地区和整个国家的和谐发展，维护民族团结是时代对我们提出的要求。

第四，加快民族地区发展。有了民族团结，才能有和睦的发展环境。民族团结使得各民族把全部精力集中在发展经济、政治、文化上，避免了因民族冲突造成的各种损失，消除了不必要的耗费，无形中增加了各民族的社会财富，也提高了各族人民的幸福指数。反过来，只有加快民族地区经济社会发展，才能为民族共同繁荣、共同团结进步奠定坚实基础。

第五，形成中华民族多元一体格局。中国古代典籍中没有"民族"这一名词，但却有相关的"民族观"。在中国传统儒家观念中，人们更倾向于从文化的角度看待民族。元朝大儒许衡说："夷狄而华夏者，则华夏之；华夏而夷狄者，则夷狄之。"因此，民族是一个开放的人群共同体，不因为血缘关系的淡浓远近而彼此排斥，唯一的关键要素是文化。这一民族观念有助于促使少数民族自觉提升文化素质，使中华民族观念深入人心。在经济、社会、文化的长期交往中，居住在我国境内的各民族形成了"中华民族多元一体"格局，民族团结突破了内部界限，在更大的社会范围内成为事实。

第六，推动人类社会的共同发展进步。整个人类社会是由无数个民族组成的。只有各民族间相互团结，才能共同促进人类社会发展进步。在当代，随着科学技术的进步，借助各种交通、通信设施，"地球村"逐渐成为现实。所谓"蝴蝶效应"，任何一个区域的不稳定都会对整个世界造成影响，而任何地区的稳定也有助于整个世界的和谐。民族团结不只是某一国家和地区的民族团结，而是整个人类社会中各个民族的团结。只有各个民族实现了平等团结，和谐的世界才会真正到来。

四 宗教促进民族团结的过程与效应

(一) 宗教促进民族团结的动态过程

本研究的任务之一是系统描述宗教促进民族团结的动态过程，这是本民族认同和中华民族认同借助宗教信仰的良性内涵不断内化、强化和重构的过程。宗教与民族团结的关系有诸多变量模型和结果意义，从宏观整体上分析，容易产生纰漏。宗教促进民族团结，可具体分为促进民族内部团结和促进民族外部团结两大类型，虽然整体理路相同，但具体进路有所差别，我们有必要在整体上做出区分，但不宜在实践工作中究其细节。宗教促进民族内部团结是一个自然而然的社会演化过程，其本质是宗教逐渐融入民族文化，形成民族文化象征符号，培育民族文化性格，提升民族凝聚力，指导民族集体行动的过程。宗教促进不同民族之间的团结，在本质上是求同存异、彼此尊重、相互谅解、和谐共处的过程，其中宗教在教理教义、组织制度、行为实践和氛围营造等方面发挥了关键作用。相反，宗教阻碍民族团结甚至造成民族分裂，是在上述方面产生负面影响的结果。

表 1-1 宗教与民族团结关系的动态过程表

民族宗教	民族内		民族间	
本土宗教	+ 融入民族文化 - 固化信仰行为	+ 形成社会框架 - 阻碍人际交往	+ 建构民族身份 - 阻碍民族交往	+ 增强民族团结 - 影响民族和谐
外来宗教	+ 输入新鲜文化 - 重构民族文化	+ 信仰机制认同 - 分裂民族意识	+ 民族宗教互动 - 形成信仰压迫	+ 促进民族和谐 - 阻碍社会行动

说明：+表示正功能，-表示负功能。

宗教与民族团结相关的正能量，通过思想意识的内在化与行为方式的外在化，从社会心理、社会行动、社会制度、社会政策诸多方面，维系了民族团结，促进了民族认同。整体而言，宗教促进民族团结的正能量，主要有教理教义中的人际和谐思想，从彼此容纳、宽容利他的角度，为民族团结提供了思想前提；宗教神话中的民族同源传说，从各民族是一家、各民族友好互助的角度，为民族团结消除了心理隔阂；宗教仪式、宗教活动、宗教节日中的各民族共同参与，提供了真诚沟通、彼此理解、建构友谊的机会场合，为民族团结营造真实氛围。

宗教促进民族团结，是一个宗教因素与民族因素在具体社会情境中不断互建互构的过程，宗教因素不断融入民族，民族因素也不断融入宗教，形成特定民族宗教或宗教民族现象。民族宗教信徒在其中耳濡目染，逐渐内化了维持宗教和谐、促进民族团结的行动规范。从社会交往角度看，无论民族成员还是宗教成员，都存在具体社会交往行动，既有内部交往也有外部交往，既有精神性交往也有物质性交往。在哈贝马斯看来，交往行为是两个或以上的具有言语及行为能力主体，通过语言媒介实现相互理解和协调一致的行为。宗教交往在本质上也是交往行为，通过神圣化的宗教语言、宗教媒介、宗教规则，调整信徒的沟通活动，在一致化的目标下做出调适，信徒在思想和行为上趋同，对所属群体产生依赖和归属感。随着交往规模扩大，宗教规范不断赢得"慕道友"，与世俗伦理相一致，在更大人群范围内获得依赖和归属感。宗教思想融入日常生活成为宗教民俗，在民族团结中具有象征意义。有些宗教习俗扩大了民族交往的范围。在一些多民族杂居区，有的民族在婴儿出生后，父母就等候在路边，遇到第一个过路的陌生男子，就请他为婴儿起名，无论是否为同一民族，都要认作婴儿的"干爹"，两家如同亲戚般世代往来。红河彝族支系尼苏人在婴儿出生后，母亲站在路边手抓炒熟的黄豆，不论男女老幼逢人过路就要送给人吃。过路人接受黄豆，并祝福婴儿长命百岁。

民族团结还有积极和消极之分，在原始社会，民族成员对自己所在群体的认同具有强烈的宗教意义，并形成类似宗教的神圣符号。在现代社会，宗教维系民族团结的功能在衰退，但其作用仍不可轻视。以宗教为条件的民族团结，会导致神秘主义和巫魅主义流行，反而不利于社会的发展进步。同时，此类团结也容易导致民族冲突。

辩证地看，我们谈论团结的同时，也在谈论不团结。我与某人、某群体团结，也意味着与另外的某人、某群体不团结，虽然在范围和程度上有差异，但其辩证法的意义不会改变。民族团结是同一或不同民族成员，基于共同目标而形成的人群共同体，这一共同体可能是真实的，也可能是虚拟的，但都能赋予社会成员特定的情感价值，作为"我们"连接起来，随之而来的是"我们""你们""他们"之间的界限。团结有相应界限，团结感、团结性等，都是在社会情境中体现展演出来的。团结的内在基础是心理上的彼此认同，外在基础是一致化的利益目标，民族团结同样如此。宗教可以在心理上增进认同，提供共同社会利益或作为实现社会利益的手段，从而使民族成员形成团结感、人群集体具有团结性，最终形成民族团结的社会事实。

结合民族宗教发展的历史，我们对宗教促进民族团结的过程路径作如下八点说明。第一，宗教首先促成民族中个人与个人的团结，然后通过个人的团结，实现民族间的团结。第二，宗教创造有利于民族团结的社会环境，使得处于该环境中的两个或多个民族自然而然实现团结。第三，宗教创造民族间对话的平台，有助于民族相互沟通与了解，以达成民族团结。第四，宗教作为一种精神力量，有助于各民族面对共同的敌人或困难，在危机中实现民族团结。第五，宗教作为一种指导性力量，使各民族切实感受到民族团结的益处，使民族群众在理性的驱使下，自觉实现民族团结。第六，宗教作为一种超自然的力量，原本为某一民族信仰，后因某种原因，信仰该宗教的民族要比不信仰的民族在某些方面占有优势，例如，有时因为避免遭受某种自然灾害等偶然事件，使周围其他民族转而改教，通过相同的宗教信仰，使地域内本来就有交往的民族建立更为紧密的关系。第七，宗教得到国家权力的建构，成为全国性宗教，影响国家范围内多种民族，形成普遍的凝聚力和向心力，从而促成民族团结。第八，随着全球社会的不断深入发展，大多数宗教对"异教异端"、他者文化等越来越宽容，对于促进民族团结是非常有益的。此外，宗教的世俗化发展形成了所谓的"信仰超市"，人们基于风俗习惯和个人偏好自由选择自己的信仰。在宽松的社会环境中，宗教信仰更容易进入私人领域作为个人事件，从而降低宗教信仰在公共领域的张力，客观上有助于人际关系和谐与族际团结。

（二）宗教对民族团结的外部性效应

外部性是经济学中非常重要而又较难界定的概念之一。萨缪尔森（Paul A. Samuelson，1915－2009）和诺德豪斯（William D. Nordhaus）认为："当生产或消费对其他人产生附带的成本或效益时，外部经济效果便发生了；就是说，成本或效益被加于其他人身上，然而施加这种影响的人却没有为此而付出代价。"[①] 一般而言，某一行为主体对另一行为产生的外部影响具有正负两种效应。正的外部性效应如某人临街修建一座花园，使所有过往的行人都欣赏到了景色，负的外部性效应如某工厂沿河排放污水，使周围居民受到环境污染的危害。可见，正的外部性使他人或社会受益，而受益者无须花费代价；负的外部性使他人或社会受损，负的外部性使他人或社会受损，而施害者却没有为此承担成本。作为特定的行为主体，宗教有意无意间为社会提供了大量外部性效应，从外部性理论分析宗教行为是一个全新的视角。

宗教总是受到特定地域和人口规模的限制，即使作为世界性宗教的基督教、伊斯兰教、佛教，也不可能覆盖全世界所有的国家和民族。因此，当信仰某种宗教的人与其他宗教信徒或者无神论者接触之时，就产生了外部性问题。从正向角度说，宗教信仰追求真、善、美，宗教以神圣性的形式为信仰、信任奠定了基础，信徒具有较强的利他主义精神，客观上有利于社会和谐稳定。中国的佛教、道教往往将道场修建在风景优美的名山大川，许多庙宇宫观都在著名的风景名胜区，为信徒提供朝圣之所，为非信徒提供游览观赏空间。云南一些少数民族传统宗教以神圣的名义通过严格戒律限制信徒对自然生态的破坏，从而培育了独特的生态文化，对现代生态文明具有借鉴意义。云南少数民族具有亲近自然、敬畏自然，将自然视为父母、兄弟、朋友的习俗，以人伦关系来对待自然界中的万事万物。没有对生态的亲和文化，就谈不上主动自觉的保护生态。在现代文明"征服自然""人定胜天"口号的召唤下，亲近自然

---

① 〔美〕保罗·萨缪尔森、威廉·诺德豪斯：《经济学》第十二版，高鸿业等译，中国发展出版社，2008，第 1193 页。

的传统文化遭到残酷扫荡，但是云南少数民族却以敬畏自然的原始宗教信仰作为精神支柱，保留了较为完整的生态亲和文化。从现代生态文明建设的视野来看，深入挖掘云南少数民族的生态亲和文化，并将之同中华民族的生态亲和传统相结合，赋予普遍意义，具有重要的学术价值与现实意义。

正是宗教具有强大的正的外部性效应，使其在社会中不断传承延绵。而宗教传播发展在一定程度上也促成了不同文明之间的对话，有助于彼此理解，进而促进团结与和谐。宗教使不同人群形成一样的信仰追求，人群之间的整合度与团结性显著增强。例如，基督教内彼此互称兄弟姐妹，穆斯林见面用"色俩目"彼此问好，为萍水相逢平添了亲近感。这是宗教正外部性效应的一种表现。

不可否认，宗教的外部性效应并不总是正向的，宗教将部分习俗神圣化、僵硬化，客观上阻碍了科学发展、文明进步、社会繁荣，中世纪天主教对科学的压制即是一例。尤其是当不同宗教相遇彼此争夺信徒之时，往往造成冲突，甚至演化为战争。亨廷顿有关"文明冲突"的理论，实质上即是对世界范围内宗教负的外部性效应的一种宏观分析。我们也可以从日常生活中的具体例子进行印证。例如，夫妻之间一方信仰宗教，而另一方反对，极容易导致争吵，如果互不让步则又可能导致家庭破裂。因为宗教信仰而消耗了大量时间、精力、财产从而影响生活，也是宗教负的外部性的一种表现。历史上，云南一些少数民族具有杀牲祭鬼的风俗，例如，云南西盟佤族的岳宋寨子从 1954 年下半年至 1957 年上半年，三年来用于原始宗教祭祀活动的财富消费，仅水牛和黄牛总数就有 874 头，平均下来每户人家达两头还多。① 宗教的一些副产品如风水、算命以及各种新兴宗教尤其是邪教，经常为别有用心的人利用，成为谋求个人利益或反对社会、夺取政权的工具，从而造成大规模的混乱。这不仅影响民族团结、社会和谐，也为宗教自身带来危害。

宗教的外部性效应的发挥基于宗教的社会功能，功能本身就有正负之分。一般而言，信仰同一宗教的不同民族，宗教在促进民族团结中的正的

① 云南民族调查组编《佤族社会历史调查》，铅印稿，1958，第 39 页。

外部性效应远远大于负的外部性效应，而信仰不同宗教的不同民族，宗教在促进民族团结中负的外部性效应大于正的外部性效应。宗教的负的外部性效应的解决，不能单单依靠宗教自身的力量，政府、社会、相关行为主体都负有责任。

　　在第二章，本书将基于云南民族地区的宗教事实，具体分析宗教与民族团结的互动关系。

宗教与民族团结的互动关系

促进民族团结的因素很多，如政治制度、经济互动、社会交往、文化生态以及思想观念等，这些因素从整体上可以分为物质性和精神性两大类型。宗教无疑是促进民族内部团结的重要力量，而且可以从物质和精神两个方面共同发挥作用，可以产生正反两种功能的结果。在信仰不同宗教的民族之间，宗教在特定情境中有可能成为巨大的分裂因素，历史上的"十字军东征"即是明显例证。近一百年来，尤其是第二次世界大战结束之后，世界局部地区因民族与宗教问题引发的冲突愈演愈烈，给当地社会乃至全球都带来巨大破坏。由此，宗教与民族的互动关系吸引了学界和公众越来越多的注意力。如何让宗教在促进族内团结的同时，推动族际之间的团结，这一课题值得认真研究。本章基于云南民族地区的具体社会情境，探讨宗教与民族团结的互动关系，其侧重点是族际团结，同时也兼论族内团结。

一　宗教要素与民族要素的互动分析

关于宗教与民族的关系，学术界已经做了较多研究，一般认为宗教在民族的形成与发展过程中扮演着重要角色，宗教直接影响民族的日常生活、文化心理、风俗习惯、科学艺术等诸多内容。我们在借鉴相关研究成果的同时，不再重复相关论述，而是从宗教四要素与民族四要素交互分析的视角，进一步探讨宗教与民族的关系。

（一）宗教四要素

吕大吉先生在系统研究马克思主义宗教观和西方宗教学说史的基础上，指出宗教是一种社会文化形式，认为宗教具备宗教观念、宗教体验、宗教行为、宗教制度四大要素[1]；牟钟鉴先生则认为宗教具备宗教信仰、宗教理论、宗教实体、宗教文化四个层次[2]。我们在此基础上提出，宗教是由情境、资源、结构、行动有机建构的人类活动有机体。

神灵不在天国而在人间，同样宗教情境不在自身而在社会。宗教情境，是指宗教赖以存在的具体自然环境和社会环境，这一方面是客观外在的；另一方面也是主观生成的。西方宗教的情境与东方宗教的情境有很大不同，这些客观存在的情境事实型塑了不同的宗教性，宗教只有在不断适应客观情境的基础上才能生存发展并衍生出独特的文化脉络。广义的资源包括能够推动物质生产和精神生产的所有资料，宗教资源是指使信仰成为可能并发挥功能的一切物质和非物质因素。宗教情境也能转化为宗教资源，而宗教资源也可充实为宗教情境。宗教结构主要表现为特定的宗教组织和宗教制度，是宗教能够呈现稳定特性的内部建制和秩序安排，如教会、教派、僧侣晋升制度等。宗教结构具有沟通宗教情境、宗教资源与宗教行动的中介功能。所谓宗教行为是宗教情感和宗教意识的外显，可以分为直接性的宗教膜拜、宗教传播、宗教交流、宗教朝圣等，间接性的宗教舞蹈、宗教绘画等。从逻辑上看，宗教的情境、资源、结构、行动四要素在宗教体系中形成了四个层次，其中核心层是宗教结构，第二层是宗教行为，第三层是宗教资源，第四层是宗教情境，共同镶嵌在特定的社会系统中，与社会发展共向协变。

（二）民族四要素

作为一种社会共同体而存在的民族，因为具备一些共同要素而团结凝聚。为了简化分析，我们采用斯大林关于共同语言、共同地域、共同经济

---

[1]　吕大吉：《宗教学通论新编》，中国社会科学出版社，1998，第74~79页。

[2]　牟钟鉴：《中国宗教学30年》，http://www.douban.com/group/topic/6140272/。

图 2 - 1　宗教要素层次图

生活、共同心理素质的说法，分析宗教如何在这四方面对民族产生影响。需要指出的是，民族四要素是一个紧密相连、不可分割的体系。相较宗教要素的层次性，民族要素之间的平行性特征更为突出。

共同语言是民族交流沟通的纽带，共同地域是民族形成的自然基础，只有在共同的地域内，民族才有可能形成，但是民族形成之后，可以超越地域的限制。共同的经济生活为民族形成奠定了物质基础；共同心理素质为民族形成奠定了微观的、内在的文化基础。社会心理学的研究证明，如果某个人与其他人之间拥有的共同点越多，两个人相互认同的程度就越高，反之，则认同度就越低。这一点同样适用于特定规模的群体。共同的语言、地域、经济生活、心理素质，赋予了民族中的个人很多的相似点，这就为他们的相互认同打下了坚实的物质和心理基础。所谓"非我族类，其心必异"①虽然有失偏颇，但在社会竞争与冲突中，民族成员总是习惯

---

① （清）阮元校刻《十三经注疏》第四册《左传》，中华书局，2009 年影印本，第 4128 页上栏。这句话是周文王时太史佚说的，晋国大夫季文子征引这句话是要论证，楚国和晋国不是同姓，他们必然不会爱我们。值得注意的是，此"族"并非后世的民族，而是指宗族。但后人引用这句话时，往往指民族，以强烈的血缘主义混淆了文化主义的民族观。——笔者注。

于将"我群"与"他群"区分开来。尤其是在民族遭遇危机的时候，民族内部会更加紧密地团结，个体成员的认同感也会随之增强。族内团结与族际团结不是简单意义上的逻辑递升，而是强度过高的族内团结经常直接妨碍族际团结。也就是说，民族的共同性是有界限的，当超越特定界限之后，势必与其他民族的利益发生冲突，进而产生争夺。

在某种程度上可以说，民族的产生是一种社会建构，也是一种文化呈现。这种文化一经产生，因为满足了个体的不同需求而被保存、被传承，民族因成千上万个成员的支持而获得了强大的社会力量。经历若干年后，民族会演化成为一种神圣的集体无意识，没有人会再怀疑作为社会建构与文化呈现是否合理。这种集体无意识就拥有了马克斯·韦伯（Max Weber，1864－1920）所说的传统型权威，作为一种传统在民族个体和群体中自然传承下去。

（三）宗教要素与民族要素的关系内容

宗教四要素与民族四要素拥有许多相同之处，它们赋予民族成员和宗教信徒诸多共同特征，并为信徒提供了相互理解沟通的场所、机会等。尤其是重要聚会，有很多民族信徒在一起举行宗教仪式，对于培养不同民族信徒的宗教认同感和民族认同感具有极为重要的作用。围绕民族和宗教的四要素对宗教与民族团结关系进行分析，更容易抓住问题的关键，其互动关系，主要表现为融合与补充、冲突与纷争、限制与超越、涵化与认同四个方面。

1. 融合与补充

宗教四要素和民族四要素可以相互融合与补充，共同促进个人对民族和宗教的双重认同，亦即民族内团结与宗教内团结。共同地域、共同语言是民族和宗教形成的社会基础。正是因为有了共同地域和共同语言，个人与个人间的社会交往才成为可能，从而才会认同某一群体或组织。宗教四要素中的宗教观念、宗教体验与民族的共同经济生活、共同心理素质可以互为补充，为人们提供共同的话语和心理基础，共同满足人们在群体生活中的心理需要。宗教行为则通过各种义务性的规范与惩罚性的戒律，增强人们对宗教的忠诚度与归属感。宗教制度作为一种系统性的组织设计，具有相对稳定性和可预测性。从小在教会组织或信教家庭中成长的个人在其社会化过程中必然植入了大量的宗教信仰因素。个人宗教属性的社会化可以在不同程度上促进个人民族属性的社会化。尤其是在全民信仰单一宗教的民族中，民族文化与宗教文化高度重叠融合，宗教作为一种信仰、一种制度能够有效维护民族团结，促进民族文化传承。最典型的例子当属犹太民族，虽然失去了自己的祖国而流浪世界各地，但是犹太人仍因犹太教的强大整合功能成为不可忽视的力量。

宗教要素对民族要素融合补充的另外一个例证，可以从基督教传教士为云南部分少数民族创制的文字中得到体现。出于翻译《圣经》以及传教的需要，循道公会英国传教士柏格理（Samuel Pollard, 1864-1915）等人在昭通创制了苗文，内地会英国传教士富能仁（James Outram Fraser, 1886-1938）等人在密支那创制了傈僳文，浸礼会美国传教士永文生（Vincent Young）等人在澜沧创制了拉祜文、佤文，美国传教士库森（Cushong）、欧·汉逊（O. Hanson）等人创制了景颇文，澳大利亚传教士张尔昌（Gladstone Charles Fletcher Porteous, 1874-1944）等人创制了黑彝文，客观上使这些民族走出了无文字时代，使其加快了融入现代社会的步伐。在欧洲历史上，《圣经》的翻译也极大促进了不同民族语言文字的发展。目前，《圣经》已经被翻译为 2200 余种民族语言，这些语言基本上涵盖了全世界 95% 的人口。

基督教也可与少数民族传统宗教文化相融合。澜沧县上允镇邦腊村的佤族群众绝大部分信仰基督教，但葬礼仍保留较浓厚的传统色彩。例如，死者不能穿带纽扣的衣服，因为纽扣看上去像大毛虫，不吉利，要为死者穿上撕破的新衣服。下葬时要杀鸡看卦，然后祷告耶稣保佑生者，迎接死者上天堂，教友也要为其唱挽歌。在葬礼上，邦腊村佤族基督教徒的祈祷词，体现了本民族的文化心理特征："我们不愿意得病，不愿意遭灾，需要声音响于牛角，力气超过大象，才祭祀亡魂，才请求上帝照看。"[①] 在部分佤族信徒看来，耶稣只是最高神而不是独一真神，他们在日常生活中仍然敬拜、祭祀传统宗教的各种神灵，如死神、家神、谷神，只是增加了基督教的礼仪内容。在葬礼上，他们一方面祈祷耶稣迎接死者的圣洁之魂

---

① 魏德明：《邦腊佤族葬俗中的宗教特点》，《民族调查研究》1986 年第 2 期。

"宽西阿"上天堂，一方面也要送死者的亡魂"姆玉安"到祖宗之地。

2. 冲突与纷争

民族的四要素尤其是共同的心理素质，会使得某一民族表现出类似的行为，尤其是那些作为本民族文化核心的思想和行为。宗教作为一种制度体系，本身就包含很多禁忌。当民族文化与宗教禁忌对立时，往往也是冲突产生之时。例如，中国汉族自古以来就以"尊天敬祖"为文化核心，当基督教传入中国时，因其一神信仰的排他性，就与"尊天敬祖"发生了冲突。著名意大利耶稣会传教士利玛窦于明朝末年来华，他将汉族祖先崇拜理解为表达敬意的文化形式，在不掺杂祈求、迷信的前提下允许祭祖，因而避免文化冲突的发生，其传教事业也取得了巨大成功。后来的传教士逐渐放弃"利玛窦规矩"，禁止信徒祭祖拜孔，挑起"礼仪之争"，由此引发康熙皇帝对天主教的严厉限制。基督教在云南部分少数民族的传播中也订立规矩不准搞本民族的祭祀活动，甚至禁止唱民族歌、跳民族舞，一定程度上触及了民族文化的核心，从而引发冲突，严重时甚至将同一民族无形中割裂为基督教徒与传统宗教信徒。在少数民族版本的"礼仪之争"中，民族与宗教关系在经过较长时期的调适才逐渐消除隔阂，并趋于和谐，而较为明智的选择即是以宗教要素契合民族要素，从而使传播活动顺利开展。

历史上，外国传教士利用景颇族崇拜诸葛亮的心理大力宣扬"耶稣是孔明转世，信耶稣就是信孔明"；"诸葛老爹在世很好，可是他的事情忙，不能来看你们。现在有一位耶稣，是诸葛老爹的兄弟，诸葛老爹派他来救你们。你们既信服诸葛老爹，就是要听他兄弟耶稣的道理"。[①] 拉祜族在反清起义失败后，传说其领袖"铜金和尚"会派一个骑白马的人来拯救自己，美国传教士永伟理（William Young）利用这一传说，将自己说成"铜金和尚"的朋友，也骑着白马到处传教。[②] 天主教与基督新教的传入，改变了云南少数民族的信仰格局。有时，同一民族不同支系因信仰原始宗教与基督教信仰产生冲突。例如，景颇族大约有15%的群众信仰天主教和基

---

① 韩军学：《基督教与云南少数民族》，云南人民出版社，2000，第67页。
② 钱宁：《基督教与少数民族社会文化变迁》，云南大学出版社，1998，第179页。

督新教，其中景颇支系的信仰比例最高，而载瓦支系主要信仰原始宗教。在景颇族基督教信仰上，从外向转为内向是一个很重要的转变，主要是党和政府的管理引导工作到位。1957 年初，原先受外国控制的"中国景颇族联邦基督教浸礼会"与昆明基督教三自爱国会取得联系，改名为中国基督教广山教会，但是后来由于极"左"政策的影响，导致大量景颇族基督徒外流缅甸。① 如何引导宗教与民族从冲突向和谐转换，是本研究对策部分讨论的重点，此处不再赘论。

3. 限制与超越

在社会发展的早期阶段，宗教总是限于民族之中，宗教四要素也相应地局限于民族四要素，这实际上是民族宗教的典型结构。云南诸多少数民族传统宗教仅仅为本民族群众所信仰。在世界民族宗教史上的事例同样俯拾即是，例如，印度教徒虽然有 10 亿之众，仅次于基督教 15 亿信徒的规模，但印度教的信仰者主要是印度诸民族，作为世界宗教的基督教却超越了最初起源民族的界限而遍布全世界。伊斯兰教、佛教等世界性宗教同样如此，他们的信仰要素超越了民族界限，使不同民族之间的认同与归属感因同一宗教信仰而增强，发展到极致则将特定民族完全限制在宗教影响之下。伴随社会的发展进步尤其是近代西欧民族主义的兴起，民族也开始突破宗教的藩篱，民族的政治、经济、文化诸方面不再为某一宗教所控制，政教分离逐渐成为基本原则。宗教与民族从此以若即若离的关系，共同为人类社会发展贡献力量。

4. 涵化与认同

涵化一般是指因接触异质文化而长期影响导致原有文化模式发生改变，这一改变往往是内在的、全面的、潜移默化的，有明确的主体、客体与载体。认同是涵化过程的重要推动机制，试想原文化体系内的成员对于异质文化不理解、不赞成，一直持敌视排斥态度，何谈接纳与涵化？在特定历史时期，宗教对民族的涵化作用非常突出，中国信仰伊斯兰教的回族、维吾尔族、哈萨克族、柯尔克孜族、东乡族、撒拉族、塔吉克族、乌孜别克族、保安族、塔塔尔族 10 个民族即是例证。在中世纪的西欧，基督

---

① 张建章：《云南边疆宗教文化论》，德宏民族出版社，1993，第 2 页。

教成为欧洲各民族的统一身份，在政治、经济和社会生活中处于主导地位，而近代意义上的资产阶级民族或者尚未形成，或者民族身份退居其次，被统一的基督教教徒身份所掩盖。

二　宗教与民族团结关系的整体概述

以宗教为主要视角，从宗教与民族的各自主体性出发，将民族宗教之间的复杂关系分为融入型（即同一宗教为同一民族所信仰）、多元型（即不同宗教为同一民族所信仰）、扩散型（即同一宗教为不同民族所信仰）、疏离型（即不同宗教为不同民族所信仰）。在云南，融入型的宗教—民族关系如伊斯兰教之于回族、南传上座部佛教之于傣族、藏传佛教之于藏族，基本上为全民信仰某一种宗教。白族的宗教信仰关系表现为多元型，佛教（阿吒力教）、道教、本主崇拜和基督教都有不同数量的信徒。扩散型的宗教—民族关系如南传佛教文化圈和藏传佛教文化圈内共同信仰南传佛教或藏传佛教的诸多民族。近代以来接受基督教的苗族、傈僳族、怒族、拉祜族、佤族、景颇族、独龙族、彝族等云南少数民族，不同程度保留着自身的传统信仰，在宽泛的意义上呈现疏离型特征。宗教与民族之间的四类关系形成了宗教文化生态与民族文化生态的差异面貌。

表 2 - 1　宗教与民族交互分类表

宗教 ＼ 民族	相　同	不相同
相　同	融入型 同一宗教为同一民族所信仰	多元型 不同宗教为同一民族所信仰
不相同	扩散型 同一宗教为不同民族所信仰	疏离型 不同宗教为不同民族所信仰

（一）宗教共同体与民族共同体的关系

在民族形成的关键时期，宗教作为文化内核与组织网络发挥了团结凝聚的重要作用。考古资料证明，旧石器时代人类就产生了初步的宗教观念，举行特定的宗教仪式，相应的人类群体即是最初的宗教共同体。随着人类向新石器时代的迈进，为适应人们的需要，宗教形式也不断演化，产生出图腾崇拜、祖先崇拜、灵物崇拜等形式以及万物有灵的宗教观念。宗教发展演化的阶段与社会发展演化的阶段相适应，我国神话传说中的三皇五帝时期，广阔的疆域上分布着大大小小的部落，相应的也有不同的图腾崇拜。《史记·五帝本纪第一》载："轩辕乃修德振兵，治五气，蓺五种，抚万民，度四方，教熊罴貔貅貙虎，以与炎帝战于阪泉之野。"① 即是黄帝率领以熊、罴、貔、貅、貙、虎等猛兽为图腾的部落同炎帝集团进行战争。随着宗教共同体在地域和人口范围内的扩大，不同宗教信仰的碰撞融合最终综合产生新的神灵。伴随着多元神灵体系的合一，原先不同宗教信仰的人群在文化意义上组建为新的群体，由此为民族共同体的产生奠定了基础。

恩格斯指出："古代一切宗教都是自发的部落宗教和后来的民族宗教，它们从各民族的社会和政治条件中产生，并和它们一起生长。宗教的这些基础一旦遭到破坏，沿袭的社会形式、继承的政治结构和民族独立一旦遭到毁灭，那末与之相适应的宗教自然也就崩溃。"② 进入文明社会后，战争的胜利者也总是利用自己的宗教信仰同化其他民族。古埃及阿蒙·拉神即是在不断的统一合并战争中成为至上神。根据有关学者考证，中华民族龙凤图腾的诞生即是一个典型。《尔雅翼》载：龙"角似鹿，头似驼，眼似兔，项似蛇，腹似蜃，鳞似鱼，爪似鹰，掌似虎，耳似牛"。③ 我们从龙的身上可以看到原始时代众多动物图腾的属性，它是古代氏族走向融合过程中图腾融合的文化表现，以鹿、驼、兔、蛇、蜃、鱼、鹰、虎、牛等为图腾的氏族不断融合为一个民族。凤同样也是多种禽类氏族图腾融合的结果。龙凤图腾在原始社会诸多地区性图腾信仰求同存异的整合过程中实现了有机的统一，逐步通过艺术加工和想象力成为全国性的神圣符号象征，并与华夏文明的超稳定结构相结合，成为中华文明尊重多元、宽容差异、求同融合、兼美共赢精神的生动注脚。

---

① （汉）司马迁：《史记》，中华书局，1997，第 3 页。
② 《马克思恩格斯全集》第十九卷，人民出版社，1963，第 333 页。
③ 转引自牟钟鉴、张践《中国宗教通史》，社会科学文献出版社，2000，第 43 页。

在现代社会中，宗教共同体与民族共同体的关系正日渐疏离，已经远不如传统社会那样紧密。民族与宗教的一一对应关系随着人类社会交往的广度、深度、频度等变化而逐渐被一对多关系所取代。民族与宗教的关系，也从宗教塑造民族，转而成为民族塑造宗教，进而民族与宗教相互塑造影响。

（二）宗教对民族团结的合理性论证

美国社会学家贝格尔认为，合理化是指用来解释和证明社会秩序合理的、在社会中客观化了的"知识"。合理化论证是要回答任何一种关于制度安排之原因的问题。合法化是指以各种手段使行为、事实等符合法律要求，或使权力能为特定系统的个人所尊重和承认。对于民族团结而言，宗教主要从精神性指导、神圣性监督、制度性支持、伦理性约束等方面对其进行维护，这些方面都可归结为宗教对民族团结的合理化论证与合法化说明。

1. 宗教为民族团结提供精神性指导

在民族内部，共同的宗教信仰将分散的人群整合起来，把人们团结在一个神圣的旗帜之下。涂尔干指出："任何宗教都是对既存的人类生存条件作出的反应，尽管形式有所不同。"[①] 他通过对澳大利亚土著部落图腾崇拜的研究，指出原始宗教在促进氏族社会整合中扮演的重要作用。实际上，中国的一些民族即是在宗教的整合作用中形成的。有的学者认为，保安族本为蒙古族的一个支系，在元、明时期因信仰伊斯兰教而逐渐形成新的民族，其族名直接取自其居住的地名。[②] 越是在传统社会中，宗教为民族团结提供精神性指导的功能就越突出。例如，中国土生土长的道教在向境内少数民族传播过程中，增加了中华民族的向心力和凝聚力。[③]

宗教的原初精神即是整合、联合，在拉丁文原义中，Religion 指人与神的再连接。中国社会也有神道设教的传统，儒家将"大一统"的精神追

---

① 〔法〕爱弥尔·涂尔干：《宗教生活的基本形式》，渠东、汲喆译，上海人民出版社，1999，第 3 页。
② 杜鲜、彭清深主编《保安族——甘肃积石山县大墩村调查》，云南大学出版社，2004，第 7 页。
③ 张桥贵：《道教与中国少数民族关系研究》，云南大学出版社，2011，第 148 页。

溯至高无上的天，董仲舒在《举贤良对策》中说，"道之大原出于天，天不变，道亦不变"，中国封建社会保持了 2000 年的超稳定结构，与神道设教的宗教神圣性精神支持有一定的关系。可以说，维护民族整合团结是宗教功能的常态，导致民族分裂冲突是宗教功能的异态，但是历史和现实之中却经常发生化常为异的事件。我们应挖掘宗教文化的团结精神，化异为常，转负为正。

2. 宗教为民族团结提供神圣性监督

宗教促进族内团结与整合的同时，也为族际团结设置了一定的障碍。例如，历史上佤族有猎取外部落人头的习俗，个体离开部落将难以生存，客观上增强了部落的凝聚力。通过神圣而又紧张的仪式，使本部落紧密团结在一起，而与外部落则形成对抗。但是，宗教的神圣性反过来又为消除民族之间的怀疑、仇视、不信任提供了最高裁判，这一点在传统的盟誓文化中有着突出的表现。

消除陌生人之间的顾虑，需要神灵监督盟誓。《周礼》说："司盟掌盟载之法，凡邦国有疑，会同则掌其盟约之载及其礼仪。"[①] 即是说，周朝设有专职管理盟誓的机构和长官，在国家有疑虑时按照特定礼仪举行盟誓。《礼记·曲礼下》说："约信曰誓，涖牲曰盟。"[②] 通过特定的盟誓礼仪可以消除双方疑虑，达成信任。《说文解字》说："盟，杀牲献血，珠盘玉敦，以立牛耳。"[③] 盟字上为明，下为皿，篆书也作上为囧，下为皿，而囧是象形字，原意为窗户门牖富丽明亮。盟字象征杯盘器皿中盛放祭品，将事情明告于神灵，请求神灵做证并保佑。《左传·哀公十二年》记载："盟所以周信也，故心以制之，玉帛以奉之，言以结之，明神以要之。"[④] 同样也是说双方供奉玉帛，在神灵的见证下同心共事，结成联盟，相互信任。

① （清）阮元校刻《十三经注疏》第二册《周礼》，中华书局，2009 年影印本，第 1904 页上栏～下栏。
② （清）阮元校刻《十三经注疏》第三册《礼记》，中华书局，2009 年影印本，第 2741 页上栏。
③ （汉）许慎：《说文解字》，（清）段玉裁注，浙江古籍出版社，2006 年影印本，第 315 页上栏。
④ （春秋）左丘明：《左传今注》，李梦生注，凤凰出版社，2008，第 738 页。

宋人朱辅在《溪蛮丛笑》中记载："彼此歃血誓约，缓急相援。"① 说明宋朝时期湖南一带苗瑶先民仍通过盟誓建立相互支援的组织。《尚书·牧誓》记载周武王伐纣在牧野誓师时说："庸、蜀、羌、髳、微、卢、彭、濮人，称尔戈，比尔干，立尔矛，予其誓。"② 武王伐纣得到了周围许多少数民族部落的帮助，与不期而至的八百诸侯会盟于"盟津"，后改称孟津。无独有偶，云南省昆明市嵩明县又名"松盟县"，汉代属益州郡牧靡县，大理政权时为"松盟部"，元朝曾设"松盟万户"和"松盟府"，文献记载滇王同当地"乌白蛮"发生冲突后筑台盟誓，不再兵戎相见，因为盟台遥对秀松山而得名"松盟"。③但是民间传说，诸葛亮七擒孟获之后，在秀嵩山下筑台与孟获结盟而得名"嵩明"。显然，民间传说的影响更深入人心，明清以来嵩明县的诸葛武侯祠和古盟台被不断修葺，至今遗迹尚存。

《华阳国志》《蛮书》《滇略》等史书记载，云南少数民族"其俗徵巫鬼，好诅盟，投石结草，官常以诅盟要之"④。两晋时期，建宁味县（今曲靖市麒麟区），"有明月社，夷、晋不奉官，则官与共盟于此社也"⑤。"明月"或为"盟约"的讹化，或者是举行仪式时指明月为誓。到清朝末年，水西彝族支系"罗罗"，"最畏鬼，部曲稍有携贰，土目刹牛以盟，领片肉即不敢背。谚曰：水西罗鬼，断头掉尾。言相应若率然也"。⑥ 1949 年之前，独龙族仍保留着石柱诅盟的文化传统，以柱形的大石头，代表神灵，见证双方发誓消除纠纷。举行诅盟仪式时，巫师唱道："我来为你解仇结，解开仇结，割断了祸孽。断祸孽啊，纠纷歇。纠纷歇啊，共日月"⑦，并用刀砍断绳子，解开疙瘩，然后举行宗教仪式，杀猪宰牛。在处理与外人关

① 符太浩：《溪蛮丛笑研究》，贵州民族出版社，2003，第 205 页。
② 郭仁成：《尚书今古文全璧》，岳麓书社，2006，第 155 页。
③ 中共云南省委政策研究室、云南省志编纂委员会办公室主编《云南地州县市概况·昆明市分册》，云南人民出版社，1987，第 180 页。
④ （晋）常璩：《华阳国志·南中志》，收入（清）王崧编纂《云南备征志》上册，李春龙点校，云南人民出版社，2010，第 37 页。
⑤ （晋）常璩：《华阳国志·南中志》，收入（清）王崧编纂《云南备征志》上册，第 42 页。
⑥ 《大定府志》。转引自尤中《中国西南的古代民族》（续编），云南人民出版社，1989，第 382 页。
⑦ 王均：《独龙族石柱诅盟考察》，《民族调查研究》1984 年第 2 期。

系时，一些少数民族群众也习惯举行盟誓仪式。例如，哈尼族支系奕车人迁徙到新村寨时，需要在村外杀鸡"立石为约"，双方发誓"你心我心都不能歪，今后要做一家人"。

盟誓双方一般都要向着心目中的最高神灵发誓，请神灵监督自己，如有背叛将受到誓言所说的最重惩罚。因为相互认可的神灵介入其中，所谓不看僧面看佛面，不信人力信神力，经过神圣的盟誓仪式，盟誓双方增加了信任。南诏王异牟寻与唐使崔佐时订立盟约时，"上请天地水三官、五岳四渎，及管川谷诸神灵同请降临，永为证据"①。大理政权时期，为取得三十七部少数民族的支持信任，段氏王族按照三十七部的风俗习惯举行会盟，收到了较好的政治效果。现立于云南省曲靖市第一中学校内、国家重点文物保护单位"段氏与三十七部会盟碑"见证了大理政权白族封建主段氏与彝族三十七个部落盟誓进而加强团结的历史。

历史上，统治者利用少数民族畏鬼神、敬盟誓、重许诺的风俗通过会盟维护统治秩序的事例不胜枚举。明末奉南明永历帝抗清的李定国在孟定地区，也是通过结盟的方式与当地傣族、佤族约定，傣族出粮、佤族出地皮，李军出人力，共同开发茂隆银厂，利润三分。清代早期在佤族地区开矿的石屏汉人吴尚贤与班老王子刻木为盟，借助盟誓仪式增进汉族与佤族的彼此信任。

在一些少数民族的传统观念中，只有举行特殊的盟誓仪式之后，行为才能算数，犹如汉族在契约上加盖大印。为尊重少数民族的传统习惯，党和政府也有与少数民族盟誓的例子，推动了民族团结工作。红军长征时，刘伯承与小叶丹结盟的故事广为流传；解放丽江时，中国人民解放军滇桂黔边区纵队（简称边纵）七支队副司令员杨尚志与小凉山彝族头人余海清（补约旺尼）钻牛皮盟誓，与纳西族的上层人士等也钻牛皮盟誓，与中甸藏族实力派汪学鼎举行传统的"抹脖"结盟仪式。有着"新中国民族团结第一碑"美誉的民族团结誓词碑写道："我们廿六种民族的代表，代表全普洱区各族同胞，慎重地于此举行了剽牛，喝了咒水，从此我们一心一德，团结到底，在中国共产党的领导下，誓为建设平等自由幸福的大家庭

① 木芹：《云南志补注》，云南人民出版社，1995，第143页。

而奋斗!"其背景就是1951年出席思普专区第一届兄弟民族代表会议的26个民族（含支系）的代表、部分参加国庆一周年观礼的少数民族代表以及地方党政军领导共300多人，按照佤族首领拉勐等人的建议，举行神圣的佤族剽牛仪式之后竖立的。

民族工作队与景颇族山官的开会议程一般分三步：工作队讲话，各山官发言，喝鸡血酒盟誓。誓词中强调紧密团结，共同对敌。顺应民族风俗，民族工作队在西盟佤族地区"栽石头"。协议双方选址栽下一块石头，谁违约就要罚出与这块石头同等重量的金银。拉祜族地区喝鸡血酒、喝咒水盟誓，由魔巴用铓锣装满清水，双方放入一颗子弹、两枚银元，参加者每人割破手指将血滴入水中，魔巴诅咒之后，依次喝一碗咒水。喝完之后，剽牛庆祝。当时解放军领导与民族头人团结，多采用如此方式，收到了较好效果。某团政委赵伟在西盟与佤族、拉祜族头人栽下一块石头，在拉祜族头人张光明的佛殿上喝下烧了咒符的咒水，共同发誓"听共产党、毛主席的话，阿佤拉祜是一家，军民团结一条心，共同建设西盟山"。① 盟誓首先需要双方坐下来，而双方多是陌生人，互不信任才需要盟誓。这些关键问题的解决，需要宗教外因素的干预，如借助政府权威，使彼此心平气和沟通，然后才借助宗教仪式、神灵权威以稳定人心。借助神灵意志，可以有效促进民族交往，加强团结。当然，鬼神意志也会阻碍民族交往。例如，20世纪50年代初，西双版纳贺南寨哈尼族住在山头，沿袭刀耕火种的方式，影响了住在山脚曼两寨傣族的生产生活水源，彼此矛盾很深。哈尼族下山赶街，傣族借口屋中有鬼而不准他们进屋；傣族的牛上山吃了哈尼族的庄稼，就被宰杀，傣族上山去，哈尼族借口有鬼阻止他们进村。后来，在政府的协调下，两个民族的代表坐下来协商，吃"团结酒"，举行宗教盟誓，在日常生活中逐渐友好相处。

当然，别有用心之人也可以利用宗教神圣性进行盟誓，服务一己之私，甚至破坏民族团结。三国时期，越巂郡叟帅高定"乃更杀人为盟"，通过人祭召集部众反叛蜀汉。雍闿等耆帅、豪率也"假鬼道"号召部众。

---

① 赵伟：《挺进阿佤山，边陲换新天》，收入《云南民族回忆录（三）》，云南民族出版社，2002，第86页。

宗教对民族团结的神圣性论证还可以从各民族的神话传说中窥见一斑，各民族创世神话中经常将本地域范围内有交往联系的各民族视为兄弟，因为有着共同起源或者共同战胜过某种灾难。如佤族创世神话《司岗里》说，蜘蛛和佤族先从岩洞里出来，汉族跟在后面，拉祜族续之，傣族又在后，最后是"散族"[①]，人们共同战胜了各种风险才繁衍下去。各民族神话中有关民族团结的主题无疑为现实中民族关系的和谐提供了神圣论证。

3. 宗教为民族团结提供制度性支持

宗教拥有着大量信众，由于其自身的组织网络和动员机制，往往形成等级森严的社会团体。涂尔干指出："宗教明显是社会性的。宗教表现是表达集体实在的集体表现；仪式是在集合群体之中产生的行为方式，它们必定要激发、维持或重塑集体中某些心理状态。"[②] 宗教制度发展的极端，即是将整个社会囊括进来，正如马克思评价的那样："宗教是这个世界的总的理论，是它的包罗万象的纲领，它的通俗逻辑，它的唯灵论的荣誉问题，它的热情，它的道德上的核准，它的庄严补充，它借以安慰和辩护的普遍根据。"[③] 在全民信仰某一种宗教的民族，宗教为民族内部团结提供了制度性保障；在信仰同一种宗教的不同民族之间，宗教成为交流联系的重要纽带。共处于某一地域内的不同民族，宗教交流的程度越深、频度越高、广度越大，在社会交往方面就越频繁，彼此理解的程度就越深，因而更倾向于团结协作。例如，丽江市宁蒗县的普米族传统习俗上能接受同藏族、纳西族通婚而不能接受与彝族通婚。其中的重要原因即是普米族与藏族、纳西族在文化上受藏传佛教的影响，信仰习俗有接近的一面，而彝族信仰的毕摩教则与此毫无关联，因而充满陌生的神秘形象。又如，居住在德宏傣族景颇族自治州的傣族、景颇族、德昂族受南传佛教的共同影响，相互之间的关系明显要比同傈僳族等不信仰南传佛教的民族更近一层。宗教交流与民族团结可以形成良性循环，反之也能陷入恶性循环的泥淖。

---

① 《佤族简史》（云南教育出版社，1986 年，第 6 页）认为，"散族"可能是掸族。
② 〔法〕爱弥尔·涂尔干：《宗教生活的基本形式》，第 11 页。
③ 《马克思恩格斯选集》第一卷，人民出版社，1972，第 1 页。

4. 宗教为民族团结提供伦理性约束

从某种意义上说，宗教如同软件程序，民族如同硬件，同一硬件安装不同软件即呈现不同面貌。例如，新疆各民族在接受伊斯兰教信仰之前，普遍信奉佛教，改信伊斯兰教之后经过长期涵化表现出迥异的文化心理与精神面貌。宗教作为共同精神促进民族团结的作用由此可窥一斑。对于虔诚信徒而言，宗教的神圣戒律是其行动的最高准则。各大宗教中有关团结和谐精神的教理教义不胜枚举。道教中关于"齐同慈爱，异骨成亲""恩及夷狄"的思想，为道教向少数民族地区的传播、为不同民族的团结提供了神学论证；佛教关于"无缘大慈，同体大悲"，基督教关于"爱人如己"、伊斯兰教关于"仁爱博施、坚忍宽容"等人际伦理信条，对于促进民族团结、维护社会稳定具有重要作用。

三　宗教促进民族团结的具体路径

我们可以将宗教促成民族团结的情境，分为仪式性情境、交往性情境、情感性情境、行动性情境、文化性情境、节日性情境等不同类型。实际上，这些不同情境类型的民族团结，有着内在完整的宗教文化精神。我们应从云南少数民族的宗教信仰传统中找到有利于民族团结的内容，从文化心理到社会行动，形成民族团结的完整路径。

（一）宗教仪式与民族团结

1. 宗教仪式的类型

涂尔干认为，宗教仪式实质上是对社会神圣性的膜拜，人们对社会秩序的依赖源于某种仪式。宗教可以提供一种仪式性场景，通过特定仪式活动，可以有效强化人们的团结意识。宗教向社会输出的良性产品之一，就是民族团结。从发生学的角度思考，民族团结的形成过程，涉及社会、团体、组织以及个人之间的关系。但是我们往往只看到现象，没有注意关系背后的本质。在促进民族团结的诸关系中，切不可忽视宗教的作用。宗教可以超越一般的世俗利益，即使在违背个人意志的情况下，也能将个人团结在共同体内。

涂尔干认为，全部宗教现象可以分为信仰和仪式两大部分。[①] 宗教仪式是诸多宗教现象中最直观的部分，在维系宗教信仰中发挥着重要作用。我们可以将宗教仪式分为本真性仪式和衍生性仪式两种类型，在促进民族团结的作用上，二者的功能基本相同。然而衍生性宗教仪式增添或者减少的一些情节，很可能不被人们接受，其维系人群认同和团结凝聚的功能有所弱化。在当代社会，衍生性的宗教仪式多由政府主导，进而在民族社会内部形成促进团结凝聚力的价值工具。

2. 本真性宗教仪式的团结功能

一些宗教仪式的功能与民族团结直接相关，有的神灵专门司职人际关系和谐，讨好这些神灵的方法，就是在现实生活中增强家庭内、民族内的团结，大家有福同享、有难同当。例如，兰坪县普米族群众遇到家庭不和睦、家庭成员是非多等情况，会举行送替神仪式，普米语称"缺肯"，祈求替神带走厄运、带来好运。举行送替神仪式时，全村亲朋好友都来参加，大家一起劝导搬弄是非之人，使之转变态度、改善家庭关系。[②] 此类公共宗教仪式具有民族情感安全阀和宣泄口的作用。神灵作为信徒心声和苦难的忠实倾听者，发挥了宣泄疏通信徒情绪的功能。信徒通过向神灵祈祷，宣泄了内在情感，不至于爆发为社会矛盾。当社会矛盾或者压力增大时，如果没有宣泄情感的安全阀，则容易引起冲突。因此，有些少数民族举行象征性冲突的宗教仪式，借以维系民族社会的团结。

在一些民族地区，举行带有宗教性质的特定冲突仪式，反而有助于消除怨恨，增进团结。在仪式过程中，象征性的冲突扮演了"安全阀"的角色，使一触即发的民族冲突找到了宣泄口，不至于酿成实质性灾祸。例如，过去凉山彝族怀疑某人借助巫术诅咒自己，也会借助巫术手段反咒仇人。其仪式是扎一个草人象征仇人，杀狗淋血到草人上，诅咒仇人死于非命。举行此类仪式之后，双方即不再寻仇，虚构的宗教冲突仪式反而避免了实质性冲突。

---

① 〔法〕爱弥尔·涂尔干：《宗教生活的基本形式》，第 42 页。

② 怒江州政协编《怒江文史资料选辑》第十二辑，丽江县印刷厂，1989，第 55 页。

　　一些民族在日常交往中没有隔阂，而在宗教仪式中有暂时性"回避"，其意义只是为了营造纯粹化的民族宗教情境，所以只能使用本民族语言，使用本民族宗教仪式，其"回避"手段，远没有上升为系统性的"排斥"，并不影响各民族日常生活交往及相互团结。平时民族之间的不愉快，反而可以在暂时性的回避中消除。例如，纳西族东巴祭天时必须使用纳西语，也不能将祭品送给其他民族吃，这只是在仪式空间中的暂时性排外，在经济文化和日常生活中，纳西族与藏族、汉族、白族等周围少数民族正常交往，使丽江成为多民族多宗教和谐共处之地。

　　生死是人类社会中永恒的大事，尤其是死亡总会伴随特定的葬礼，而葬礼有时会成为放弃仇恨、重归于好的仪式场合。云南一些少数民族群众如果因为平时日常琐事结下仇恨，只要能够参加对方家中的葬礼，则能尽释前嫌。正如《南诏德化碑》所言"生虽祸之始，死乃怨之终，岂顾前非而亡大礼"①，南诏国王阁罗凤命人收拾前来征讨的败亡将军李宓及其将士的尸体"祭而葬之"。

　　彝族和解冤家械斗时，会举行隆重的"打牛盟誓"，由毕摩监盟，杀死牛之后取出心肝五脏，将整张牛皮剥下挂在木架之上，盟誓者从尾部钻入，头部钻出，然后共饮血酒。彝族民间称之为"钻牛皮"，云南和平解放前后，人民解放军干部就曾与彝族首领举行过钻牛皮盟誓。中央访问团第二分团来到宁蒗，了解到当地民族纠纷和民族隔阂的情况严重，在《宁蒗的民族及民族工作情况》报告中提出六条"处理夷汉纠纷团结各民族的方法和意见"，其中第二条就是"开各民族团结会，和彝族头目钻牛皮"。②

3. 衍生性仪式的团结功能

　　有些宗教仪式需要特定的祭品，依靠民族群众齐心协力团结才能完成。例如，佤族制作神器木鼓需要多重程序，从深山老林中砍下高大的木鼓树并拉回寨子里，也必须依靠集体协作。西盟佤族的《拉木鼓歌》唱道："拉木鼓绳断了，是因为系得太少，拧得太小。独树不成林，独

---

① （唐）郑回：《南诏德化碑》，收入马曜主编《云南各族古代史略》，云南人民出版社，1977，第718页。

② 杨福泉主编《中国西南文化研究·民族调查资料选辑》，云南人民出版社，2015，第34页。

木难盖房，独户不成寨，独绳难拉鼓。只要多拴几根绳，木鼓再大也牢靠，只要万众一条心，团结起来力量大。多一棵树就多一个荫，多一根木就多一根梁，多一个人就多一个伴，多一根绳就多一分力量。一根柴烧不旺火塘，一个人抬不起大梁，一根线织不成棉毯，一根草盖不起住房。众人拾柴火才旺，万众一心力量强，团结友爱阿佤理，一代一代永相传。"

在现代社会中，云南少数民族杀牲祭鬼的个体性巫术减少了，但仍然保持集体仪式，并没有完全被现代科技解构。宗教在公共领域中的作用，主要表现在一系列以公共利益为祈祷对象的仪式活动上，这本身就是公共事务，需要社区成员共同参与，有专门的场地和活动空间，涉及集体凝聚力和公共权威。平日人们感觉不到的公共作用，在这一场合被重新拾起。社区通过提供宗教公共领域，集体商讨村寨一年来的重大事情，修订社区的法律规范，从而整合了政治公共领域。抛开宗教仪式活动的祭祀环节，其实质是提升社区成员的集体意识和团结感、凝聚力。一方面，公共祭祀仪式是宣布乡规民约、处理社区越轨事件的重要场合；另一方面，公共祭祀仪式也是动员社区群众、培养集体参与意识和个体成员服务社区能力的圣俗交织活动。

宗教公共祭祀大都有固定活动场所和时间，形成了制度化的体系。在遇到危机和突发性事件后，倾向于举行宗教仪式，帮助群体渡过难关。不断重复的宗教仪式，有助于加强人们的信仰和观念，同时不断灌输宗教价值，增强人们的集体意识和团结感。例如，哈尼族文化至今仍保持较强的宗教性。在郑宇 2008 年所做的调查中，元阳县箐口村哈尼族 98% 的村民在问卷上回答相信存在鬼神，81% 的村民曾请人给自己占卜，所有被调查的家庭都举行过不同类型的叫魂仪式。[1] 在哈尼族适应自然、改造自然的过程中，形成了一种以生态保护为中心的综合文化形式，"昂玛突"等各类宗教仪式具有极强的集体意识和团结感，同时也影响哈尼族饮食、歌舞、服饰等各种文化形式。哈尼族等在新生儿出生时，要到神林中燃放鞭炮，要到长街宴中向"咪谷"赠送礼物。大理白族在婴儿出生时，则到本

---

[1] 郑宇：《箐口村哈尼族社会生活中的仪式与交换》，云南人民出版社，2009，第 65 页。

主庙中举行仪式。随着科技进步和社会发展，宗教很少直接介入物质再生产，但仍然介入人口再生产。云南少数民族宗教作为一种特定仪式，在确定自然、人、社会之间的关系时，仍有其特定意义。

需要指出的是，宗教仪式并不总是促进民族团结，相反，宗教仪式产生的分裂因素也会影响民族团结。在紧张情境中，一个民族信仰不同宗教的人群时常发生冲突。历史上，基督教不同差会在云南传播划分各自势力范围，同一民族信徒因为分属不同差会时常产生矛盾，影响了民族团结。1949 年之后倡导的联合礼拜有效解决了这一问题，但是因为家庭教会传播等原因，有些民族地区的基督徒又分开礼拜。又如，云南的伊斯兰教传统上分为老派和新派，历史上，有些地方分属不同教派的穆斯林甚至不相往来，各教派穆斯林建立自己的礼拜寺，因"分寺分了心"。经过党和政府的细致工作和教徒自身觉悟的提高，大家普遍认识到信仰上的细微差异并不影响团结。现在，云南伊斯兰教新教和老教紧密团结，呈现有史以来最好状态。

（二）宗教交往与民族团结

1. 宗教祭祀圈的凝聚功能

宗教信仰的逐渐趋同，有助于消除民族交往中的隔阂，增加彼此认同。所以，同一地域交往频繁的不同民族，最终都倾向于共同信仰当地人口较多民族的宗教信仰，形成与宗教文化圈、社会交往圈相一致的民族团结圈。例如，丽江、迪庆一带的藏族、纳西族、普米族、摩梭人等不同程度信仰藏传佛教，德宏、西双版纳、普洱一带的傣族、阿昌族、布朗族、佤族、拉祜族等不同程度信仰南传佛教，形成民族交往与宗教交往相一致的社会网络。历史上虽然由于民族人口、政治力量、生产方式等因素导致民族地位有一定差异，曾出现"大民族"借宗教信仰影响"小民族"的事件。中华人民共和国成立之后，各民族不分大小一律平等，有共同的信仰圈更有助于各民族团结凝聚。

区域内不同民族接受一个较大民族的宗教作为公共信仰，但各民族仍然不同程度保持原有信仰，导致宗教圈与文化圈、民族圈相互交融，是宗教交往促进民族团结的社会进路之一。部分阿昌族群众不仅接受了傣族南传佛教,其原始宗教也受到傣族的影响。很多阿昌族村寨的寨神被称为"色曼",显然借用了傣语词汇。居住在怒江的傈僳族和白族支系巴尼人在长期通婚交往过程中,宗教信仰逐渐趋同。巴尼人祭傈僳族鬼神,傈僳族祭巴尼人鬼神的现象比比皆是,祭祀仪式也非常相似。近年来,巴尼人受傈僳族影响,逐渐接受基督教。[①] 多民族多宗教和谐共处的关键是求同存异、美美与共。冯友兰在《国立西南联合大学纪念碑文》中说:"同不害异,异不害同;五色交辉,相得益彰;八音合奏,终和且平",这块立于云南师范大学校内的名碑所记载的精神,同样适用于云南多元宗教的和谐共处。

流传于德宏州瑞丽市的傣族民间舞蹈鹭鸶舞"嘎央",据说是傣族从央族学来的,央族曾居住在瑞丽江上游的莫里、弄坎、勐养等地,勐养意即"央人居住的地方"。据张建章先生考证,央人为德昂族先民,傣族称德昂族为"傣亮"或"傣累",前者意为"跣足的傣族",后者意为"山上的傣族"。[②] 在血缘上,傣族属于百越族群,德昂族属于孟高棉族群,他们的语言原本不是一个语系。但是共同经济交往和宗教生活的需要,德昂族也说傣语、习傣文。加上共同信仰南传佛教,傣族与德昂族产生亲近感。

宗教祭祀圈既可以跨越地域范围,也可以跨越民族范围,形成一个较大宗教信仰网络的同时也形成了社会交往网络。例如,巍山彝族和大理白族横跨数县的"接金姑"宗教民俗活动,将神话历史追溯到彝族南诏王罗晟与白族"白子国"三公主金姑联姻,客观上反映了彝族与白族彼此交往通婚、和谐相处的社会事实。现在为了促进巍宝山旅游开发,巍山县政府将巍宝山打造成彝族祖源地,每年定期举办彝族祭祖大典,客观上也有助于强化彝族的民族认同。此外,云南少数民族也有跨县乃至跨市的宗教祭祀网络,如宜良县彝族农历六月十三日的老爷山土主会,影响邻县成千上万名彝族及周围各族群众。

有些少数民族群众为了获得祭祀用品,需要通过购买和交换,市场由

---

① 张曙辉:《滇西北怒江流域巴尼人的民族认同与文化变迁》,人民出版社,2013,第150页。

② 张建章:《云南边疆宗教文化论》,第131页。

此串起了各民族的经济交往关系。宗教形成的文化圈和信仰圈，有助于该地域文化整合与民族交往。信仰圈与文化圈乃至贸易圈还有重叠，在更大范围内发挥作用。例如，中国将檀香作为神与人沟通的媒介，夏威夷人将西方工业品视为神物，所以19世纪的美国商人借助这一关系，用大量廉价工业品换取夏威夷的檀香，再到中国换回大量茶叶，获取丰厚利润。有些物品除具有交换价值，还有宗教价值，这反过来使物品增值不少。

2. 宗教交往与社会交往重叠互构

在由民族民间宗教信仰而组成的互助圈中，信徒不仅在宗教生活中彼此守望，也在日常生活中相互帮助。在以血缘关系和通婚关系为主要社会关系的传统民间社会中，宗教交往扩展了人们的交往范围。在特殊的社会交往网络中，宗教因素可能比其他因素更有利于促进民族团结。云南一些地方如西双版纳勐海、玉溪市新平县漠沙等，存在不同民族互拜把兄弟的文化传统，有时多至十几人。拜把兄弟要举行象征意义的宗教仪式，不同民族的把兄弟彼此在经济上互通有无，在红白喜事上互赠礼物，在日常生活中如同亲兄弟般互助往来。宗教性的礼物流动和劳动交换有助于形成社会联系和团结机制，但也容易因为特定宗教交往场景的悬置而发生断裂。劳动互助与礼物互惠具有一致方向，但劳动互助同时包含服从行为，在推动民族交往中的作用胜过礼物互换。随着边疆民族地区经济社会发展，农村青壮年劳动力大量流向城市务工，几乎只有丧葬仪式才能聚拢大家义务帮工。在社会交往过程中，宗教有助于突破特殊信任形成普遍信任，制造民族团结的情景和话语。

宗教还通过特定的社会网络促进民族团结，进而建构自己的人员网络和组织网络，并形成节点、网关、网卡、结构洞、结构桥等关键网络人物，呈现特定的范围、广度、结构、密度，超越血缘关系更广泛地将各民族团结起来。在此场景情境下，宗教作为重要平台提供仪式内容，平时很难聚集起来的人，在社区中通过宗教活动彼此交往联系。过去，昆明市西山区团结乡的彝族凡是同一年出生的男女，到36岁时，选择农历二月十九日聚在一起办会，邀请亲朋好友都来参加，大家平均分摊费用。民间信仰认为，36岁是人生的一个关键门槛，农历二月十九日是观音菩萨的生日，所以，西山区彝族在36岁时在二月十九日这天过"集体生日"，有其神圣的宗教意义，希望借此消除人生危机和个体焦虑。在社区中，通过共同的集体仪式，增进了参与者的社区意识、个体友谊和团结互助。除此之外，西山区彝族也有鲁班会、单刀会，均移植、借鉴于汉族道教、佛教会期，在为彝族群众打造交往互动空间的同时，也增强了汉族文化认同和国家认同。官方借助佛教、道教尤其是儒教对云南民族民间宗教进行改造，一些少数民族递次吸纳儒释道三教文化因素，形成有特色的宗教信仰形式。宗教的融合过程实际上反映了民族交往的过程。红河的花腰彝毕摩已经用汉文书写祭祀经典和祖先牌位，而其中的纪元方式和地域表述，已经替换为"大中华公元 1999 年"之类的现代词语。花腰彝等少数民族群众在墓碑上用"老孺人"等代表封建社会妇女等级身份的专属名词称呼已故的女性祖先。

3. 宗教权威人士的积极作用

在民族宗教网络中占据重要位置的民族宗教权威人士，通过其声望也能较好地化解民族宗教冲突。例如，1981 年，澜沧县富邦公社 800 多名受到蒙蔽的拉祜族群众闹"拉祜朝贡"，搞所谓"接佛爷""喝仙水"活动；上允公社 900 多名傣族群众往水井投放钱币，求佛爷"显神"。这两起打着宗教旗号的活动，还散播排斥汉族的思想，对当地民族团结造成危害。1953 年起就担任澜沧拉祜族自治县县长的李光华（拉祜族）利用自己的声望，宣传党的民族宗教政策，经过反复教育劝导，使受蒙蔽的拉祜族、傣族群众放弃非法宗教活动，维护了民族团结的社会秩序。[①]

在解决民族纠纷的过程中，宗教权威人物扮演了重要角色。此外，民族纠纷可以通过宗教习惯法或神判解决，有时也可以通过宗教神话追溯民族起源而解决。在一些民族中，具有神圣色彩的"神判"是调解纠纷的终极手段。西双版纳勐海县传说，最早到达勐康、勐往建勐的是兄弟俩。哥哥到了勐往，弟弟到了勐康。为划定两勐的界线，兄弟俩商定，各自赶着一头猪迎面走来，在哪儿相遇就以哪儿为勐界。弟弟为得到更多的土地，把猪抬着跑，一直跑到勐往曼嘎才遇到哥哥。哥哥怀疑其中有诈，于是兄

---

① 参见中共云南省委民族工作部、云南省民族事务委员会编《民族团结之花——云南省民族团结表彰大会材料选编》，云南民族出版社，1983，第 462 页。

弟俩向丢拉神问卜以确定界线。祭献丢拉神时雷电大作，弟弟认为自己做错事惹神发怒，主动退让，以打雷处作为勐康与勐往的分界线。[①] 新中国成立前，怒江西岸怒族和傈僳族为争夺猎场械斗了一年也没有分出胜负，于是决定以哪个民族的祖先先来到怒江而判决猎场归属。一位怒族女巫师唱诵了祖先神话，并按父子联名制背诵了从英茂充开始的六十四代族谱。傈僳族巫师唱诵的神话不够古老，只能背诵三十几代族谱，于是输得心服口服，退出了猎场。[②] 有时，双方认可的权威人士扮演着调解宗教纠纷的中间人角色。例如，澜沧县上允镇文东佤族乡芒堆村基督教徒曾经到寨边"神林"中砍树，而当地的佛教徒修缮庙宇不小心占用了基督徒的玉米田，两起事件都因当地权威人物出面调解，才没有引发流血事件。

（三）宗教情感与民族团结

宗教情感是一种私人情感，也是一种集体情感。社会学的创始人孔德晚年创立了"人道教"，主张将博爱、仁慈、友善、无私等普世价值宗教情感化，借以维持社会秩序。宗教情感并不总是神秘的，更多时候是作为世俗的社会情感出现的。宗教感情与民族感情彼此联系、相互一致，有助于促进并维系民族团结。我们不能过于夸大宗教在民族团结中的正面作用，同样也不能小觑宗教在民族团结中的负面作用，而应将宗教因素与政治、经济、文化、社会因素并列作为促进民族团结的工具手段。明代戏剧家汤显祖在《牡丹亭》开场白中说："情不知因何而起，一往而情深。"[③]当宗教信仰者体会到与神相遇、合一的情感时，更是"一往而情深"。1956年2月12日，毛泽东在同藏族人士的谈话中说："人们的宗教感情是不能伤害的，稍微伤害一点也不好。除非他自己不信教，别人强迫他不信教是很危险的。"[④]

历史上，云南少数民族也有对汉族英雄人物、汉族官员的祭祀崇拜，

① 云南省编辑委员会编《傣族社会历史调查》（西双版纳之六），云南民族出版社，1984，第146页。

② 编辑委员会编《怒族社会历史调查》，民族出版社，2009，第5页。

③ （明）汤显祖：《牡丹亭》，人民文学出版社，1963，第1页。

④ 《毛泽东文集》第七卷，人民出版社，1999，第4页。

如蜀汉丞相诸葛亮、明朝兵部尚书王骥等，客观上培养了少数民族的政治认同感和文化向心力。1934 年，华企云编著的《云南问题》记载了恩梅开江和迈立开江之间的江心坡一带（今属缅甸）景颇族等少数民族崇拜诸葛亮和王骥的情况："各寨均有孔明庙和王尚书庙，春秋两祭，奉行不衰。"[①] 1951 年，叶永镇在德宏州做调查时，景颇族群众还普遍信奉诸葛亮，称孔明为"五布底"，意即"礼教"，认为孔明是自己的阿公阿祖，帮助他们制礼立法。在祭祀时先请孔明，次请王骥，然后再祭祀其他神灵。诸葛亮的墓碑在景颇族居住地区随处可见。[②]

东汉和帝时期，"（越嶲）太守巴郡张翕，政化清平，得夷人和。在郡十七年，卒，夷人爱慕，如丧父母。苏祁叟二百余人……至翕本县安汉，起坟祭祀"[③]。三国后期，南中各族群众为平定豪帅刘胄叛变的蜀汉将军马忠立庙祭祀。发动不义战争的汉族人物如李宓、吴三桂等，也被白族或其支系白尼人奉为本主或作为神灵祭祀。云龙县石门镇青松村周围数村供奉的本主万老爷，据说是三崇本主的部将，而三崇本主的原型，据说就是三征麓川的明朝兵部尚书王骥。

东汉时期，西南夷中一些"前世所不至，正朔所未加"[④] 的少数民族"慕义内属"[⑤]"举种奉珍"[⑥]"前后慕义贡献""愿率众人归义奉贡""君长感慕，皆献土珍，颂德美"[⑦]，即表现边疆少数民族对中央王朝的政治认同。清雍正八年（1730），一些怒族头人主动来到维西厅，向同判表示愿意"永远隶属圣朝"。在封建社会，一些边疆民族并非直接隶属中央王朝，而是受其他较大民族管理，再通过较大民族纳入朝贡体系，但各民族的共同心理都指向作为中华民族一员。例如，独龙族反复强调"我们是太阳出

① 华企云：《云南问题》，收入马玉华主编《中国边疆研究文库·西南边疆卷》卷一，黑龙江教育出版社，2013，第 427 页。
② 叶永镇：《德宏傣族景颇族自治州傣、景颇、傈僳、阿昌等民族的文化、宗教及习俗》，收入《民族问题五中丛书》云南省编辑委员会编《德宏傣族社会历史调查》（一），云南人民出版社，1984，第 5 页。
③ （宋）范晔：《后汉书》，中华书局，1965，第 2851 页。
④ （宋）范晔：《后汉书》，第 2855 页。
⑤ （宋）范晔：《后汉书》，第 2853 页。
⑥ （宋）范晔：《后汉书》，第 2855 页。
⑦ （宋）范晔：《后汉书》，第 2847 页。

来的那边的人民，我们是受太阳出来的那边的皇帝管的"。

在民族内部，较强的宗教认同是形成凝聚力的重要手段。清末，夏瑚巡察独龙江流域，在《怒俅边隘详情》中提出十条建议，其中就有"宜扶植喇嘛，以顺舆情也"[①]。但是，大批西方传教士在边疆少数民族传播基督教，企图利用宗教影响少数民族，配合帝国主义的殖民侵略。在爱国主义情怀的激励下，为反抗传教士胡作非为，云南少数民族爆发多起"教案"。例如，清光绪三十一年（1905），德钦藏族群众反对天主教，以为政府保护洋人，且有将巴塘赏给洋人的谣言传布，群情激愤的藏区人民杀了官员，驱逐天主教传教士。[②] 丙中洛藏族、怒族群众不满任安守强迫群众加入天主教、禁止群众信奉藏传佛教打鼓念经、挑拨民族关系而捣毁了白汉洛教堂。1941 年，福贡县古泉小学怒族青年教师普文堂带领各族群众，烧毁了美国传教士马导民修建的木古甲基督教堂。可见偏激的宗教感情被放大，同样不利于民族团结。时任云贵观察使的李根源 1941 年上书蒋介石："外人加以利诱挑拨，边民或将受骗而日愈外向，是则国防堪虞。"此类情形也被近代学术研究证实，例如，美国著名人类学家格尔茨（Clifford Geertz, 1926 - 2006）研究发现，在巴厘人眼中，基督教徒或穆斯林，就相当于不再是一个巴厘人，这些巴厘基督教徒或穆斯林，不仅放弃了民族宗教，也放弃了巴厘民族。[③] 类似的情形，在云南少数民族中也有体现。

近代以来，西方列强在云南边疆民族地区频繁活动，外国传教士有意无意借助基督教培育边疆民族的外向感，希望逐渐瓦解边疆民族的传统宗教情感，挑战其中华民族认同。因而，宗教问题是当时云南边疆危机中的一个关键问题。民国时期，纳西族学者范义田先生指出，"启发民族意识即团结民族精神"的方法之一，就是将"素为边地信仰之伟人事迹"写入乡土教材，同时"改善其生活状况及不良习惯"，尤其要破除迷信，以此推动民族团结，抵制帝国主义的殖民影响。

新中国成立后，党和政府为少数民族做了大量好事，少数民族群众

---

① 编写组编《独龙族简史》，云南人民出版社，1986，第 25 页。
② 赵心愚、秦和平编《康区藏族社会历史调查资料辑要》，四川民族出版社，2004，第 482～483 页。
③ 〔美〕格尔茨：《文化的解释》，韩莉译，译林出版社，2014，第 218 页。

对领袖毛主席的敬仰发自肺腑，有些地方演化成了自发的宗教情感。20世纪 50 年代初，德宏州潞西县一些傣族群众在奘房敬佛时，也在奘房里张贴毛主席像，焚香祈祷毛主席万寿无疆，佛爷也经常编写颂歌赞美毛主席。

（四）宗教组织与民族团结

吕大吉先生指出："宗教的组织是宗教徒在其中过宗教生活并通过它进行宗教活动的机构、团体、会社。"① 在云南民族地区，为多个民族共同推戴的宗教组织可以通过其权威调解民族间的矛盾纠纷，从而有力推动民族团结。竖立在红河州元阳县嘎娘乡娘下寨关圣宫的《关圣宫碑》记载，清乾隆五十年（1785），清王朝讨伐马白，里长罗万春因为派遣差役产生亏空，被迫将一块地卖给汉族耕种，得银二十两以补偿亏空。清嘉庆二十年（1815），元阳少数民族起义，汉族逃散，继任里长的罗万春之子又将这块地卖掉，得银十五两。战乱平息后，汉族群众回到家园看到这地上已经被人耕种，心中不服，想通过打官司要回。后来，关圣会出面劝解，出资赎买这块地，一方面能解除双方的愤怒，另一方面也能为关圣宫增添香火，大家对此表示满意，冲突至此化解。② 双方共同信赖的宗教组织或宗教权威，可以发挥调解仲裁人的作用。

黑格尔说："传统并不仅仅是一个管家婆，只是把它所接受过来的忠实地保存着，然后毫无改变地保持着并传给后代。它也不像自然的过程那样，在它的形态和形式的无限变化与活动里，永远保持其原始的规律，没有进步。"③ 社会学家霍布斯鲍姆也认为，传统是被不断发明出来的。④ 今天我们仍可利用宗教性质的传统组织，介入民族社会生活。例如，傣族的波朗制度，藏族政教合一的"属卡"制度，以及一些传统的互助组织等。马林诺夫斯基认为，"合作是牺牲私人的兴趣及倾向而服从一共同目的，

---

① 吕大吉主编《宗教学通论》，第 310 页。

② 《关圣宫碑》，收入萧霁虹主编《云南道教碑刻辑录》，中国社会科学出版社，2014，第499 页。

③ 〔德〕黑格尔：《哲学史讲演录》，贺麟、王太庆译，商务印书馆，1959，第 8 页。

④ 〔英〕E. 霍布斯鲍姆、T. 兰格：《传统的发明》，顾杭、庞冠群译，译林出版社，2004，第 1 页。

于是发生了社会强制"①。如果没有一套宗教仪式和强制惩罚措施，人们就不愿意牺牲个人利益，互助合作就很难发生、发展、延续。有时借助一套宗教仪式，也能达到合作的目的。历史上，民族之间通过互助形成了依赖性的、通过性的和平等性的网络，在促进民族团结、维护民族共同利益方面具有积极作用。清咸丰八年（1858），通海县东乡坝36营汉族群众与纳古回族订立"回保汉，汉保回""回、汉、彝一体互保"协议，在回族起义军获胜期间，回族保护了汉族群众不被屠杀，而回族起义军失败后，汉族也保护了回族群众不被屠杀。昭通市守望乡回族和汉族关系非常和谐，当地传说在清朝政府的"屠回"行动中，汉族故意将猪赶到回族村中，骗走了清兵，保护了回族。鲁甸县桃源乡的汉族说回族是自己的"亲戚边"，苗族说回族是自己的"老亲"，彝族说回族是自己的"老本家"，三个民族与回族和谐共处，都能尊重回族的宗教信仰和风俗习惯。生活中的琐碎小事，也能及时处理化解，未产生大的纠纷冲突。

过去，澜沧县南段拉祜族村寨推选寨主之时，首要条件就是该候选人必须要掌握拉祜族的传统文化，尤其是其佛教信仰"佛理波理"，即历史上传到澜沧拉祜地区的汉传佛教。当时，澜沧境内有五大佛教传播基地，号称"五佛五经"，南段村在"东主佛"管辖范围内。寨主除了管理村寨日常事务，还负责宗教事务，每隔12天要在村寨庙内烧香点烛，祈祷全寨安宁。改革开放以来，南段拉祜族村寨的宗教信仰在维护民族团结、控制寨民吸毒贩毒、预防性病艾滋病等方面发挥了积极作用。②

总之，文化存在的意义是为了适应和改造环境，宗教文化同样如此。不同宗教有其产生的不同社会背景，宗教一旦产生，就会在特定的社会环境中演化并适应，乃至改造社会环境。柏格森从生命进化观点将社会分为封闭社会和开放社会。封闭社会类似生物机体，个体受社会约束，必须服从社会需要；而开放社会中的个人是生命冲动的直接体现，能够冲破社会樊笼。宗教因此有静态和动态之分，借助动态宗教，人类能够由封闭社会

① 〔英〕马林诺夫斯基：《文化论》，费孝通等译，中国民间文艺出版社，1987，第44页。
② 王正华：《南段拉祜族村落文化的传承与变迁》，云南民族出版社，2009，第82~83页。

跨入开放社会。① 从宗教的社会事实角度看，人类的想象能力，最终可以成为现实，开创一种新型社会文化，如新教伦理与资本主义精神。柏格森认为，宗教是"一种对抗理智的破坏作用的自然防御性反应"。② 虽然宗教是人与神连接的文化体系，但在抵制各种风险时，只有将人与人连接为一体，彼此紧密团结，才能真正对抗风险。在传统社会中，宗教多从静态角度强调固守传统，在现代社会中，宗教多从动态角度适应需求。当社会日益开放之后，宗教必须适应社会，成为开放的宗教，不再排斥异己。在多民族社会中，借助宗教传统组织的力量维系民族团结，也符合宗教自身的利益。

（五）宗教节日与民族团结

宗教是民俗活动的重要组成部分，英国民俗学家博尔尼将民俗事项分为信仰与行为，习俗，故事、歌谣、俗语等三大类。③ 作为民俗活动的宗教节日，具有较强的集体性，能够形成民族交往的平台和民族团结的情境。民族成员日常生活的共同节奏通过宗教节日等调节控制，有效增强了人们的集体观念和意识，有助于民族团结。多民族地区的宗教节日，往往不局限在一个民族内部。在宗教节日上邀请周围民族共同参加，可以制造仪式化的交往场景，对于促进民族团结与和谐具有积极意义。一些民族的宗教节日往往有盛大的交易市场，如著名的大理"三月街"，街口牌坊上题写"千年赶一街，一街赶三年"的联语，其影响辐射滇西十余个民族。因此，"文化大革命"结束后，最先恢复的是与群众生产生活相关、仍为群众所需要的集体性宗教节日，如丽江纳西族的火把节"创美生恩"、中元祭祖节"三美波季"、融佛教信仰和农事民俗为一体的正月十五"棒棒会"，以及三月龙王会、七月骡马会等。这些节日活动与民族风情旅游相结合，成为拉动民族地区旅游消费的重要契机。在多民族地区，宗教信仰多元直接反映在宗教节日的多元上，追溯其源头又与民族多元相关联。例如，马关县傣族受周围汉族影响，也重视春节、端午节、中元节等节日。特定区域内有交往关

---

① 〔法〕柏格森：《道德和宗教的两个来源》，王作虹、成穷译，译林出版社，2011，第196页。
② 〔法〕柏格森：《道德和宗教的两个来源》，第196页。
③ 转引自王娟编著《民俗学概论》，北京大学出版社，2005，第31页。

系的不同民族，过同一宗教节日，客观上促进了民族认同与民族团结。

　　一致性的宗教节日可以作为不同民族相互邀请的公共空间，在特定时间和地点消除民族身份差异，促进在同一地域范围内生活的不同民族形成共同生活体验，在日常生活交往层面化解矛盾进而促进民族团结。在澜沧拉祜族新年"扩"节日期间，相邻村寨都要相互邀请到彼此本寨过年。如果来而不往或者往而不来，会受到人们的嘲笑。年节走访，猪肉、大米、粑粑、米花、甘蔗、烟、酒、茶叶之类的礼物必不可少，香、蜡烛之类的祭品同样也要备齐。到了主人村寨，要在年桩和寨神桩上点燃香烛以示敬意和祝福。①

　　历史上，云南地方社会不同民族的宗教节日，逐渐趋同于人口较多民族的重要宗教节日，至少在长波周期上如此。明清以来，大批汉族移民进入云南，一般都延续自己在原籍的宗教信仰，例如，江西人修建万寿宫或萧公祠②、四川人修建川主庙、湖北人修建楚圣祠、福建人修建天后宫，在陌生的迁入地依靠共同宗教信仰寄托家乡情感、加强族群凝聚团结。刚刚迁入的汉族在人口数量上并不占优势，在与周围少数民族的交往过程中，逐渐靠拢其宗教文化，也是构建新的社会交往网络，优化自己生存环境的一种策略。汉族移民宗教信仰的传播脉络，也表现了汉族文化扩散的时间和路线。在长期交往过程中，汉族移民宗教与本土宗教部分融合，实质上反映了移民融入本土社会的过程。

　　移民与居住模式等，改变了云南少数民族宗教的信仰生态。与云南少数民族互嵌互构的居住格局相适应，云南多元宗教也有互嵌互构的生成机制，这是云南多元宗教和谐相处的内在原因，也是云南宗教文化在多民族地区促进民族团结的功能机制。明代，从四川迁入云南省宾川县的汉族在

---

① 王正华：《南段拉祜族村落文化的传承与变迁》，第 223 页。
② （清）屠述濂修，文明元、马勇点校《云南腾越州志》，云南美术出版社，2006，第 82 页。《坛庙》条记载：新旧萧祠二，皆江西客所建。按：萧为清江县人，善舟楫，老病居家，睡醒辄言"赴某地救人"，家人亦不信之。一日起，坐语家人曰："某地某人，三舟将覆，吾力救之。"人以为异。问舟过临江者，三舟皆巨商也，言合，神之。疾将革，谓其女曰："三商施财盖庙，可以吾坐大桶中，四周以沙塞，上加以盖，送庙中。"言讫而卒。重商闻之，争施舍，以萧置庙中。时有内臣事海外招诸夷，临江水工多调发，遇风水，辄拜呼萧公，辄验。太监郑瑢归，入奏，遂加封修庙。江西人所至，起会馆，每以萧公祠名之，以前明奉敕故也。萧名伯轩。

州城、罗官营、平川等地修建川主庙，供奉二郎神，受周围彝族火把节的影响，将二郎神圣诞更为农历六月二十四日，即火把节的同一天。届时，汉族举行盛大的川主会，与彝族一起欢庆。沧源县汉族也在农历六月二十四日过火把节，舂糯米粑粑，夜间青少年燃起小火把，用松香粉相互撒到火把上嬉戏，并喷火灭蚊灭蚤。沧源县拉祜族的火把节更为热闹，从农历六月二十四日至二十六日，持续三天，每天都有相应的仪式活动。节日第一天晚上，家家户户在门前点燃一只火把，再手持火把绕房屋转一圈后丢到外面。第二天全寨禁止劳动，不得触碰绿色植物。第三天，各家各户在自己田中点燃火把，年轻人到村寨外面玩耍，老人在家中娱乐。相同地域内不同民族在宗教节日上的趋同化，有助于消除民族之间的宗教文化差异。清乾隆四十六年（1781）到元谋做县令的檀萃，编写的地方志书《华竹新编》即记载，"其种俗则有摆夷、傈苏、罗缅、白夷、黑夷；俗各不同，其中火把节则一"[①]，其中摆夷即傣族，傈苏即傈僳族，其余为彝族支系。火把节虽不是这些民族的原生节日，但在长期杂居交往过程中，其他民族也将火把节视作共同节日，从而有利于民族交往与团结。

在日常生活场景中发生的宗教冲突大多因琐事而起，如果加以注意，大多可以避免。在民族节日和宗教风俗习惯的处理上，各民族形成了仪式性回避制度。例如，彝族、汉族过对方的节日，但是仍然重视自己的节日。在风俗习惯上，杂居在一起的汉族、回族群众能够和谐共处，主要因为尊重对方的宗教风俗习惯，在举行节日庆典时互相邀请。有些地方的回族修建清真寺，汉族群众主动出资出力。玉溪市通海县纳古乡的汉族，赶集买猪肉回来宁可绕道走也不经过回族村寨，平时交谈中不提"猪"字，万不得已也要用"黑皮"代替。有些回汉杂居区，如果汉族的猪偶然跑到回族家中，主人会到回族家中赔礼道歉，并在他家里挂红布、放鞭炮，以破除污秽和不吉。这些最初约定俗成的做法，后来演化成为不同民族群众彼此尊重的良风益俗。

在多民族杂居区，地方政府和宗教界人士有意将民族传统节日打造成各民族交流的平台，对民族团结具有促进作用。例如，在文山州砚山县平

---

① （清）檀萃辑《华竹新编》，李标注，元谋县志编纂委员会办公室印，1988，第34页。

远镇，每逢回族盛大宗教节日开斋节、古尔邦节、圣纪节，回族群众就邀请政府领导和周围苗族、壮族、汉族群众参加节日庆典。苗族每逢花山节、壮族每逢三月三、汉族每逢春节也会邀请政府干部、回族以及其他民族代表参加节日活动，以此增进民族之间的交流和友谊。

四　宗教对民族团结的正负功能

根据现有研究成果判断，笔者认为宗教与民族有着千丝万缕的联系，二者相互影响涵化，共同推动了人类社会的发展进步。民族宗教的整体性并非铁板一块，由于各民族所处地区自然地理和人文环境的不同，各民族的宗教也不尽相同。有的宗教还处于原始宗教阶段，如云南少数民族独龙族的山神崇拜；而有的宗教则早已发展成为现代性的世界宗教，如基督教、伊斯兰教、佛教。即使是世界性宗教之间，在地域范围、人口数量、民族分布等方面也存在着差异。随着越来越多新兴宗教、亚宗教的出现、发展，民族宗教的生态格局也面临着不少新问题与新挑战。从宗教与民族认同、民族凝聚力关系的角度进行分析，可以将其作用分为促进与阻碍两大类型，即宗教在特定社会情境中促进或者阻碍民族团结。

在弗洛伊德（Sigmund Freud, 1856-1939）看来，认同主要是一个心理学概念，他指出："认同就是个人与他人、群体或模仿人物在感情上、心理上趋同的过程。"① 实际上，认同心理必然促发相应的行动，或者说我们是根据认同行动来判断认同心理的。对于群体而言，认同表现为个体内在心理情感与外在行动同集体情感和集体行动保持高度一致的状态。也可以说，特定个体对特定群体的认同在不断比较和划分中确定生成，是对"某一事物与其他事物相区别的认可，其中包括其自身统一性中所具有的所有内部变化和多样性。这一事物被视为保持相同或具有统一性"② 。宗教认同即是信徒个体将自己归属某一宗教信仰群体的心理状态和行动过程。

① 车文博：《弗洛伊德主义原理选辑》，辽宁人民出版社，1988，第375页。
② James M. Baldwin, *Dictionary of Philosophy and Psychology*, Vol. 1, New York：The Macmillan Company, 1998, p. 504.

宗教可以将共同的信仰和风俗习惯赋予民族群体，从而有助于建构民族认同。宗教认同结构可分为宗教内认同和宗教外认同两部分：宗教内认同强调社会（成员）在心理、观念、精神等方面对宗教文化的评价及实践，内隐性较强；宗教外认同则强调社会（成员）在行为、语言、物质生活等方面对宗教文化的评价及实践，外显性较强。[①] 伍雄武先生分析了宗教对民族内部认同与外部认同具有的双刃剑作用，指出民族认同与宗教认同在促进云南多民族多宗教和谐共处中的地位作用："民族主义就是对内认同、团结而对外则排斥、冲突。但云南民族的历史经验提供了另一种思路：对内团结、认同与对外宽容是可以统一的。历史上，云南各民族在保持自己文化的同时，又能够认同其他民族异己的文化，于是各自不同、多种多样的文化才得以在云南这块不大的土地上并存、共容。"[②] 总之，宗教认同是宗教与民族团结关系研究中的重要问题，我们应积极引导信徒在爱国、爱教、爱民族的实践中，实现民族认同与国家认同，维护民族团结。

（一）宗教的认同凝聚功能

宗教对民族认同凝聚的积极作用，一方面体现为"保健功能"，另一方面体现为"激励功能"，前者在固定范围内维持民族团结的现状，后者突破特定水平营造民族大团结的社会氛围。

第一，依据所信仰神灵的性质，可将宗教分为单一神教、多神教、一神教、泛神教。其中一神教如基督教、犹太教、伊斯兰教等，强调神灵和信徒身份的唯一性，相应的整合功能就强，在宗教共同体进而在民族共同体的形成和发展过程中，扮演了十分重要的角色，极大地促进了民族内部的认同与凝聚。人们经常以所信仰的宗教来指称这些民族，如基督教民族、伊斯兰教民族、犹太教民族等，客观上说明信仰同一宗教的不同民族之间关系相互认同程度较高。斯宾格勒将民族分为牧斋型、浮士德型等类

---

① 梁海宏：《宗教认同结构变迁与宗教活动的工具理性倾向》，《民间文学论坛》1998 年第 3 期。

② 伍雄武：《对多样性的宽容——论云南民族关系的历史经验之一》，《思想战线》2005 年第 6 期。

型，牧斋是印度已经消失的民族部落，宗教在该部落中发挥重要作用。"一个牧斋类型的民族是由共同信仰者组成的团体，这群人全都知道救世的正确道路，精神上他们相互之间是被这种信仰的原则所联结起来的。人们因为有公民权而属于一个古典的民族，但因为履行神圣的行动而属于一个牧斋型民族——这种行动便是犹太人的割礼，曼第安教徒或基督徒的特殊形式的洗礼。非信徒民族相对于牧斋民族就如异邦人相对于古典民族一样——不与他来往，不与他发生婚姻关系——这种民族隔离得非常严重。"[1]

第二，基于人类社会发展的事实进行考察，宗教与民族之间具有如下四种互动关系：宗教限于民族、宗教突破民族、宗教涵化民族和民族突破宗教。在宗教限于民族的互动关系中，宗教对民族认同和民族凝聚力发挥的基本上是正功能。此种互动关系也是二者之间最密切的关系。

犹太教限于犹太民族，对犹太人的民族认同、民族凝聚力所发挥的作用是积极的、巨大的。众所周知，犹太民族是一个多灾多难的民族，有着一千多年的流亡历史，但谁也不能否认，犹太民族是当今世界上最团结的民族之一。这其中，犹太教的作用功不可没。正是因为犹太教给予犹太民族的精神支持，才使得犹太人虽散居世界各地但精神凝聚。加上犹太教的文化传统与犹太教文化传统的重合，使得犹太人的文化传承绵延不绝。在民族形成的早期，共同的神圣信仰对象及其祭祀仪式将民族成员有力地团结统一起来。

第三，从民族发生发展的历程和表现形态的角度看，可以将其分为原生型民族、衍生型民族、复合型民族、集合型民族。[2] 在原生型民族与衍生型民族中，宗教的认同凝聚作用最为明显。所谓原生型民族是指从氏族发展为民族以后基本上保持着自身的相对同一性，在血统和文化底色上没有与其他民族发生大交融，也没有被其他民族所同化的民族。如日本民族、朝鲜民族、犹太民族，还有中国的藏族、羌族、彝族、白族、傣族等。所谓衍生型民族是指那些历史并不悠久、在民族交融和分化中衍生出

---

① 〔德〕奥斯瓦尔德·斯宾格勒：《西方的没落》，第114页。
② 牟钟鉴：《"复合型民族"：理解和处理中国民族问题的新视角》，《中国民族报》2012年3月23日。

来的晚生民族。

第四，按照宗教在民族日常生活和社会交往中的作用，可以分为以下四种类型。首先，一元中心型，所指的情况是一个民族中只有一种宗教信仰，且该宗教信仰在民族的社会生活中居于中心地位，如藏传佛教之于藏族，南传上座部佛教之于傣族；其次，一元边缘型，即一个民族中只有一种民族信仰，但该宗教信仰在民族的社会生活中居于边缘地位；三是多元中心型，指的是在一个民族中有两种以上的宗教信仰，且这些信仰在民族的社会生活中都占有重要地位，如佛教、道教、儒教之于古代汉族；四是多元边缘型，即在一个民族中有两种以上的宗教信仰，但在民族的社会生活中处于边缘地位，如基督教、天主教、佛教、道教、民间信仰等之于当代汉族。在一元中心的宗教类型中，宗教与民族认同和民族凝聚力的关系最重要，如果宗教发挥的是正功能，可以很好地促进民族认同和民族的凝聚力。

第五，需要特别说明的是，儒释道三教对于云南民族宗教文化的影响巨大。自汉武帝开发西南夷，在云南设置郡县以来，儒家文化逐渐影响云南。魏晋南北朝时期，随着中央王朝对云南控制力的减弱，南中大姓主要利用"鬼教"来统治人民。南诏主要利用佛教、道教，大理政权同时吸纳佛教、道教和儒教文化，创立了特殊的"释儒"制度，借以吸纳知识分子参政。"释儒"又称"儒释""师僧"，他们兼习儒业，在民间影响非常大，是当时社会的中间阶层。元朝初年来到云南大理的官员郭松年在《大理行记》中记载："师僧有妻子，然往往读儒书。段氏而上有国家者，设科选士，皆出此辈。"[①] 师僧有着特殊的社会地位，俨然世俗中的"自在菩萨"，"读儒书，行孝悌忠信礼义廉耻之事"。师僧具有的金钱、声望、受教育程度和政治影响，使他们具有较高的社会地位。

历史上，在推动中华民族凝聚团结方面，儒释道三教功不可没，很多少数民族就是因为信仰儒释道而融入中华民族文化共同体。例如，汉传佛教使部分佤族放弃猎头仪式，加快了社会发展进程，增强了佤族对祖国认同感。19世纪末，澜沧文东曼大的佤族魏达相，随杨姓儒生到大理学习佛

---

① （元）郭松年：《大理行记》。

法，回来后在曼大佤族部落广泛传播佛教，使之成为四大佛区之一，汉族春节等节庆文化也随之在佤族地区扎根。春节时佤族在寺庙祝福说："木棉树上飞来了候鸟，阿佤山迎来了先知。先知带来了芦笙，先知改变了信仰。……我们吹起了芦笙，我们改变了信仰。我们打开了书本，我们学习了汉文。"[①] 元、明时期，也有白族知识分子借助佛教信仰，将其族源追溯至印度阿育王或白饭王，试图重新建构民族认同。明朝《重修邓川州志》未加辨析，记载"白儿子，汉阿育王在大理以白米饭斋僧，号白饭王。所生子孙称为白子"[②]。民族认同中建构主义与结构主义总是互动互构，一部分是真实的历史记忆，一部分却是虚构演绎。

（二）宗教的阻碍对立作用

不可否认，在民族团结过程中，宗教信仰是一把双刃剑。宗教信仰阻碍民族认同、降低民族凝聚力的情况大致有以下四种。

第一，宗教过度涵化民族。在这种情况下，民族成员已经意识不到自己的民族身份，而只知道自己的宗教身份，那么宗教会阻碍民族认同，降低民族的凝聚力，或者干脆以宗教认同挑战民族认同和国家认同。正如英国政治学教授戴维·赫尔德所说："世界宗教已经培育了具有巨大权利和资源的宗教精英和政治精英，他们有能力动员军队和人民，能够形成跨文化的认同感和效忠感，或者能够提供根深蒂固的神学基础和合法的社会基础。在这些方面，世界宗教毫无疑问构成了前现代时期最强有力的和最重要的文化全球化形式。"[③] 因为宗教的涵化认同作用，在云南少数民族地区也能找到小规模宗教纠纷转化为大规模民族纠纷的例子。

第二，宗教在民族之间争夺信徒。在多元中心型的民族宗教关系中，宗教都想争夺更多的信徒，彼此之间难免发生冲突。在一元中心型民族宗教关系中，又容易导致宗教对所谓异教徒的排斥、敌视。中华民族的传统

---

① 魏德明：《佤族文化史》，云南民族出版社，2001，第 188 页。
② （明）艾自修纂《重修邓川州志》，大理白族自治州文化局，1983，第 9 页。
③ 〔英〕戴维·赫尔德等：《全球大变革——全球化时代的政治、经济与文化》，杨雪冬等译，社会科学文献出版社，2001，第 465 页。

民族宗教之所以整体和谐，与允许信徒身份兼容即同时信仰多种宗教从而解决对教徒的争夺、允许同一宗教场所供奉不同宗教的神灵从而解决神学信仰的分歧、提倡多元宗教合一从而营造宽容氛围有关。上述宗教促进民族认同凝聚的智慧值得我们深入挖掘。

第三，宗教受外在敌对势力支配。在复合型民族①宗教关系中，某一种或者几种宗教受本民族外的人物或势力的支持，怂恿本民族的人做出一些伤害该民族利益的事情，宗教扮演了破坏民族认同、降低民族凝聚力的反面角色，这些现象即是宗教渗透。与正常的宗教传播和宗教交流不同，宗教渗透不在于争取更多的个体信仰者，而在于消融异质社会的信仰基础，是针对异民族的文化整体进行的破坏活动。随着社会文明程度和现代化水平的不断提高，宗教信仰自由得到了越来越多人的支持。同时宗教也越来越与政治疏离，并不断世俗化，很多人选择宗教信仰只是为了寻求心理的安慰和精神的寄托。除此之外，宗教不会影响个人社会生活的其他方面，因此也就不会对个人的民族认同和对民族的向心力造成影响。

第四，宗教生态文化失衡引发民族信仰人口变化。在云南少数民族地区，当前最为活跃的宗教当属基督教，几乎找不到哪个少数民族没有基督徒了，我们应认真对待云南少数民族的基督教信仰。虽然佛教是外来宗教，但已经完全中国化了。在近代中国，人们不会说"多一个佛教徒，少一个中国人"，而经常说"多一个基督教徒，少一个中国人"。中华民族文化的强大融化功能，不可能对基督教中国化束手无策，而是还没有累积到质变的程度。佛教完全中国化大约走过了近一千年的历史，而基督教在中国传播至今不超过 200 年。基督教开始向云南少数民族地区传播时，为减少摩擦和阻力，有时也附会少数民族的神话传说，例如，永伟理利用白马达翁和尚的传说建构神话，经历两次失败之后，终于将基督教传入佤族地区并对部分佤族群众产生较大影响。当基督教在苗族、傈僳族等少数民族社会站稳脚并发展壮大之后，一些偏激的西方传教士开始禁止少数民族群众祭祀祖先、过传统节日、表演民族舞蹈，在一定程度上导致了信教群众

---

① 牟钟鉴先生认为，复合型民族是由许多民族组合成更大的民族共同体，具有整体与单元的层级结构。中华民族即典型的复合型民族，具有双层结构，同时又是文化共同体和命运共同体。

与不信教群众的矛盾冲突。在一些基督教影响较大的民族地区，圣诞节几乎取代了传统宗教节日，严重冲击了民族原始宗教信仰。当前，基督教在一些民族地区发挥着维系社会稳定、促进民族团结的正功能，但也有个别地方，因为基督教发展过快，同民族传统文化发生冲突，对民族团结造成了危害。对此，我们必须高度重视，并制定有效解决方案。

第三章

云南民族团结的宗教文化内涵

团结是一个逐渐发展、递进生成的动态社会心理和社会事实，也是人群共同体的文化风俗、价值规范等内化到成员个体并型塑其集体意识的过程，个体在身份上和心理上都归属特定的共同体，并生成清晰的"我群体"与"他群体"界限。如此，团结具有社会制约性，将"小我"与"大我"紧密连接起来。宗教在连接自我与集体方面具有重要作用，在民族团结过程中也具有重要作用。民族共同体一旦形成，民族成员在日常生活中处于较为松散状态，一旦遭遇紧急情况或较大外部压力，或者在特定仪式场合，则又重新清晰呈现。人群共同体团结是在社会力量与个人心理互动过程中赋予、维持和传递的。云南诸少数民族有其传统的团结文化，均指向人际和谐。例如，壮语中找不到"敌人"一词，这与壮族推崇和平，与家人、族人乃至周边民族和谐相处形成的文化传统有关。信仰南传佛教的傣族是爱好和平的民族，据说"傣"就具有"和平"的意思。本章主要从云南民族宗教信仰的主要特征、云南宗教文化中蕴含的人际和谐思想、云南民族同源神话的神圣架构、云南民族宗教冲突的和谐转向等方面探讨云南民族团结的宗教文化内涵。

一 云南民族宗教的信仰特征

本节立足少数民族宗教在云南社会情境中具体的演化过程，提出云南民族宗教文化具有信仰内涵的人文性、信仰行为的功利性、信仰形态的继

替性、信仰传播的地方性、信仰资本的累积性、信仰活动的公共性六大特
征，以增进对民族民间宗教的理解，希望进一步深化目前学术界的观点，
扩展民族民间宗教研究的理论视野。从维护民族团结的角度而言，正是民
族宗教具有的六大信仰特征，维系了信仰者的认同凝聚，客观上也易于赢
得非信仰者的理解尊重，优化不同宗教信徒、宗教信徒与非宗教信徒的
关系。

（一）信仰内涵的人文性

云南少数民族传统宗教继承了原始宗教信仰的神秘内涵，保留了一些
原始巫术、图腾崇拜、祖先崇拜的内容，但仅依靠信仰的神秘性很难长久
维系信徒。云南少数民族的原始宗教在与儒教、佛教、道教的互动中，逐
步提升了信仰的人文精神，形成了一些独特的宗教信仰形态如白族本主崇
拜、彝族土主崇拜、瑶族的道教、壮族的道教和佛教、普米族的韩归教、
纳西族的东巴教等。这些脱离了原始宗教向民族宗教迈进的信仰形态，一
般都出现了用本民族文字书写的宗教经典，有专门教职人员和传承体系，
但是还没有形成类似僧团、道团之类的宗教组织，也没有宏伟的庙宇堂
观，主要在日常生活场景之中发挥宗教功能。无论如何，民族民间宗教的
人文化，提升了原始宗教的发展水平，也在特定历史时期推动了民族社会
发展进步，维系了民族团结。

1. 儒家思想尤其是阴阳五行理论的渗透

从广义角度说，儒家的四书五经可视作对民间宗教进行人文化提升的
经典依据，四书五经确实也记录着大量先秦社会对汉族先民原始宗教进行
人文化改造的历史事件。云南少数民族宗教在儒家思想和国家力量的推动
下，提升了信仰的人文内涵。宋元以降，人们更倾向于利用《易经》和阴
阳五行学说对民间宗教信仰进行解释。例如，东岳泰山在五岳之中地位最
尊，东岳"大生仁圣至德"的封号也最尊。民间传说东岳管人，其他四岳
管物。明朝云南白族大儒李元阳从八卦代表的方位分析，认为震代表东
方，占据帝出之位，是万物资始、萌芽生长的象征。因此，有东岳庙坐镇
的地方就不会流行瘟疫，东岳庙也能镇压土妖水鬼不能作祟。在这种思想
的主导下，具有中原汉族信仰特色的宗教庙宇逐渐出现在少数民族地区，

少数民族原始宗教崇拜的神灵有些被放弃，有些则作为配神。明朝之后，云南从省城到县城乃至偏僻乡野，到处都有东岳庙。明万历年间（1573～1620），元谋县准备在城中修建三元宫。有士绅认为元谋县城的右侧已经有庙、寺、宫、观等建筑，运用易学术语解释说，八卦方位的坎位不虚，足以镇厌北方；而元谋县城的左边面临山箐，南方薄弱，因此提议将三元宫建在县城南部以培补离位的不足。① 古代魁阁一般都建在东南方（巽的方位），按照阴阳五行考证，奎星为奎木狼，属于木，木生火，火是文明的象征，而巽为文明地；按照字形拆解，"魁"字为"鬼踢斗"，所以魁星塑造为立于鳌头持笔点斗的形象。古人认为东方是春天的方位，从皇帝至地方官员都在岁首鞭打春牛，在东郊迎春，但是宜良县的土主庙却位于南关。清光绪年间（1875～1908）来宜良为官的张大森感觉奇怪，询问当地人得知，土主庙又被称作起春庙，早先鞭春的春牛塑在庙中，所以相沿不变。②

琅盐井（今楚雄州禄丰县）北极宫的修建也契合阴阳五行理论。清康熙年间沈鼎撰写的《重修北极宫碑记》说："夫北居亥地，水也。水以亥子丑为源而流于坎，坎则有序，有序则不涸，不涸则与天地同。其高深与日月共，其升恒与江海同，其浩瀚与泉布刀币共其利用。是北极乃井之源也，源清则流洁，源深则流永，源安镇则流舒长。"③ 在阴阳五行理论中，北方属水，与天干中的壬癸相配。在以盐为生的盐井，卤水的丰盈与否直接关系食盐的产量高低。琅盐井选择供奉北极大帝以代替其他盐井普遍供奉的卤水龙王，是依据阴阳五行原理推测而来的，当地人认为供奉北极大帝比供奉龙王或其他神灵更为灵验。"北极位正朔方，萃名山大泽精英，汇聚疏通，驱神龙为之导引，虽万里湖海之斥卤，亦可默为统摄。"④ 琅盐井北极宫的位置，选建在出水量较大的关于井上。北极大帝并没有驱逐龙王，琅盐井最初修建的兴隆寺中仍然供奉龙王，在信徒看来多一位神灵保

① 参见（明）于文蔚《三元宫记》，收入杨成彪主编《楚雄彝族自治州旧方志全书·元谋卷》，云南人民出版社，2005，第122～123页。
② 参见（清）张大森《重修南关土主庙碑记》，收入萧霁虹主编《云南道教碑刻辑录》，第636页。
③ （清）沈鼎：《重修北极宫碑记》，收入萧霁虹主编《云南道教碑刻辑录》，第285页。
④ （清）沈鼎：《重修北极宫碑记》，收入萧霁虹主编《云南道教碑刻辑录》，第285页。

护，可以保佑食盐产量增加。

士大夫经常借用孔子"祭如在，祭神如神在"①，孟子"虽有恶人，斋戒沐浴，则可以祀上帝"②，《周易》"与天地合其德，与日月合其明，与四时合其序，与鬼神合其吉凶"③ 等经典话语为祭祀的重要性和祭祀帮助实现愿望的可能性辩护，用《诗经》"神之格思，不可度思，矧可射思"④、《论衡》"精诚所加，金石为亏"⑤ 等话语就告诫人们祭祀神灵必须虔诚，不能妄测神意。我们要看到儒家文化对民间宗教人本化、人文化改造产生的积极影响。民族宗教的人文化措施还有废除人祭、血祭、控制祭品规格，提升宗教职业人员和信仰者的素质，净化宗教信仰者之间的关系。云南少数民族宗教从原始崇拜到人文宗教的提升过程，崇拜的神灵偶像也从原初的动物形象转化为人的形象，宗教符号的象征仪式也相应发生了人文化的改变。

2. 民族精英和普通民众的主动建构

一些受过儒家经典教育的云南少数民族精英，是推动本民族宗教信仰人文化的关键人物。在大环境影响下，一些云南少数民族群众也开始用阴阳五行来解释自然现象，并将之有机融入原始宗教信仰仪式。例如，马关县傣族盖房举行奠土仪式时祈祷说："一撒东方甲乙木，一切瘟神往外走。二撒南方丙丁火，不准瘟神此地躲。三撒西方庚辛金，吓得瘟神胆战心惊。四撒北方壬癸水，一齐动手来驱鬼。五撒中央戊己土，四面八方成一股。"⑥

附会经典、重构神话传说也是提升宗教人文性的一种手段。一些宗教信徒的文化水平不高，《三国演义》《西游记》《封神演义》等通俗小说的广泛流传，对建构民间宗教神灵体系的影响非常大。云南一些地区的白族、傣族群众，都附会唐僧西天取经路过他们那里。鹤庆县凤凰山麓的天

---

① 杨伯峻：《论语译注》，第 27 页。
② （清）焦循：《孟子正义》，《诸子集成》第一册，中华书局，2006，第 343 页。
③ 王玉德、朱志先整理《周易本义》，凤凰出版社，2011，第 96 页。
④ 程俊英、蒋见元：《诗经注析》，中华书局，1991，第 861 页。
⑤ （汉）王充：《论衡》，《诸子集成》第一册，第 343 页。这句话后世文献多写作"精诚所至，金石为开"。
⑥ 云南省民族学会傣族研究委员会编《马关傣族》，云南民族出版社，2008，第 181 页。

子洞，每逢农历正月十五都要举行庙会，主要交易骡马和农具。当地白族传说，唐僧取经路过鹤庆，看到洞里的牛魔王为害一方，就让人们备好猛犬和铁耙，让猪八戒用铁耙挖洞，孙悟空带猛犬追赶，最后撵走了牛魔王。文山州马关县傣族举行上梁仪式时，要杀一只鸡祈祷，并说"此鸡不是非凡鸡，唐僧西天带来的"①，明显受到《西游记》故事的影响。保山市甚至还有一座八戒寺，说猪八戒保佑唐僧取经途中念念不忘的高老庄就在附近。也有些好事者附会某地与名人的关系，不惜炮制神话传说，建造祭祀场所。如果能够号召更多人参与，就会形成新的宗教信仰。例如，在云南影响甚广的诸葛亮、王骥、关索信仰等，就是如此。很多建有诸葛亮庙、三崇庙的地方，诸葛亮、王骥并未涉足，而关索作为历史人物是否存在尚待考证。某种程度上，多数民族民间宗教信仰是在社会情境中由大众建构而成的。肇端于附会，在民族地区民间社会获得广泛认可，最终形成宗教崇拜，可以在大理白族源于阿育王后裔、宾川县鸡足山为迦叶尊者守衣入定等待弥勒佛降生等著名传说中窥见一斑。云南武定、鹤庆等很多地方都有建文帝避难的传说，考诸史籍，未必尽真。

3. 儒家士绅题写碑铭的象征意义

除了云南少数民族群众主动寻求的人文化改造，官方也通过民族士绅之手，利用儒家文本为民族宗教信仰注入人文精神，对之进行规范和控制，形成儒教或官方意识形态的象征性存在。经过儒士加工裁定的民间宗教信仰文献如匾额对联、诗词歌赋等，具有"立言"的不朽意涵。刻碑是中国社会一种歌功颂德的传统表达方式，刻碑者希望借助金石之固流传后世。实际上，能请到名人撰写碑文，比石碑本身更容易永垂不朽，这就不难理解为什么有人宁愿付出一字千金的价钱也要请名人为自己书写墓志。我们至今仍然能从名人的文集中看到他们为某些"小人物"书写的墓志，这些"小人物"的名字也因此流传后世。为云南少数民族民间宗教撰写碑文者，从皇帝到地方官员、从全国名士到地方文人，各种社会身份、各个阶层都有，通过人文的渲染，客观上也有助于提升民族民间宗教的文化性。

---

① 云南省民族学会傣族研究委员会编《马关傣族》，第181页。

昆明市呈贡区海晏村有一条山脉从罗藏山而来，蜿蜒如龙，直入滇池。明初建有石龙寺，清乾隆五十七年（1792）重修将成，请云南大名士、大书法家钱沣撰写碑记。石龙寺原拟在第一重供奉四官神像、土主神像，第二重供奉孔夫子神像及四配、十二哲神位，第三重供奉如来佛像，另外供奉三教神像、昊天上帝神像。[①] 在钱沣看来，修建寺庙不仅是为了供奉神灵、祈求降福，更是劝善向化、灌输道义、展现国富民强、增添山川景致的好事情。很多士大夫站在文化的角度观察宗教，将宗教当作教化民众的平台才支持宗教发展，这实际上符合儒家"神道设教"的传统。

清乾隆五十二年（1787），云南督学汪如洋公暇去龙泉观赏梅，路过村民祈祷丰收的五谷祠，把它改名为金华庵，貌似成为佛教寺院。历史上，对云南少数民族宗教崇拜场所采取类似儒化、佛化、道化命名方式的例子不胜枚举。

4. 民族宗教的国家化与国家宗教的民族化

少数民族宗教的国家化与国家宗教的少数民族化是中国漫长封建社会中经常出现的现象，客观上有助于提升中华民族的凝聚力。国家宗教的代表是儒教，在其理念支持之下形成的官方祭祀如祭孔典礼、社稷祭祀、日月星辰崇拜以及昭忠祠、悯忠祠等都是儒教活动的具体形式。这些祭祀活动不仅在国家层面开展，也通过庞大的行政网络传遍整个中华大地，开启了儒教民族化的路径。与此同时，原来遍布乡野的民间宗教与庙堂之上的儒教接触，也开启了民族宗教儒教化的路径。老百姓只要觉得有利于国计民生，不一定等待官方批准才修建崇拜。县城之外也有很多文昌宫、关帝庙等，我们至今仍能从云南乡村的地名中看到遗迹。随便翻阅民国之前编纂的云南地方史志，即便是土司辖区，也都有关帝庙、文昌宫、三教寺之类的庙宇。

官方宗教兼具政治功能，在统治者聚居的城市空间布局中形成特定的宗教区。从空间地理上说，寺庙宫观喜欢毗邻而建，集中修建宗教建筑群落，有助于更好地执行宗教信仰功能。明末，云南大量修建"三教寺""三教阁"专门供奉儒释道三教尊神，"藉以引诱斯世斯民于贤良路上，而

---

① 余嘉华主编《钱南园诗文集校注》，云南民族出版社，2007，第 254 ~ 255 页。

振起三教之传于无斁者也"。① 明崇祯十三年（1640），楚雄州黑盐井梁氏女子"自惭前世乏修，恐误今生因果，捐其赀，传其像，乃欲广其教焉"②，设立三教寺，塑文昌、观音、玄武大帝神像。一般三教寺中都供奉这三尊神像，至清代遍布云南全省。明朝崇祯年间在昆明城北黑龙潭修建的观音阁，中间供奉的是观音大士，左边为玄武大帝，右边是文昌帝君，实际上就是"三教寺"。清康熙二十六年（1687），宣威县洪桥乡修建三教寺，设置田产作为香资。至清乾隆二十七年（1762），复增设田产，并立碑为记。广西直隶州（治所在今泸西县）师宗县豆温乡有一座正乙山，山名具有鲜明的道教色彩。

（二）信仰行为的功利性

关于中国人宗教信仰的功利性，已经为很多学者证实。③ 实际上，功利性反映了中国人在宗教信仰问题上的实用主义态度。很多中国人倾向将宗教作为一种工具性的手段，而不是价值性的目的，不仅信众如此，政府官员更是如此。功利性是将宗教信仰置于现实社会情境中做出的一种行为选择。对于缺乏教义系统性和制度组织性的民族民间宗教，百姓崇祀主要祈求现实生活中的丰衣足食，官府主要借助民族民间宗教维持社会秩序，使"文明神化所渐，风气丕变"。同时，政府不忘为民族民间宗教注入人文精神，革除边疆民族地区存在的一些恶风陋俗，借此维护统治。没有宗教并不是最好的状态，利用宗教敦风化俗、服务社会是一个不错的选择。宗教行为是宗教情感和教理教义的外显，是一种特殊的社会行为。很多宗教信仰者，都是出于现实目的的参与或者介入宗教活动，表面指向的是神，实际指向的是人，几乎全盘都是利己主义的打算。中国古代社会，鲜有纯粹为宗教而宗教者，修建庙宇、塑立神像、顶礼膜拜，背后都隐藏着特定目的。

---

① 佘孟良标点注释《石屏州志》，石屏县地方志编纂办公室编印，1991，第215页。
② （明）施瀋：《三教常住碑记》，收入萧霁虹主编《云南道教碑刻辑录》，第188页。
③ 参见郑立勇、林松光《浅论中国民众的主体宗教意识特性》，《世界宗教研究》1996年第3期；乌丙安《中国民间信仰》，上海人民出版社，1996；林国平《关于中国民间信仰研究的几个问题》，《民俗研究》2007年第1期。上述论著对中国宗教尤其是民间宗教信仰的功利性、实用性有所界定。

　　封建社会中的官员在辖境遭遇大旱时，都会祭拜龙神祈雨，届时会轮流使用祈祷和恐吓两种手段。对于封建社会的官员来说，运用手中的政治权力和克里斯玛型权力，管理神灵就如同管理治下的百姓。"有司之职，不过事神治民而已"，是明代很多地方官员的共识，对模范官员的评语大多有"事神有斋沐之诚，治民有孝悌之化"[①] 之类的话。使治域内的百姓和神灵各得其安，使社会秩序和宗教秩序和谐稳定，这是中国古代封建社会神道设教传统的重要目标。"事神而不爱民，则事神有所未至。爱民而不事神，则爱民有所不专"，明代地方官员到任之初，总要祭拜城隍庙和域内其他著名庙宇。凡国家祀典规定的"正神"，庙宇倾废即倡议修复。所谓百废待兴，也包括修复祀典中所列而荒芜了的正神庙宇。那些新设治的府城、县城，如果还没有建起文庙、武庙、城隍庙等官方祭祀性质的庙宇，都要尽快补齐。例如，明朝时期新设罗次县（今禄丰县碧城镇），在修建文庙学宫之后，就紧邻其侧建关帝庙，以"振人心，励士气"。正是借助神道设教，封建官员获得了克里斯玛的神圣权力，扩展了行政执行能力和覆盖范围。

　　清乾隆年间，楚雄州白盐井宝关门外的一座废弃寺庵，改为二神祠，供奉马王、财神。有人质疑改庵为祠、易佛奉神、并举合祀的根据。地方官郭存壮从《周礼》"祭马祖、先牧、马社、马步"的文本记载论证祭祀马王的传统由来已久；从《史记》"秦献公十七年，雨金栎阳，遂祀白帝"的文本记载找到祭祀财神的根据，认为白羊盐井每年上缴国库税银七百多万两，而且运盐全靠马匹驮运，异常辛苦，因此供奉马王、财神再合适不过，易佛奉神理所应当。清代晋宁州文人宋士章撰《宜祀庄蹻议》，指出昆明城内外的琳宫梵宇，数不胜数，唯独没有专门祭祀开辟滇国的庄蹻庙宇祠堂，建议建立专祠祭祀，作为云南百姓报本追源的场所。马曜先生引《滇志·补遗》中的话"正德间巡抚议祠庄蹻，或言蹻与跖并为盗，遂止"，议论说："历代封建统治阶级在云南建立了很多帝王将相的碑碣祠堂，独不敢为有开滇之功的庄蹻竖碑立祠。这不是

①　（明）周澄：《城隍庙碑记》，收入萧霁虹主编《云南道教碑刻辑录》，第88页。

统治阶级数典忘祖和无知，而是他们有意排斥为盗的庄蹻。"[1] 上述事例表明，祭祀这个神灵还是那个神灵、用什么方式祭祀神灵，其实是人们根据地方社会实际做出的"理性选择"。官方宗教祭祀如此，民族民间宗教祭祀也如此。

（三）信仰形态的继替性

笔者最开始使用重叠性表述云南宗教的多元和谐特征，但重叠性主要描述现象而较少触及内在本质。正是民族民间宗教与儒释道三教彼此继替，最终形成了云南多元宗教的生存状态。宗教继替是指某一宗教在传承过程中，不但继承本宗教的教理教义、制度、仪式，同时也吸纳其他宗教的信仰元素，从而逐渐生成新的信仰特征。在中国社会情境中，宗教继替是形成三教合一格局和多元宗教和谐生态的关键路径。学术前辈没有提出宗教继替的概念，对三教合一与多元宗教和谐的探讨集中在思想层面，宗教继替既涉及思想层面，更涉及社会基础。我们经常看到佛教徒住持道教宫观、道教徒住持佛教寺院、佛教寺院供奉儒教道教神灵、道教宫观供奉佛教、儒教神灵的现象，这并非共时性呈现，而是在宗教继替过程中形成。云南民族民间宗教殿堂中供奉的多元宗教神灵同样经历了这一过程，例如，云南白族本主崇拜的神灵体系中有佛教、道教神灵，也有一些汉族人物。很多寺院宫观、民间宗教场所并不是僧人、道士、民间宗教人士修建的，他们只有使用权、管理权而无所有权，其责任只是看护寺产，主持宗教活动，为国家、社区、百姓祈福，为社会生活提供宗教咨询。

1. 宗教活动场所的重叠使用

政府主持、官吏士绅和百姓捐资修建的寺院道观，僧人和道士没有修建权和所有权，也就失去了对安排神灵塑像的发言权。假如，僧人主持道教场所，一般在原有基础上重增设殿堂，供奉佛教神灵，并不会将庙宇推倒重建，也不会完全用佛教神灵置换道教神灵，否则将遭到反对驱逐。宗教传承中人的因素与物的因素同样重要，清代云南寺庙宫观碑刻上"有寺

---

[1]　马曜主编《云南各族古代史略》，云南人民出版社，1977，第 368 页。

必有僧，有僧必有食，无食则无僧，无僧终无寺""有寺无僧终归无寺，
有僧无食终是无僧"之类的话，这是千百年来人们观察无数寺院宫观兴衰
后得到的规律性认识。清代云南创修或重修庙宇一般都添置寺产，延请僧
道住持管理。较大的民间宗教场所也延请僧道住持，但是较小的民间宗教
场所一般由烧香人、庙祝等"俗人"管理寺务，也有一些老年妇女在寺中
借屋或在寺外建屋居住，照管庙宇。

　　"古刹旧观，指不胜屈。因修葺无人，没成荒墟"；"自来地方庙宇其
由兴而废，由废而兴者，殆不可胜数"。① 宗教建筑的使用期限一般是 50
年左右，而宗教能够跨越千年传承演化不衰，不断新建重修宗教建筑是关
键因素。在重修庙宇的过程中，不同神灵有自成体系的神话传说和灵验故
事，有的功能恰好可以互补，依据宗教信仰者的需求和宗教继替机制，将
这些神灵陈列在一起。在地方社会中，儒家文化的代表士绅阶层积极倡修
庙宇，他们作为实际出资者，可以根据自己的文化选择和宗教喜好，将三
教神像塑造于一堂；更能通过修建庙宇博得"善人""长者"之类的好名
声，赢得地方社会的尊重。僧人道士作为士绅聘请住持寺院香火者，同时
在大社会环境的影响下，也接受三教合一的主张。民间社会越来越多的寺
院成为三教合一类型，这是在民间社会土壤中生长出的宗教文化宽容之
花、和谐之果。大理白族名士李元阳用 20 余年时间重修崇圣寺，其格局就
是主殿供奉释迦牟尼佛，并建有现瑞、毗卢、极乐、龙华等配殿，还有不
二、仙幄、天门、清都、瑶台、玄元等道教殿宇。民间宗教场所的新建重
修并没有什么统一标准可以遵循，供奉的神灵可以彼此互换。例如，明清
时期，大理城西数里外的王舍寺废弃后，改为武侯祠祭祀诸葛亮，同时以
关将军庙作为翼祠。保山城外太保山中有毗卢阁，明朝嘉靖年间被火烧
毁，后来在旧址上修建玉皇阁，设有太清仙境、大罗宝殿、玄帝观、文昌
阁等，俨然一个道教场所。

　　一些民间宗教神祠纳入国家宗教的体系，其祭祀功能与官方宗教
的祭祀功能相类似。晋宁州的黄硐山神祠创建于元朝，明朝坍塌，信
众将神像搬到山脚下的悲悯寺，山神也被纳入佛教神灵体系。在云南

---

　　① 《重修关圣宫碑记》，收入萧霁虹主编《云南道教碑刻辑录》，第 432 页。

传统社会情境中，仅说儒释道三教合一是不全面的，应该加上民族民间宗教成为四教合一。至于伊斯兰教、天主教、基督教传入之后与云南少数民族宗教和谐共处，则是另外一个话题，这些宗教在信仰结构上还没有与其他宗教合为一体，只是在多元宗教生态中与其他宗教和谐共处。

2. 云南多元宗教文化的继替模式

民族民间宗教的继替机制与民间化过程互动互嵌，是民间宗教传承发展中的一个重要问题，可以具体化为释道继替、儒释道继替、儒释道与民族民间宗教继替。

明人薛衍庆撰写的《新建三清殿常储碑记》记载，元朝至大年间（1308～1311），晋宁州金砂山上创建宝岩寺，作为祝釐岁祀之所。明崇祯年间（1628～1644）又在宝岩寺后面创建道教三清观，并置常住田以供香火。明人王士性在滇池西山游玩，经过一座庙宇，"庙为雷神，为龙伯，为大士，为玉虚师，相杂以释道"。镇南州（今南华县）城内原有富丽堂皇的广福寺，相传建于宋朝，也有人说建于元朝。明代在佛殿后面修建三层的玉皇阁供奉玉皇大帝，其建筑高度在当时整个楚雄地区首屈一指。玉皇阁在明末沙定洲叛乱中被毁，很多百姓经过这里，都为其荒草蓁芜之象伤感。地方官员根据风水学说，认为镇南州四面环山，城中必须要有"主星"坐镇，玉皇阁就担当主星的功能，因而大力倡议修复，带头捐出俸银。玉皇阁修好之后，有当地父老说当年玉皇阁被焚之时，有迦叶尊者光着脚在城中大呼救火，并说40年后当重修。迦叶尊者是释迦牟尼佛的大弟子，与道教本无关系，只是玉皇阁和广福寺修建在一起，也就有了关系。南华县沙桥原有驿站，状如飞凤；南边山地有一眼清泉，明代在此修建南泉寺，象征飞凤饮泉。南泉寺周围树木葱茏，人们经常来此祈雨。清朝康熙年间重修时，后殿供奉玉皇，楼下塑三元及观音大士、真武帝君像；中殿供奉三世佛及圆觉像，前楼有韦陀像。黑盐井万春山坞中的真觉寺建于元代，山上有李道源摩崖石刻，当地人称为天生碑。寺中有毗卢阁、玉皇阁。玉皇阁在寺院藏经楼旧址上修建，供奉玉皇大帝，并铸造三元、三教像供奉。牟定县城北十余里的天台寺建有宝阁，上供三清，下奉斗母；阁前建三官殿，阁后供观音大士像。剑川县弥沙盐井开辟之前，象鼻山顶就有波罗寺，后来随着盐业发展，地方日趋繁荣，逐渐修建起三圣宫、三皇庙、昭应寺、土主庙、盐神庙、观音阁、文昌宫、三太子庙、魁星阁、财神庙、关圣庙等众多宫观庙宇，形成东文、西武、南魁、北甲的格局，宗教活动繁多。后来盐井封闭，人员散去，宗教活动也随之衰落。著名的昆明翠湖公园，明清时期又称九龙池。明朝嘉靖年间，有人在湖心岛上修建莲花禅寺，逐步塑造了观音大士、吕祖、仓颉、文武帝、增福玄坛圣像。后来又修建马王殿、雷祖殿、五龙祠等，俨然佛教、道教和民间信仰的荟萃之地。此外，还有陆良县城的祖师殿与观音阁也修建在一起；晋宁杨、郑、戴三庄祝国祈年的公祠太和宫，中殿供奉真武，前楼供奉观音。泸西县桃笑山飞来寺，清朝时有真武宫、观音楼、财神殿、通明殿等建筑，后来又增塑四官、雷祖等神像。

明清以来，儒释同宫受祀现象也很突出。明代文昌帝君经历了去道教化的历程，被奉为儒教主神与孔子一同接受祭祀。文昌帝君掌管文运，在科举考试中有很多才华横溢的士人终身没有考中举人、进士，衡文取士没有绝对客观化的标准，所谓文运就是士人自身能力之外的各种不可预见的条件综合作用导致的偶然性。据说欧阳修衡文取士时，每翻到好文章就感觉有朱衣人向他暗自点头，遂赋诗："文章自古无凭据，惟愿朱衣一点头。"[①] 名满天下的欧阳公尚且如此，其余人可想而知。所以参加科举考试的文人同样强调宗教因素，并倾向于用积善累德等宗教因素来解释文运通达的原因。撰写《聊斋志异》、收录诸多科举神话的蒲松龄少年即中秀才，在文坛享有盛名，但一直到老也没考中举人，他本人也是被"文运"捉弄的人。云南自从元朝科举取士以来，读书进学蔚然成风，至明清时期，大理、建水、巍山、剑川等地科甲文风不亚于中原，文昌宫遍及城乡，俨然成为"文献名邦"。明万历年间（1573～1620），澄江府建起文昌宫，至清康熙年间（1662～1722），知府黄元从风水角度考虑，谋划将学宫左侧的文昌宫改为桂香祠，再在祝国寺后面重建新文昌宫。不久黄元离任，事情搁置下来，文昌帝君神像暂放在祝国寺中，"儒释同宫几五十余年"。清朝白盐井文昌宫，也一度成为白莲寺、妙华庵。

---

① （明）陈耀文《天中记》卷三十八引（宋）赵令畤《侯鲭录》。

宗教继替也发生在民间宗教和官方宗教之间。例如，清朝康熙年间，经过吴三桂叛乱，禄劝县的城隍庙荒废，当地士民将城隍庙改为东岳庙，祝釐圣寿，重新择址修建城隍庙。清康熙四十七年（1708）修建的乌汛关圣庙后来改成云峰寺，关圣庙的碑记仍然矗立在云峰寺之中。宗教继替中一个有意思的现象就是谁也不能完全替代谁，所以是宗教继替而不是宗教替代，各宗教在互动替补过程中，产生了民间宗教的新形态，推动了多元宗教和谐共处格局。清嘉庆七年（1802），朝廷规定奉祀文昌帝君的先代。每至祭期，南华县的士民都要将文昌宫后面仓颉祠中的仓颉像拿走摆上文昌先代圣像，到了祭祀仓颉时，又重新将文昌先代圣像搬走换成仓颉圣像。到清道光年间，南华县士民谋划在文昌宫东北创建新的仓圣祠才使神灵免于"颠沛流离"。此类宗教神灵之间的继替，只是彼此暂时替换，实际上则是允许不同宗教信仰共享祭祀场所和信教群众。其行动逻辑则是"踵事增华"，通过对神灵的移动、仪式的增添、庙堂的扩建等，筑牢了宗教信仰的群众基础。清乾隆五十一年（1786），龙陵抚夷府扩建文昌宫，以前殿供奉弥勒，后殿供奉观音，重新修建文祖殿。

有些民间宗教继替现象仅是名义上的，例如，云南民间一度称金殿为"铜瓦寺"，全然不顾殿中供奉道教神灵真武大帝的事实。寺，在民间可以指称一切庙宇宫观和宗教活动场所，如唐朝时期传入中国的景教（聂斯脱利派）兴建的景教寺、大秦寺，祆教的拜火寺，伊斯兰教的清真寺。寺，也成为佛教术语民间化、泛化之后的符号象征。如果说中国的三教合一最初在庙堂之中经过辩论而达成观念共识，那么，民间社会则是通过具体实践形成三教合一的行动共识，这一方面与源自庙堂的官方意识和士绅意识有关，另一方面更与民间社会自身的宗教需求有关，三教合一可以更多、更好地满足信仰者的要求，发挥多元的社会功能。宗教需求既有个体性的也有集体性。例如，从明初开始，邵氏宗族聚集安宁州砂坡村，在此繁衍生息几百年。明万历二十一年（1593），村中修斋建会，基于"人民有所寄籍，神鬼必有所凭依"①的愿望，建立三教堂二间、土主庙三间、十王

---

① 《重修三教堂土主庙碑序》，收入《安宁县志》编纂委员会编《安宁县志》，云南人民出版社，1997，第880页。

殿一间、观音阁二间。民间社会选择性修建宗教寺院，主要依据宗教供奉神灵的祭祀性质，与神灵所属宗教的性质关系不大。大多数情况下，民间社会并不考虑观音菩萨是佛教神灵，而将观音菩萨供奉在土主庙中，也不考虑太上老君是道教神灵，而将太上老君供奉在本主庙中。

总之，在宗教信仰传承过程中有三个因素非常关键。第一个是庙宇，作为民间宗教活动的空间载体和宗教活动存在的直接象征符号。第二个是僧人或道士，作为民间宗教活动的从业人员和行为载体。第三个是香火与衣食，如果没有香火供奉或常住田产修补庙宇、维持僧人日常生计、延续神灵崇祀，宗教就不能持续传承。在清代云南佛教、道教寺庙宫观的碑刻上，我们经常看到"殿之永久，系于僧；僧之永久，系于食""有寺无僧终归无寺，有僧无食终是无僧"[1] 之类的话。我们也可以将其内在逻辑表述为："有殿斯有僧，有僧斯有食"，"有食斯有僧，有僧斯有殿"，"有僧斯有殿，有殿斯有食"，"有僧斯有食，有食斯有殿"。无论哪一类宗教行动逻辑，都体现出经济基础与上层建筑之间的关系。

（四）信仰传播的地方性

从宗教信仰的传播范围而言，因为民族宗教与其地方经济社会和文化发展状况相适应，嵌进地方文化脉络，融入地方经济社会发展，是建构民族认同、地方认同和社会想象的一种重要工具和手段。

明清两代制度化的民间宗教的一个地域传播特征是，创立于经济文化相对发达的地区，有些甚至源于王朝首都及其周围地区。例如，明成化年间（1465～1487）戌卒出身的罗梦鸿创罗教于北京密云，明嘉靖年间（1522～1566）农民出身的李宾创黄天教于河北万全，明万历年间（1573～1620）"飘高老祖"韩太湖在北京结交权贵创立弘阳教。明朝末年，京畿重地仍不断创生民间宗教组织，例如闻香教发源于天津蓟县、西大乘教发源于北京西郊香山、龙天教发源于河北藁城、圆顿教最初主要活动于北京周围。上述民间宗教在遭受政府打击之后，大体上由北往南传

---

① （清）刘有成：《本府给凤宇（羽）乡关圣宫碑记》，收入萧霁虹主编《云南道教碑刻辑录》，第 323 页。

播。明朝嘉靖年间福建莆田望族林兆恩创立三一教，这个最初以道德相砥砺的学术团体在隆庆、万历年间逐渐转化为宗教团体，后来不但在全国各地传播还随着福建华侨的足迹传入东南亚国家。清代道光年间，江西寻乌的廖帝聘创立真空教，迎合了全国性的禁烟运动，在东南沿海各省广泛传播。清雍正年间创立于云南大理的鸡足山大乘教和清朝嘉庆、道光年间创立于四川成都的刘门教，则在影响云南、四川两省的基础上，从南往北、自西向东传播。

云南民族地区一些宗教世家，垄断了地方社会的宗教活动，具有较高的声望。如大理凤仪北汤天的董姓阿吒力，在南诏大理政权长期担任国师。明嘉靖二十七年（1548）立于大理凤仪江头村的《新建清流普济祠记》记述当地久旱不雨，郡守多次祈祷都没有作用。群众都说董家有龙，祈雨非常灵验，只是龙不轻易出来。郡守亲自去董家祈求龙神行雨，祈祷完毕，龙现真身，形状是"似鱼非鱼，似蛟非蛟，圆目细鳞，断尾四足，油油洋洋"。此龙的原型，似乎是蜥蜴、蝾螈一类的爬行动物。2015 年，笔者到大理州云龙县诺邓村带研究生参加暑期实习，走在大雨过后的山路上，有幸见到被列为国家二级野生动物的红疣蝾螈正游在路边的浅水坑里，极像上文所述"龙"的形象。董氏的神龙现身之后三天，果然降下大雨。后来，郡守观察江头村的地理形势，认为"欝乎佳哉，真龙宫也"，于是择址建庙。村民积极响应，贡献木料，出工出力，用了四个月就将庙宇建成。在雕刻神像时，董姓阿吒力说，他们家族的龙从海东分出，号"青龙女神"，应该塑造成龙女的形象。也有人提出质疑说，董氏家族的龙是鱼身而蛟足，不能作为女神敬拜。最后，神像还是塑成龙女形象，知府也没有按照惯例命名为"龙王庙"，而是题写了"清流普济祠"的匾额。

民间宗教与百姓生活息息相关，只有扎根民间，才能进入民间社会的日常生活，成为特定文化结构。一些由国家主导的宗教信仰，如果不与民间文化相结合，难免在民间遭受挫败。有些官方宗教虽然在民族民间社会站稳脚跟，但经历社会动荡之后，倡导官方宗教的国家政权已经易手，民间不再主动为官方宗教重修殿宇，也不再奉祀。城隍庙在明清两朝遍布全国，凡是设有城守之地，都有城隍庙，国家希望以神道设教，赞佑政务。城隍庙的重修一直由地方官员主持，封建王朝灭亡之后，神道设教成为历史，官方不再主持修建寺庙，民间多选择重修关帝庙、玉皇阁等而很少重修城隍庙，这一具有官方祭祀性质的信仰形式在民间社会遭到冷落。

一些少数民族地方因为自然环境和人文环境特殊，经常发生较为特殊的灾害现象，其崇奉的神灵就有些特别。史载，明隆庆年间鹤庆坝子每年死于雷击者往往十余人，当地百姓想建庙厌胜，于是向有关部门申请。地方官员认为建庙既能顺应民心，也能为朝圣习仪提供场所，于是批准修建。百姓捐钱捐物积极参与，建成规模宏大的太玄宫，供奉诸多道教神仙。太玄宫西侧为东岳庙，东侧为圣母殿。到清朝康熙年间，太玄宫因为兼习仪所，由地方官员负责修葺；东岳庙有僧人住持，化缘募捐也修葺一新；只有圣母殿变成危房，没有人修葺。有道士感念圣母为主管生育之神，"德重好生，功隆保赤"，四方募化资金，最终在康熙四十九年（1710）重修圣母殿。

民族宗教信仰的地方性还表现在处于不同地域中的同一民族支系，由于各种原因导致宗教信仰差异。生活在怒江流域的白族支系巴尼人同大理白族在信仰上有明显区别。前者主要信奉原始宗教，而后者也信仰佛教、道教。其实，巴尼人的虎氏族也有佛教信仰痕迹，但是已经退化为"大佛鬼"，即是将大佛爷作为鬼神进行祭拜，祭祀仪式完全是原始宗教的。一些白尼人也因宗教信仰上存在的差异，不愿意承认自己属于白族支系。

（五）信仰资本的累积性

宗教信仰的累积性主要是指通过特殊的文化机制和社会机制为自身积累灵验资本，从而推动宗教信仰持续传承。宗教信仰的累积性与自证性相结合，创造了一个又一个信仰神话，形成对信徒思想和社会结构的控制能力，使宗教信仰不是处于碎片化的存在，而成为一种整体性力量。宗教信仰得以累积的关键因素即是"灵验"，这是一个从心理到行动的完整链条。首先是灵验的制造，其次是灵验的论证，再次是灵验的扩散，最后是灵验的积累。为神灵建构了首属信仰群体，首属信仰群体又借助自身的社会网络，构建了次属信仰群体。灵验需要表达和论证，"失灵"则需要筛选过滤。从概率论的角度分析，灵验与不灵验各占 50%，仍可"亿则屡中"。很多情况下，一次较大的灵验就能深入百姓心中，构建集体记忆，即使有很多次小小失灵，也会被大家选择性的遗忘。

建构灵验与重修庙宇是民族民间宗教能否延续下去的两个关键因素。在民间祈雨活动中，嵩明邵甸的黑龙潭屡称灵验，百姓立庙祭祀，"啧啧称其灵不去口"。地方志文本中也记载明朝崇祯年间大旱，省城各处祈祷无效，黔国公沐天波与巡抚来邵甸黑龙潭祈雨成功，至清朝也经常有地方官员前来祈雨，后来形成定期庙会，地方百姓祈祷祭祀不断，并增修了数间道教、佛教殿宇。大力渲染神灵的神圣性、灵验性，是建构灵验最常用的策略。明朝，楚雄州广通县（今禄丰县广通镇）有一任县令号称精通相地之术，他认为西北的小土丘是水神交合之所，如果建寺庙镇压，将会保佑县域安宁，文化昌盛，于是在此新建东岳庙。建成之后，恰逢粮食连年丰收，在明末武定环州凤氏土司叛乱中，地处交通枢纽的广通也没有受到影响，大家都认为是东岳庙护佑的结果，于是该庙香火大盛。清雍正七年（1729）维西县始修关帝庙，当时秋雨连绵，唯独大殿落成那天放晴，有人声称在中午时分看到两道五色光焰冲上云霄，大家都认为是关帝显灵。坐落在晋宁县晋城镇的滇中佛教名刹盘龙寺，除有佛教殿堂外，还有斗姥阁、玉皇阁、元和宫、药师殿，这些宫殿徒有道教之名，实际上仍归盘龙寺管理。当地百姓有无名疾患，往往刮取盘龙祖师殿旁树上的一段树皮煎水喝，相传非常灵验。

这些为人们津津乐道的灵验，表现了民间宗教的神秘感和存在感。宗教灵验也是人们主动寻求解释的结果，一些偶然发生的事件并没有必然的因果规律可循，于是信徒将事件发生的原因推给神灵，大肆渲染神灵显圣庇佑，避而不谈其背后的偶然因素，将之理解为崇拜神灵导致的必然结果。然而，民间宗教信仰天然需要灵验，灵验是民间宗教信仰的重要内涵，信徒也期待间断性的灵验转化为持久性的灵验，这就为民间宗教信仰涂抹上了一层浓厚的巫魅化色彩。韦伯所说的现代社会发展中的"祛魅化"，即是要祛除此类巫魅因素。

如果民间宗教的某一神灵屡次祈祷而屡次不灵，有两种方法可以选择。一种是撤掉或放弃该神灵，转而祈求其他神灵；另一种是谴责祭祀者心不诚、行不端、品不正、礼不全等，所以神灵不保佑，让祭祀者从自己身上寻找原因，反省自新后再来祭拜。灵验是民族民间宗教的护教学，是民族民间宗教维系信众的金字招牌，功利性的信仰者和祈福者最关心的就是自己崇拜的神灵究竟灵不灵。灵验也可以循环积累，越是灵验的寺院香火越旺盛，而香火旺盛的寺院会吸引更多香客，构建出更多灵验的传说与证明。明朝新平设县时就修建了玉皇阁，上层供奉观音，下层供奉真武；阁前面增建三官殿，后面修造观音殿。民间传说，玉皇阁修成之时，县城一百多里外的白改营突然山洪暴发，水退之后，有神像从泥沙中屹然露出，周围百姓见到非常惊骇，不知道该供奉在哪里。正踌躇之间，突然来了一名男子，说愿意将神像扛到县城中供奉，该男子到玉皇阁就不见了，人们更觉神异，从此后百姓祈福禳灾都来玉皇阁。有一名范姓寡妇在玉皇阁从事焚香洒扫等零杂工作，活了一百多岁无疾而终，人们坚信是玉皇阁神明保佑的结果。①

中国宗教信仰中有一套"许愿—还愿"的规范制度，许愿者相信神灵帮助自己实现愿望，从而到寺院捐献功德、重修庙宇，进一步拉近了人与神的关系，也固化了宗教的信仰制度。在民间神秘文化的影响下，正统宗教为适应民间文化的需求，也采取了神秘化的方式和论证。

（六）信仰活动的公共性

一些云南少数民族的宗教祭祀仪式具有公共性，具有维系地方社会秩序的功能。这首先表现在宗教祭祀仪式以一个村庄、数个村庄甚至整个地域内所有村庄为单位举行，如彝族祭祀密枝林、哈尼族祭竜、傣族祭寨神和勐神等。举行公共宗教仪式时，地方政治首领、社会精英和巫师祭司必须参与，各家各户也要派家长参加，否则将受到舆论谴责甚至被驱逐出村寨。参加公共祭祀仪式，是集体成员应尽的义务。过去宜良县九乡、耿家营等地彝族盛行农历二月初二日村民公祭猎神，集体狩猎，选一户人家充当供奉猎神的"值年"，一年一换，几乎社区中每一家都承担过公祭猎神

---

① （清）杨元升：《重修玉皇阁序》，收入萧霁虹主编《云南道教碑刻辑录》，第479页。

活动。①

为顺利举行公共宗教仪式，有些地区划拨公共的宗教田产。历史上，西双版纳大小土司都定期举行祭祀地方鬼披勐的公共仪式，划拨专门的田产以保证与祭祀仪式相关的活动，如捏神饭、舂米等能顺利进行。主持宗教仪式者往往掌握祭祀田产，成为社会阶层的重要一员。西双版纳信奉南传上座部佛教的傣族群众非常热衷"做赕"，甚至不惜将收入的一半以上献给佛寺。因为在其宗教观念中，做赕除了个人能够获得庇佑，也能使地方社会获得安宁。而不做赕，"各勐的头人之间会发生械斗"，"各地会发生战争，相互残杀"②，这些论证显然都指向宗教维系地方社会秩序的公共性。过去，祭完勐神的第二天，要在西双版纳的宣慰司举行隆重仪式，各勐土司带贡品拜见召片领汇报工作，集体到佛寺喝咒水，发誓忠于召片领。西双版纳各地的南传佛教寺院大多选建在地势高处，除了发挥宗教功能和教育功能，遇有战事，也能发挥防御功能，客观上有助于保卫一境平安。

宗教的公共性具体包括为国祈祷、融入地方社会脉络、为公共性仪式提供平台等。有些影响较大的民间宗教组织不仅承担信仰功能，也承担道德教化、财产调配、慈善救助、市场贸易、协调纠纷、维持秩序等多元化的社会功能，往往进入社区权力结构的中心。实际上，除去宗教场所的信仰功能，那些平时没有宗教职业人员值守的宗教场所，只有高坐在殿堂的偶像，偌大的活动空间完全可以为世俗活动提供方便。因而，有些宗教场所同时也是社区公共活动场所。历史上，保山县大董村的三教寺兼为习仪所、祝国祈年所，凡地方公务、集体议事等都在寺中举行；至清末，寺中开设学堂，承担了国民教育的功能。有些寺庙地理位置非常重要，兼作行旅往来的住宿场所。定远县（今牟定县）城南的会基山形势险峻，成为南北往来的要冲，清朝政府在此设置防汛派兵驻扎。山上的关帝庙虽然供奉关帝香火，但更多时候则是往来客商小憩之所。因为翻山越岭前后近百里，当时都没有能够歇脚的旅店。缅甸野人山一带盛产宝石，清朝乾隆年

---

① 20世纪60年代，宜良县九乡彝族的公祭猎神活动在极左思潮中当作迷信活动废止。1989年开发九乡叠虹桥风景区时，祭猎神作为彝族的民族风情活动得以恢复，融入了当地的旅游开发。

② 西双版纳傣学研究会编《西双版纳佛教》，云南民族出版社，2012，第185页。

间有不少汉族冒险前来开采，在猛拱渐渐形成聚落，修建关帝庙奉祀，数百年来一直围绕关帝庙扩展聚落规模，形成了汉族的聚居社区。猛拱关帝庙也兼作旅舍，为往来客商提供住宿之便。民国十九年（1930）重修扩建时，猛拱关帝庙同时也成为教育场所。民族地区民间宗教组织本身也是地域社会多元因素中的一环，由此延伸而来的宗教慈善组织具有很强的公益性。

官方宗教具有标准化的组织制度，形成了文本化的行动指南，而民间宗教一般依靠传统习惯行动，没有严格不变的标准，也没有僵硬不化的规制，具有相对的灵活性和开放性。如果民间宗教在"信仰黑箱"中秘密开展活动，则极易被官方定义为邪教，遭到排斥和取缔。正是因为云南少数民族宗教具有的公共性与开放性，培育了宽容和谐的文化精神，有助于其走出"信仰黑箱"，一定程度上得到官方承认与许可，使其获得相对宽松的生存空间。

二　云南宗教道德伦理对民族团结的支撑

整体而言，各大宗教的人际和谐思想具有心灵主义与制度主义两种维度。以儒释道为核心的中国宗教二者兼具，因而在宗教和谐相处上较为彻底；而以基督教为代表的西方宗教宽容思想具备心灵主义的维度，但由于组织制度上的排外性，在中世纪就曾经引起宗教冲突，但其经典中蕴含着丰富的人际和谐思想，仍可发挥积极的社会意义。儒教、佛教、道教、基督教、天主教、伊斯兰教在云南传播，其中蕴含的人际和谐思想对信徒心理和行为具有重要的塑造功能，客观上有利于促进人际和谐，进而推动民族团结。云南土生土长的原始宗教和民族宗教蕴含的人际和谐思想，同样值得深入挖掘，而这一领域至今却很少引起人们关注。在云南民族地区，民族宗教通常借伦理道德力量维系社会秩序，通过隐含的惩戒权力进行社会控制，进而实现人际关系和谐。

（一）民族宗教道德与社会秩序

爱因斯坦（Albert Einstein，1879 – 1955）说："一个受宗教支持的民

族的道德态度，总是以保护和促进集体及个人的心智健全和精力充沛为其目的，否则，这个集体必然要趋于灭亡。"[1] 英语中的"道德"一词 moral 就是从"习俗"一词 mores 演化而来的，在宗教文化中，道德与特定宗教风俗相联系。现在看来很多极其鄙陋甚至非常野蛮的风俗，在原始社会看来却符合道德规范，直到支撑道德规范的风俗习惯发生变迁，人们才随之改变观念。

在社会生活中，宗教文化是一种非常重要的道德资本、文化资本和社会资本。这三种资本彼此融合，表现为通过神灵的认可，借助宗教职业人员和宗教符号如法器、文化象征，如世代沿袭的神圣文本、宗教仪式、控制和净化信徒的社会关系网络，都在社会良性运行中发挥作用。宗教作为一种象征符号体系，能够支配现实世界图景。同时，宗教掌握了语言霸权，可以论证现实社会的合理性。此外，通过宗教道德控制形成自然秩序，既形成宗教地位、宗教身份，更重要的是形成社会地位、社会身份。傣族称不信佛教者为"岩百""岩令"，是无知蒙昧的野人。没举行过法仪式[2]的瑶族男子会被人笑话，无法许娶妻成家，也没有权利参加瑶族社会公共活动，死后不能升入天堂。举行过法仪式一般要杀两三头肥猪，贮备两三百斤酒和粮食，花费不菲，有的还要出钱出粮请人绘制各种神仙画像。因为过法仪式与社会认同和社会身份相联系，瑶族即使借钱也要举行过法仪式，届时子女无论在校读书还是在外打工，都必须请假赶回来参加。宗教道德通过宗教仪式场景淋漓尽致地表演和展现。例如，哈尼族支系奕车人有些村寨每年农历八月初八集体举行打狗仪式"阿克的"，全村买一只狗拴到寨外打狗场，寨内各户派一人参加。杀鸡滴血入酒中，每人喝一口鸡血酒，莫且念咒后，每人用木棍打狗三下，并说："我如果偷东西，就像狗一样。"最后，莫且把狗打死，当场掩埋，诅咒说："谁偷东西，就像狗一样不得好死。"如果有人家不参加"阿克的"仪式，就会被村人视为小偷，所以该仪式一直沿袭下来。参加仪式的家庭代表也负责对

---

① 许良英等编《爱因斯坦文集》，商务印书馆，1979，第253页。
② 过法仪式，俗称度戒、受戒。

家庭成员进行道德教育。① 民族性的、集体性的、公共性的宗教仪式，具有身份认同的意义。一个人如果不参加公共祭祀，有可能会被认为不是本社区、本民族成员。例如，纳西人自认为是"祭天人"，将祭天视为纳西族成员的标志。过去，纳西族农村中设有族田，其收入专门用于宗族的祭天活动。"文化大革命"期间，与宗教相关的纳西族民俗活动也被禁止，祭天场被毁、祭天树被砍、祭天经书被焚。

宗教道德的控制惩戒权力在神判中表现，可以不动用国家权力，在基层、社区和集体中就可以解决问题。很多少数民族村寨发生偷盗或者其他损害个人或集体利益的事情，都要进行赌咒仪式。该仪式一定要在村寨外面举行，意味着坏事不进村。长期研究佤族语言和文化的学者王敬骝记载了一例佤族神判——螺蛳判。主持仪式的头人祈祷神灵之后，将几只螺蛳放到铁锅里，根据代表嫌疑人的螺蛳是否触碰代表哑巴姑娘的螺蛳，来判断嫌疑人是否为导致姑娘怀孕的"真凶"。第一次判定"真凶"是一名德高望重的老族长，老族长拒不承认，恰好螺蛳又走开了；头人重新再判，认定"真凶"是一名小伙子。② 从现代观念看来，神判有很多不合理因素，但其基本精神却是维系集体秩序和民族团结。

宗教仪式场合也是宣传道德教育的场合。瑶族青年在举行过法仪式后禁止吃狗肉，蓝靛瑶传说历史上瑶族被外族追杀只剩下两个婴儿，是吃狗奶长大的。过法一周内不准踩死蚂蚁，不准攀折草木，终身遵守八戒十二愿。宗教控制还会借助实实在在的惩罚维系社会秩序。例如，景颇族习惯法规定，偷一头牛要赔偿二至四头牛，偷鸡会惊动家鬼，对家人不利，除赔两只鸡外，还要赔偿象征鸡嘴的犁头一个，象征鸡毛的龙袍一件，象征鸡头的烟斗一根，象征鸡脚的铁矛一把，象征鸡肠的料珠一串。如果鸡已经被吃，还要将杀鸡的刀、煮鸡的锅和三角架赔给失主，另外，还要赔铓锣一面象征剁鸡的菜板、毯子一条象征鸡毛。杀人者除赔偿大量命金，还要出一头牛祭鬼洗寨子，山官会向其索要一头"洗脸牛"，因为在他管辖

① 毛佑全：《哈尼族奕车人村社形态探析》，收入红河哈尼族彝族自治州民族研究所编《红河民族研究文集》，云南民族出版社，2007，第115页。
② 王敬骝：《佤族研究50年：王敬骝学术文存之一》，云南民族出版社，2003，第122~123页。

范围内出现命案有损脸面。偷蜂者也要重罚，因为蜂象征主人家的运势，偷谷子会惊动谷魂离开，剩下的谷子不经吃，因此要十倍赔还。① 重赏之下必有勇夫，重罚之下必有顺民。在重罚之下，无人触碰道德底线，可以做到"路不拾遗，夜不闭户"。是否具有特定宗教身份乃至"面子"，与其社会地位相联系。在一些民族社区，巫师地位很高，除了日常生活中祭祀鬼神，还经常主持神判仪式，执行习惯法，作为头人的协助者分享一部分统治权力，有时影响力甚至超过头人。在怒族传统社会中，只有巫师去世时才可以吹四支"布利亚"②，头人去世吹三支，有儿女者吹两支，未婚者吹一支。妇女和儿童去世不能吹，凶死者也不能吹，还要当天掩埋。

"路不拾遗，夜不闭户"是云南许多少数民族地区客观存在的社会事实，这得益于云南少数民族宗教文化控制下的良好社会秩序。例如，沧源佤族喜欢在正房旁边建一间小仓库，将粮食物品全部放在里面，平时并不上锁，也不怕别人偷窃。在哈尼族地区，人们放牧时几乎不用看管牛羊，任其自然游走，并不害怕被偷。因为在这些少数民族的宗教观念中，偷窃行为会玷污灵魂，为神鬼和本民族群众所不齿。在云南许多少数民族村寨的显要位置都竖立石碑刻有村规民约，其内容多与伦理道德约束有关，大到禁止近亲婚姻，小到禁止偷窃盗物。乡规民约一经订立，往往伴随神圣宗教仪式。村寨全体成员都要向着心目中的最高神灵发誓，请神灵监督自己，如有背叛将受到誓言所说的最重惩罚。即使在今天，我们还能看到村规民约对少数民族村寨和谐、民族团结的重要作用。

（二）民族宗教伦理与人际关系

宗教伦理道德是宗教信仰中蕴含的人际相处准则，对于信徒而言，宗教伦理道德往往比世俗伦理道德更具效力。教科书总在告诉人们什么不能做，做了以后会怎样，但是在社会之中，有时候公共伦理道德并没有强制的措施来维持。如果只依靠大众舆论来谴责违反伦理道德的人，这非常无力的。宗教则不同，其伦理道德规范以及戒律总是被信徒认为背后有神圣

---

① 许鸿宝：《略论景颇族的习惯法》，《民族调查研究》1984 年第 3 期。

② 布利亚，一种鸣声凄厉的竹号。

而公正的惩戒，所谓"举头三尺有神明"，哈尼族谚语也说，"白天人不见鸟见，夜晚人未闻鼠闻"，宗教神灵在场有助于维护道德的神圣与纯洁，因而人们能够从内心深处规范自己的行为。

感恩是对他人利己行为的一种回报，在宗教文化中，感恩的对象被神化和泛化，感恩的规范也被重新建构。有些少数民族的宗教节日具有浓郁的感恩情结，如新米节，要先喂新米饭和肉给狗吃，因为神话传说是狗把稻种藏在尾巴里，从天上带到了人间。麻栗坡彝族支系倮人最隆重的节日是每年农历四月第一个龙日的"过荞年"，倮人传说大火烧光了他们祖先居住的寨子，所幸废墟中有一些荞籽扣在碗里保留了下来，他们靠播种荞籽而度过了灾荒。过节时，人们要到荞麦地里喊荞魂回家，并祭祀祖先。感恩与回报形成良性循环，有助于维系利他主义精神，促进人际关系和谐。所以，一般宗教在倡导慈善施舍的同时，也要求接受者心怀感恩。

《彝族颂毕祖经通释》唱诵："苍天当父颂，天父佑万物，颂浩瀚无垠的上苍；大地当母颂，地母生万物，颂生机无限的大地。"① 民以食为天，举凡满足人民衣食的自然万物、带领人民过上好日子的中国共产党，为民请命的英雄人物等，都被云南少数民族寄予深厚的宗教情感。一些云南少数民族的宗教节日源于对英雄的感恩和崇拜。通海县兴蒙乡蒙古族群众在农历七月十五日祭祀祖先的中元会（又称亡人节）受到汉族影响，但注入了本民族的情感。相传，中元是蒙古族英雄，当他们落籍杞麓湖畔时，打的第一口井水上漂着红锈，中元为保证族人安全，先舀了一瓢喝。井水变清了，中元却中毒身亡。人们为了纪念中元，每年在他死去的七月十五日都要做会祭祀。届时，要用竹子和纸扎成中元像，将脸涂成酱紫色，表示他中毒而死。图腾崇拜中也保留着少数民族群众的感恩文化，当然，图腾崇拜的对象既有害兽也有益兽，但基调却是民族繁衍生息的保护神。陇川县傈僳族余氏族传说祖先在南迁过程中，被滚滚的金沙江挡住去路，这时水中冲来的一根圆木变成了一条大鱼，大鱼又变成一座桥，供其先民渡过金沙江。为了感谢神鱼，人们改姓余。云南民族宗教中存在的感恩文化，

---

① 苏学文等：《彝族颂毕祖经通释》，云南民族出版社，2006，第3页。

只是其伦理道德的一角。

(三) 民族宗教道德伦理的现代扬弃

恩格斯说:"一切能影响群众的精神手段中第一个和最最重要的手段依然是宗教。"① 在现代社会中研究少数民族宗教,不是为了猎奇,也不是为了宣传封建迷信,也不是为了怀旧,而是为了从中借鉴精华,促进其更好地、更合乎本民族需要的传承发展。任何民族都有其积极的宗教文化因素,在现代社会中传承发展,也是为了客观保留一份祖先的文化传统。

从某种意义而言,宗教如同软件程序,民族如同硬件,同一硬件安装不同软件即呈现不同面貌。例如,新疆各民族在接受伊斯兰教信仰之前,普遍信奉佛教,改信伊斯兰教之后经过长期涵化表现出迥异的文化心理与精神面貌。宗教作为共同精神存进民族团结的作用由此可窥一斑。对于虔诚信徒而言,宗教的神圣戒律是其行动的最高准则。各大宗教中有关和谐相处的人际伦理信条,对于促进民族团结、维护社会稳定具有重要作用。当然,我们在挖掘宗教积极因素的同时,也应消除其消极作用,尤其是要防止宗教对农村基层公共事务的控制和干预。

三 云南民族同源神话对民族团结的建构

普列汉诺夫认为:"宗教是观念、情绪和活动的相当严整的体系。观念是宗教的神话因素,情绪属于宗教情感领域,而活动则属于宗教礼拜方面,换句话说,属于宗教仪式方面。"② 普列汉诺夫又对神话进行了界定:"神话是回答为什么和怎么样这两个问题的故事。神话是人对现象之间的因果联系的意识的最初表现。"③ 宗教与神话之间具有密切的关系,这在云南民族地区有着清晰表现。通过宗教神话的神圣建构,巩固了民族内和民族间的团结。我们不能忽视民族同源神话的象征意义和真实内涵,正是各

---

① 《马克思恩格斯全集》第二十二卷,人民出版社,1965,第359页。
② 〔俄〕普列汉诺夫:《普列汉诺夫哲学著作选集》第三卷,三联书店,1962,第363页。
③ 〔俄〕普列汉诺夫:《普列汉诺夫哲学著作选集》第三卷,第365页。

民族群众在长期互助交往中，根据客观存在的民族关系创造了民族同源的神话。

（一）云南民族同源神话的现实映射

我们常用"兄弟民族"来形容现实民族关系，在云南少数民族的神话中，也构建了其交往范围内各民族是兄弟、源于共同母亲的传说。此类民族同源神话，并不是按照真实的血缘远近构建的，而是按照真实的民族交往关系疏密构建的。各民族兄弟所源的祖先，可能是神话中的母亲，也可能是从其他圆形物体如葫芦、肉球或山洞中走出来，走出来的先后顺序往往根据民族人口多少或势力大小而定。民族兄弟中的老大，一般不是叙述神话的民族，而是当地最有影响的民族。因为汉族多从外面迁徙进来，作为较晚进入的民族，在云南一些少数民族居住区域内，反而是人口较少民族，所以这些区域的民族兄弟中，汉族多是"老小"。民族差异则根据真实的生活习惯、生产方式、居住区域、语言等区分。有些民族同源神话是姐妹而不是兄弟。如瑶族、壮族传说，是一母同胞的女儿而不是兄弟繁衍了不同民族。无论差别如何，这些神话中的民族在现实生活中多彼此依赖、相互帮助。神话中大致相同的关键因素有洪水滔天、兄妹成亲、葫芦、南瓜或肉团、天神、分别居住、语言文化、经济交往等，其中暗含着道德评判。在神话传说中，兄妹成婚后生出的大多是怪胎。红河县木龙傣族传说洪水过后，世上留下一男一女，而男的又因为寻找食物溺死龙潭，最后天上掉下一个男人，同地上的女子成婚繁衍后代。这则神话就巧妙避开了兄妹成婚的道德尴尬。在现实生活中，木龙傣族传统认为生了龙凤胎是神的安排，过去要将女孩送到别人家寄养，长大后再同男孩结婚。

云南少数民族的民族同源神话，主要依据是否居住在同一地域，使用共同语言，依靠相同方式谋生等划分民族，这些标准基本同斯大林的民族定义中的关键要素吻合。源自同一祖先的不同民族，因为迁徙到不同地方、说不同语言、有不同的生产生活方式而相互区别，其差异是次要的，源于同一祖先则是主要的，这些在各民族远古神话传说中皆有不同程度的反映。民族同源神话的建构，为现实生活中民族关系营造了共同情感和交往情境,淡化了民族隔阂,增进了民族认同,有助于民族团结。民族同源神话的传播半径,也是现实社会中的民族交往半径,神话中的民族关系是现实民族关系的折射和反映。从民族同源神话中可以看出,同一地域中多元民族互亲互爱、互帮互助的亲密关系。实际上,云南氐羌族群、百越族群、百濮族群、苗瑶族群内部各民族的同源神话传说,血缘因素的重要性已经让位于地缘因素和业缘因素。

民族同源神话将语言和居住地域的差异,作为区分民族的主要因素。滇黔交界的威宁县彝族传说,一个在山上耕牧的老人从山洪冲下来的一根竹子中剖出五个小孩,他们长大后成为白彝、红彝、青彝等不同支系的祖先。青彝从竹子里取出来时颜色是青的,为纪念祖先,青彝以编竹篾谋生,世世代代寻找有竹子的地方居住。滇川交界的大小凉山彝族传说,洪水过后只剩下居木吾吾一个人,他在乌鸦、蜜蜂、蛇、老鼠等动物的帮助下,与天神最心爱的小女儿尼托成亲,三年中生下三个哑巴儿子。小天雀告诉居木吾吾砍三节竹子,烧三锅开水烫孩子。老大被烫,忽然用藏语喊"太热了",成为藏族的祖先,他习惯蹲着坐;老二被烫,忽然用彝语喊"太热了",成为彝族的祖先,他喜欢跳上竹笆坐;老三被烫,忽然用汉语喊"太热了",成为汉族的祖先,他喜欢在门槛上坐。[1] 三个兄弟说的话彼此都听不懂,于是分开居住。彝族神话《洪水漫天地》说:老大武吾斯沙住在高原,成为藏族祖先;老二武吾格子住在高山峡谷,成为彝族祖先;老三武吾拉叶住在海湖池水边,成为汉族祖先。[2] 也有的彝族支系传说,人类听了竹子爆破声才学会说话。云南藏族传说,最初有两只猴子生了三个孩子,都不会说话,后来三兄弟吃了天神的蔓菁,老大讲汉话成为汉族祖先,老二讲藏话成为藏族祖先,老三讲纳西话成为纳西族祖先。

宗教神话通过神圣话语解释现实中的民族关系,使之深入人心,有助于在现实中构建各民族亲如兄弟的关系。即使历史上发生过纠纷冲突的民族,也可以通过宗教神话的轻松描述,淡化冲突的激烈程度。例如,在丙中洛怒族传说中,他们的祖先曾用土豆抛打前来传教的藏族喇嘛杜建功,

---

① 编审委员会编《中国各民族宗教与神话大词典》,学苑出版社,1993,第680~681页。
② 左玉堂主编《彝族文学史》,云南人民出版社,2006,第197页。

显然简化了本土宗教与外来宗教冲突的情节。又如，云南大理流传"负石阻兵"的传说，观音曾经化作老妇，用草绳背着一块大石头走在路边，故意让准备入侵大理的敌兵看到，敌人认为连老妇都有这样大的力气，何况青壮年呢？于是匆匆退兵。这则在大理白族中流传甚广的神话在轻描淡写中，表现了佛教追求和平、反对战争的精神。同样，一则流传在昆明官渡区阿拉乡的民间传说《鸳鸯坝》，讴歌了彝族姑娘阿香与汉族小伙李兴的凄美爱情。为逃避山头王逼婚，李兴被射死在宝象河中，阿香设计将山头王推进宝象河，自己也跳河自尽，为当地除去一害。为纪念阿香和李兴，彝族和汉族群众在他们殉难的地方修筑了水坝，命名为鸳鸯坝。这则传说实际上反映了阿拉乡彝族与汉族相互通婚、共同建设家乡的历史事实。

（二）云南民族同源神话的具体内容

1. 滇西北少数民族的民族同源神话

著名学者费孝通先生指出，"藏彝走廊"内分布有怒江、澜沧江、金沙江、雅砻江、大渡河和岷江等六条江河，自古就是区域内各少数民族迁徙的通道，提倡开展六江流域的民族调查。神话和历史事实都证明，同一民族在往来迁徙时逐渐分散居住，最后发展为独立民族。居住在怒江流域的白族支系巴尼人神话传说，他们与怒族、傈僳族和流域内其他民族也都是同胞兄弟，只是各自所说的语言不同。与巴尼人杂居的傈僳族、虎氏族则传说，他们的祖先与巴尼人祖先一同进入怒江流域，彼此"打老友"，如同兄弟一般相处。为表示永不反悔的决心，傈僳族先祖与巴尼人先祖各在一块大石头上砍了三刀。[①]

傈僳族《创世纪》神话传说：洪水过后孑遗的哥哥列喜列刹和妹妹沙喜沙刹为繁衍人类，在天神撮合下不得不结成夫妻，并先后生了五个孩子。老大出生时，列喜列刹丢一块白布在地上，对婴儿说："让你变成汉族"；老二出生时，列喜列刹丢一根竹签在地上，对婴儿说："让你变成傈僳族"；老三出生时，列喜列刹丢一块黑布在地上，对婴儿说："让你变成

---

① 赵寅松、苏松林：《怒族地区白族（白人）社会历史的几个专题调查》，收入云南省编辑组编《白族社会历史调查》（二），云南人民出版社，1987，第 68 页。

诺苏（彝族）"，所以彝族普遍喜欢穿黑色衣服；老四出生时，列喜列刹戳一根木棍在地上，对婴儿说，"让你变成一个俅扒（独龙族）"，所以独龙族喜欢拄着拐杖走路；老五出生时，列喜列刹用簸箕覆在地上，对婴儿说，"让你变成一个怒族"，因此怒族善于编织竹簸箕。① 楚雄州傈僳族流传的《祭葫芦神》说，葫芦神能够见证傈僳族的苦难历史，祭词中有："一娘养九种，九种蛮夷哎，九种不像娘。九族是一家，各族一条心，各族都安康，各族大欢喜。"② 怒江州傈僳族传说，汉族是老大，彝族是老二，藏族是老三，傈僳族是老四，连同周围一些少数民族，是一个祖先生下来的七兄弟。因此，怒江地区有人将"傈"解释为四，"僳"解释为人，"傈僳"即老四的意思。还有一则傈僳族神话传说，不是七兄弟而是六兄弟和六姐妹成亲，"分别向东南西北走，变成北面藏族；南面白族；西面克钦人；东面汉族。一对去怒江成怒人，一对留父母身边变傈僳族"。③

独龙族神话传说，洪水过后幸存的一对兄妹成婚，繁衍下九兄弟和九姐妹。在孩子诞生那天，兄妹俩倒在山上一桶水，流成了九条江。孩子们长大后本领各不相同，经常吵架。他们商量比赛射弩，射中靶子的要把射不中的杀掉。老父亲劝他们说："我们都是从格蒙④那来的，不能互相残杀。射中靶子的人不要杀射不中的人，可以管理他们，让他们进贡交税。"后来，只有长子长女射中靶子，他们背起种子到东边"姆克姆达木"（金沙江）做了官，成为汉族。三哥和三姐住在独龙河，成了独龙族；其余兄弟姐妹分布到澜沧江、怒江等其他七条江，成为不同的民族。这实际上反映了狩猎时期，不同民族之间彼此紧张的关系，常用武力解决问题的客观事实，也反映了民族迁徙最初多沿着江河走向分布。

怒族神话传说，人类始祖是从天神种在地上的南瓜中走出来的，繁衍到日拉瓜和绍瓜这一代，洪水淹没万物，只剩下一只蜜蜂和两兄妹。两兄妹结为夫妻重新繁衍人类，老大成为独龙族，老二是怒族，老小是汉族。

---

① 编写组编《傈僳族简史》，云南人民出版社，1983，第 5~7 页。
② 张自强搜集整理《傈僳族祭祀经》，云南人民出版社，2006，第 65 页。
③ 左玉堂主编《傈僳族文学简史》，云南民族出版社，1999，第 80 页。
④ 格蒙是独龙族原始宗教信仰中的最高神灵，传说居住在九层天的第二层，职掌人间生死祸福和男女婚姻大事。

怒族支系怒苏人的《创世纪》传说，洪水过后孑遗兄妹二人，躲进葫芦、竹筐、蜂窝、树洞等处藏身。妹妹将织布机放在山脚下，让哥哥从山顶用弩弓射，如果射中了就与他结为夫妻。哥哥射中了织布机，兄妹成婚，生下怒族及傈僳族、独龙族、白族、汉族等民族的祖先。

兰坪县通甸乡普米族流传的创世神话说，天神告诉他创造的两个人，洪水来后躲到牛皮口袋中逃命。但是天神给了良心坏的人粗针细线，水漏进牛皮口袋中将这个人淹死了；而良心好的人用天神给的细针粗线，避过洪水活了下来。他种下天神给的南瓜籽，不久就结了一颗硕大的南瓜，从中走出一男一女，两人后来成婚重新繁衍人类，生下三男三女各自婚配，发展成普米族、藏族、纳西族三个兄弟民族。受纳西族影响，丽江普米族的创世传说略有不同，兄弟两人在乌鸦的启示下缝制牛皮口袋逃避洪水，哥哥因缝制的粗糙而丧生，弟弟因缝制的精致而逃生。弟弟遇到天帝的三女儿，通过天帝"一人砍倒一片森林、入虎穴取虎乳、一个人捡回撒在地里的籽种"三关考验而与天女成婚，繁衍后代。流传较广的一则普米族神话传说，洪水过后，三兄弟中只有好心的老三躲在树梢上活了下来，后来他和仙女成婚，先后生下的三个孩子都不会说话。后来，三个小孩听到父亲烧竹筒爆炸的声音感到害怕，突然讲出三种语言，口喊"布都，布都"的成为普米族祖先；口喊"阿牙牙，阿牙牙"的成为汉族祖先，口喊"阿支瓜，阿支瓜"的成为彝族祖先。[1] 也有一则普米族神话传说讲，老祖公搓直鲁依和老祖母泽里甲姆，最初住在大山洞里，在神仙的指示下，只得兄妹成亲。后来生下四个儿子，都不会说话。在神仙的指点下，四个儿子分别爬上东南西北四座山，看见马吃蔓菁，老大用藏语、老二用摩梭语、老三用普米语、老四用汉语说出"马吃蔓菁啦"。四个民族原本是兄弟，一代传一代，和睦又相亲。纳西族也有类似的神话传说，故事情节基本相同，但是老祖公为崇仁利恩，老祖母为神女衬红褒白，三兄弟的顺序是老大藏族（古宗、古孜）、老二纳西族（麽娑、麽些）、老三白族（民家、勒布）。

德宏地区流传的《葫芦王开天辟地》神话说，葫芦开花结果，生出七十二种民族，他们一起到女土司管辖的地方生活。女土司在其区域内建造

---

① 编写组编《普米族简史》，云南人民出版社，1988，第32～34页。

铁塔、铜塔划分界限，并教人们念经。后来，女土司让各民族自行选择地方居住生活，汉族住在了山垭口；德昂族因妇女腰缠箍圈飞不起来，住在半山腰；傣族是最小的弟弟，住在坝子。在德昂族神话中，人与动物都从葫芦里走出，人出来后就分成各个民族。汉族住在山头，德昂族住在半山腰，傣族住在坝子。接着，大佛爷分配财产和生产工具。汉族拿了纸和笔，傣族拿了扁担和秤，德昂族抬了一把犁。所以，德昂族不会读书、做生意，只会犁地种庄稼。

"遮帕麻"和"遮咪麻"是阿昌族创世神话中的天公地母，传说他们是从分开混沌的一道白光中孕育而生的，他们造出天地万物，安排太阳和月亮围绕梭罗树旋转。最后，遮帕麻和遮咪麻结为夫妻，生下一颗葫芦籽。九年后，葫芦籽结出果实，遮帕麻打开葫芦，跳出九个娃娃，成为各民族的祖先。其中，"老大为景颇族和阿昌族，住在山上，景颇族和阿昌族是后来才分开的。老二为汉族，住在半山。老三为傣族，住在坝子"。[1]阿昌族流传的《九种蛮夷本是一家人》神话说，"九种蛮夷"包括傣、汉、景颇、傈僳、阿昌、德昂等民族。[2]

景颇族创世神话传说中，天地万物是住在太阳山上的造物主宁贯娃的杰作。他用开山巨斧劈出了天地，斧子打得重的地方是平坝，斧子打得轻的地方是高山，高山平坝间是九条大江和九块良田。宁贯娃感到孤独，就照自己模样捏了很多小泥人，放到地上就会唱歌跳舞。恶魔高佐洛雷与宁贯娃同时而生，想毁掉天地万物，宁贯娃最终杀死恶魔。魔鬼死时使天河倒悬，在淹没世界的大洪水中，只有两个放牛的姐弟躲在牛皮大鼓中幸免一死。后来，姐弟俩被山神"治同奶奶"收留，长大后在宁贯娃的撮合下，姐弟成婚生下儿子娃刚。治同奶奶受不了娃刚一天到晚哭，把他抱到九岔路口劈成八块丢弃。八块肉变成了四对青年男女，离开了九岔路口，走到蒙古利亚山（一说昆仑山）定居下来，成为景颇族、德昂族、佤族等不同民族的祖先。

2. 滇西南少数民族的民族同源神话

傣族神话传说，白猴王打翻了天上的一只水缸，洪水淹没了整个世

---

① 云南省编辑委员会编《阿昌族社会历史调查》，云南民族出版社，1983，第 90 页。

② 德宏州文联编《阿昌族文学作品选》，德宏民族出版社，1983，第 274 ~ 275 页。

界。叭英奉天神召树贡之命巡查世界，在山上遇到一对幸存下来的兄妹。叭英把他们装在葫芦里，让其飘落在人间。洪水退去，老鼠咬开葫芦，兄妹俩走出来，在叭英的干预下结为夫妻，生下一个无头无脚无面的怪物。叭英用剑把怪物剁碎，碎块变成了千千万万个人。

在与傣族杂居的布朗族传说中，他们与傣族是兄弟，哥哥布朗族居山区，弟弟傣族住坝子。在长期交往中，布朗族受傣族宗教文化影响很深，普遍信仰南传上座部佛教，其教理教义、教阶教规、寺院建筑、节日庆典等，大多仿效傣族。双江布朗族传说，从天上掉下四兄弟，成为不同民族的祖先。老大为佤族，老二是双胞胎的布朗族和拉祜族，老三为汉族，老四为傣族。因为哥哥想让弟弟过得更好一些，所以佤族、布朗族、拉祜族住在山上，汉族、傣族住在坝区。① 在布朗族神话传说中，葫芦是孕育人类的圣物。过去有一只大葫芦，里面装着许多人，但葫芦口一直封闭着。后来，一只大天鹅啄开葫芦，人们从中走出，分散到不同地方，成为不同民族的祖先。

分布在西双版纳和红河州的莽人《洪水滔天》神话传说中，寡妇有六儿一女，有一次六个儿子将下凡到人间的雷公绑了，雷公逃走后背着神王将人间全部的出水口堵死，过了九天九夜，洪水滔天。寡妇的第六子和七妹躲在葫芦里漂到天宫，被神王解救。神王命令雷公疏通人间的出水口，水落后人间只剩下两兄妹了。在神仙撮合下，六哥七妹隔山滚簸箕、筛子、石磨都吻合在一起，隔山烧柴而烟火汇合，两人只好结婚繁衍后代。最后，生出一个大皮蛋，六哥七妹在神仙授意下将皮蛋剁碎，撒到坝子和山上，结果都变成了人。六哥七妹成婚，间接反映出一些少数民族存在的幼子继承制。流传甚广的哀牢夷九隆神话，也是幼子被其兄长推举为王。

基诺族的神话传说中，洪水过后孑遗的麻黑、麻妞兄妹几经波折最终结为夫妻，神人赐给他们的 100 颗葫芦籽只长出一颗，结出的 100 个小葫芦仅长成一个，但长得却像房子一样大，从中依次走出基诺族、汉族、傣族、哈尼族、布朗族。也有的基诺族神话说，第一个从葫芦中蹦出来的人身上带着许多黑灰，即居住在勐养的"控格人"，他们皮肤较黑。第二、

---

① 编写组编《布朗族简史》，云南人民出版社，1984，第 82 页。

第三、第四依次是基诺族、汉族、傣族,他们皮肤比较白。[1]

3. 滇南少数民族的民族同源神话

元阳县哈尼族神话传说《兄妹传人类》讲述洪水过后,兄妹为繁衍人类而成婚,后来妹妹莫佐佐梭全身上下都怀了孕。"大哥哈尼族从腹部出生,常住森林边;二哥彝族从腰部出生,常住在半山腰;三哥汉族从手背上出生,常住在平地;四哥傣族从脚板上出生,常住在河坝;五哥瑶族从背后出生,常住在森林里。"[2] 西双版纳哈尼族古歌《阿培阿达埃》也有类似传说:"肚子里生的是老大,脚趾上生的是老二,耳边上生的是老三。三兄弟长大后各走各的路,老三顺着林子攀,老二沿着水边走,老大在箐沟里转,三兄弟要找好地方住。老三攀到林子深处,抓虎下豹打猎忙,娶个老婆没眉毛,他们是瑶族的祖先。老二在江边住下,捉鱼捕虾捞青苔,娶个老婆爱洗澡,他们是傣族的祖先。老大在箐沟里转,找到一个好地方。山腰里有地有水,有林子有草场。老大在山腰上住下,砍坝开地种庄稼,林子里打笋采菌,草场上放牛放马。老大娶个媳妇,是天神的姑娘。他们生下的儿女,大眼睛宽嘴巴,天神就是这个模样,他们是哈尼族的祖先,他们是松米窝的爹妈。他们住在山腰好地方,子子孙孙在山里长大。"[3] 两则哈尼族神话传说结构相同,但神话中作为兄弟的民族却根据元阳、西双版纳主要民族成分进行了调整。拉祜族创世史诗《牡帕密帕》[4]描述天神厄莎创造天地万物和人类的故事。厄莎将自己的窝铺烧成灰,种上葫芦籽。七个月后,葫芦长大,里面传出人说话的声音。这时,野牛撞断葫芦藤,葫芦从山上一直滚到海里,厄莎请螃蟹把它捞起,请小米雀把它凿开,请老鼠把它啃通,人类祖先扎笛、娜笛才从葫芦里走了出来。因此,厄莎准许螃蟹横行,让小米雀到田间吃谷子,让老鼠偷吃粮食。为了繁衍人类后代,厄莎许扎笛、娜笛兄妹成婚。娜笛生出十三对孩子,自己

[1] 李刚:《西双版纳少数民族风俗漫记》,云南民族出版社,2007,第141页。
[2] 转引自红河哈尼族彝族自治州民族研究所编《红河民族研究文集》第二辑,云南民族出版社,2001,第20~21页。
[3] 转引自红河哈尼族彝族自治州民族研究所编《红河民族研究文集》第二辑,云南民族出版社,2001,第22页。
[4] "牡帕密帕"意为"造天造地"。2006年5月20日,拉祜族叙事长诗《牡帕密帕》经国务院批准列入第一批国家级非物质文化遗产名录。

照顾不过来，厄莎就命令牛、虎、狗、猪等十二种动物帮忙抱回孩子并喂奶。因喂奶的动物不同，孩子长大后分成了不同的民族。澜沧县拉祜族还传说，从厄莎所种的葫芦中走出九兄弟，他们在山上猎获一只猛虎，在火塘边烤虎肉吃。九兄弟有九种吃法，于是按照吃虎肉的方法区分民族，拉祜族的吃法是将虎肉烤到发香。双江县拉祜族《一娘生九子》神话传说讲，九兄弟同心协力盖房子，天神畏惧他们团结一致产生的巨大力量，教给他们不同的语言。九兄弟只好分居各地，成为不同的民族。[①]

瑶族神话传说，张天师将雷公关在铁笼里，雷公喝过伏羲兄妹给他的水，冲破铁笼飞上天空，发起滔天洪水淹没世界。伏羲兄妹种下雷公送给他们的牙齿，长出了一个大葫芦，伏羲兄妹藏在葫芦中躲过了洪水。后来，在太白仙人的指点下，伏羲兄妹从高山滚石磨而石磨相合，隔山烧火而火烟相合，隔岸种竹而竹子相交，为繁衍后代而结为夫妻。后来，伏羲妹妹生了一个冬瓜，他们把冬瓜切碎抛撒，落在平地的成为汉族，落在高山的成为瑶族。其中，"落在河边茶林变茶山瑶，落山坳变坳瑶，落麦糁地变山子瑶，落竹篮变花篮瑶，生下乱撒山里的变盘瑶"。[②] 农历五月二十六至二十九日是瑶族的盛大节日"达努节"。"达努"意为永不忘记，达努节是布努瑶支系纪念始祖母密洛陀的节日，因此又称祖娘节，同时也是布努瑶支系的年节。传说在地老天荒时代，雷霆大作，人类女始祖密洛陀和男始祖布洛陀分别从两座山的大缝中走出，他们结成夫妻后生了三个女儿。后来，大女儿扛着犁耙到平原种田，子孙繁衍成了汉族；二女儿挑着书去读，子孙繁衍成了壮族；三女儿带着一斗谷种到山里开荒，但遭到野猫、麝香羊的破坏，最终绝收。密洛陀交给三女儿一面铜鼓，让她用来驱赶野兽并消愁解闷。三女儿留在山里生活，后代繁衍成了瑶族。

壮族、布依族的民族同源神话传说与瑶族具有类似的元素。壮族《伏羲兄妹》传说中，伏羲兄妹把喂猪的潲水和染缸的蓝靛水给雷王喝，雷王飞到天空发下洪水，人类只有伏羲兄妹躲在雷王送的大南瓜里活了下来。为了繁衍人类，伏羲兄妹成婚，生下一团肉。他们把肉砍碎撒到野外，撒

---

① 雷波、刘辉豪编《拉祜族文学简史》，云南民族出版社，1995，第 105～106 页。
② 苏胜兴等编《瑶族民间故事选》，上海文艺出版社，1980，第 19～24 页。

在平原的成为汉族，撒到水边的成为壮族，撒到岭头的成为苗族，撒到山头的成为瑶族。① 布依族传说，一对兄妹惹怒雷公，他们喂水给公鸡喝，公鸡飞上天变成鸡脚神，送给兄妹葫芦籽，后来结下大葫芦。在滔天洪水中，兄妹躲进葫芦活了下来。兄妹成亲后生下丑娃娃，他们将丑娃娃砍成几块。砍下的肝变成布依族，肚子变成苗族，头和脖子变成汉族。②

四　云南宗教文化与民族冲突的和谐转向

宗教消解民族冲突，重新推动民族团结的过程，最终会形成一个完整的利益价值和行动链条。我们应通过梳理宗教促进云南少数民族团结的历史，寻找历史感；通过田野调查现实问题，构建现实感。我们不但要从内部去维护民族团结，更要从外部去对待民族团结。

(一) 宗教神话传说反映的民族冲突

一些民族神话传说渲染了过去的民族战争，为某一民族贴上了污名标签。在丽江傈僳族传说中，其祖先居住在大江大海边，在同汉族争夺土地的过程中，由于酗酒而先胜后败，最终逆江而逃，在大江上游栖息下来。所以，傈僳族的房屋在逆江方向开门，丧葬仪式上将灵魂送往江尾。③ 此外，丽江白沙和铁峡山等地留有"博斯鲁"地名，纳西语意为"杀死普米人的地方"。传说，最初纳西族与普米族和睦相处，后来纳西族的木氏土司强大起来，想吞并普米王子的地盘，于是将女儿嫁给普米王子，表面示好，暗中设计在白沙一带打败普米族，使之离开丽江向西部山区迁徙。普米族要为死者穿上带有三个洞的鞋，以便亡灵途经江河湖泊时能将灌进脚底的沙石漏出来。④

宗教神话阐释某一事物或现象，往往不注意因果逻辑，只取其中的关

---

① 编审委员会编《中国各民族宗教与神话大词典》，学苑出版社，1993，第 784～785 页。
② 贵州省民间文学工作组编印《民间文学资料·布依族民间故事选》第四十三集，中国民间文艺研究会贵州分会翻印，1986，第 2～3 页。
③ 福贡县政协文史资料委员会编《福贡文史资料选辑》第六辑，昆明新闻印刷厂，1995，第 74 页。
④ 怒江州政协文史资料委员会编《怒江文史资料选辑》第十二辑，丽江县印刷厂，1989，第 9 页。

键情节进行"戏剧化"处理。例如，禄劝县坎邓村民间解释彝族为什么山林多，是因为最初彝族、苗族、汉族争夺山场土地时，苗族用茅草圈记土地，圈的最快，圈占的土地最多。汉族用木桩圈占，所占山场面积次之；彝族用石桩标记，速度最慢，圈占的土地最少。后来彝族放火，苗族的草标被烧光，汉族的木桩只留下少部分，彝族的石头桩完好无损。所以，后来反而彝族所占山场土地最多。土地是人生存必须依赖的资源，争夺这一资源，往往通过暴力手段。火烧是暴力冲突的象征，禄劝县坎邓村各族群众借助神话传说，重新演绎了民族关系，淡化了民族冲突的程度。这一传说客观上反映了彝族是原居民，汉族其次进来，苗族最晚进来的历史事实。通过神话传说的轻描淡写，消除了不同民族在特定历史时期发生冲突的社会记忆，对构建民族关系和谐具有积极影响。

一些少数民族的祭祀对象，还包括周围民族整体幻化而来的"魔鬼"，如宁蒗普米族的《冬嫩经》祈祷词说："东方来的汉族妇女鬼回去，南方来的彝族妇女鬼回去，北方来的藏族妇女鬼回去，西方来的摩梭妇女鬼回去。"[1] 这种有关"民族鬼""妇女鬼"的想象，实际上是对周围少数民族和妇女的一种集体污名化，不利于民族团结，应彻底摒弃。但宗教不能被全盘抛弃，其中有价值的内容将被保留下来。随着时间推移，成为一种传统。费孝通先生指出："为了加强民族团结，一个民族总是设法巩固其共同心理，它总是要强调一些有别于其他民族的风俗习惯，生活方式的特点，并赋予强烈的感情，把它升华为代表这个民族的标志。"[2] 很多宗教内容超越了本身，成为民族文化传统的象征。所以，存在宗教文化向上发展和向下沉降两种路径，形成同化、分化等不同结果，其时间空间因素以及文化脉络、社会生成等，值得我们认真研究。

还有一类宗教巫术想象，直接危害民族内部团结。过去，一些少数民族常借助指控某人为巫师、豢养"鬼魂"，对其进行社会排斥和人身迫害。例如，元阳县箐口村哈尼族传说，"丫莫"（意为"拿魂婆"）会在凌晨变形为猫、狗等动物，趴在屋檐摄取人的灵魂，使人患上怪病乃至死亡。当

---

① 杨学政：《杨学政宗教研究文选》，第 160 页。
② 费孝通：《民族与社会》，人民出版社，1981，第 17 页。

事人家庭应在晚上悄悄躲起来，一旦发现猫、狗等动物来自己家房子周围，就拼命追打，最好将它打死，但"丫莫"只会受伤。第二天，"丫莫"会来到当事人家庭来借盐、糖等物，如果得到这些物品，"丫莫"受到的伤很快就会痊愈。被认为"丫莫"者，就会被排斥和孤立，甚至整个家庭都被逐出村寨。20 世纪 90 年代，元阳县新街镇一个哈尼族村寨就发生过驱逐"丫莫"家庭的事件。① 被指为"丫莫"的人家一般都有漂亮的女儿，实际上，这很可能是集体嫉妒心理借宗教名义进行的宣泄。这不仅对个人造成极大伤害，也会导致社会关系断裂。滇南不少民族都有类似风俗，只是认定巫鬼的方式不同。例如，勐海西定的哈尼族认为，重病不愈是为"拉帕"所害，要举行仪式赶"拉帕"。届时，一伙人手持刀枪扬言将病人打死、砍死、烧死，病人受到惊吓逃窜。如果病人逃入被认为是"拉帕"的人家，人们就在这里任意哄打；如果逃入山林，就把他抓回来，暗示"拉帕"已经被赶走。但实际上，此举无益于治病，也使被认为是"拉帕"的人家损失惨重。②

与此相似，还有一些与宗教相关的恶风劣俗如所谓"琵琶鬼""杀魂""放蛊"等，虽然经过长期移风易俗和制定相关法律文件禁止，但仍未完全绝迹。宗教思想具有固结性，变迁较为缓慢，而宗教手段的改变相对容易，二者之间的差距有时会使信徒产生无所适从之感。团体组织的存在，必须依靠内部凝聚力、向心力和适度外部压力，需要共同价值利益的连接，相关宗教仪式应在此方向上发挥团结凝聚功能，而不是相反形成社会排斥。对于云南少数民族而言，宗教是使之成为"我们"的文化，而不是成为"他们"的文化，因此宗教对于民族认同具有重要作用。我们不应仅关注其工具性手段，更应关注其传统性价值，进行提升改造以推动现代社会发展。

（二）宗教文化对民族冲突的消解转化

冲突是个体或群体之间因物质利益或思想观念等发生的激烈对抗，其程度和规模有高低大小之分，其方式过程也有缓急软硬之别。宗教"善于

---

① 郑宇：《箐口村哈尼族社会生活中的仪式与交换》，第 95 页。
② 云南省编辑组编《哈尼族社会历史调查》，云南民族出版社，1982，第 142 页。

把极平常的人间根源的冲突提高成宇宙范畴的亘古永存的冲突，赋予它们以概括的很难做任何妥协的绝对形式"①，如果引导不当，宗教很容易造成民族之间的隔阂、对立乃至仇恨，一旦掀起宗教狂热，则将在更大范围内引起宗教冲突乃至战争。历史上由于宗教信仰差异导致或激化的矛盾冲突不胜枚举。在自然状态的民族交往中，宗教文化发生演化的一般情况是，人口较多民族的宗教影响人口较少民族的宗教，但不会完全替代人口较少民族的宗教文化，后者将根据情况做出本土化的变通，这对民族间交往、社会和谐有积极意义。因为同一信仰圈的民族更倾向认同为一家人，人口较少民族通过集体性的宗教皈依，现实了民族团结的宗教内涵。云南历史上发生的"夷变汉""汉变夷"现象，为此做了生动注解。

19 世纪法国大革命期间，雅各宾派革命党人将罗兰夫人推向断头台，临刑前她感叹说："自由，自由，多少罪恶假汝之名以行之！"纵观人类社会发展史，我们发现以圣洁崇高、博爱慈善为神圣旗帜的宗教，恰恰也成为众多罪恶的渊薮。问题在于宗教本以终极性的价值为目标，但不幸被不同利益团体工具化，作为维护自身利益的手段。甚至个人也以宗教相标榜，认为自己信仰宗教即表明个人道德高尚，以此贬抑不信仰宗教的他人。抱持如此心态信奉宗教的人们，甚至比将宗教信仰简单功利化或根本不信仰宗教的人们更可怕。宗教的神圣性恰恰可以从相反的方向助推冲突，并且使沉浸其中的人们对自己行为的意识毫无反思。有时，针对历史上和现实中的宗教战争、宗教极端主义、宗教恐怖主义，我们不得不感叹："宗教，宗教，多少冲突假汝之名以行之！"唐君毅先生说："如果现有的宗教一定要判定其他宗教都是邪教，都是恶魔的宗教；一哲学、一主义，一定要否定其他哲学、其他主义之讲述的自由，则人类只有永远相互非难，相互轻蔑，相互分裂而斗争。"②

我们有必要深入研究各大宗教看待本宗教、看待他宗教的传统态度，尤其要重点剖析带给宗教相遇以狭隘性、排他性的传统态度，并以文化宽容精神对之予以改造，由态度之转变、心灵之转向开始，塑造"厚德载

---

① 〔苏联〕Л. Н. 米特罗欣：《宗教与民族》，李占华译，《世界宗教资料》1991 年第 2 期。
② 唐君毅：《中华人文与当今世界·补编》，广西师范大学出版社，2005，第 712 页。

物、大度恢宏、和而不同、异而兼美"的新型观念，使不同宗教走向互益共存的和谐状态，进而使不同宗教信仰的载体——民族走向共同繁荣、共同发展、共同进步。中国宗教文化中常说的"一念善则天堂，一念恶则地狱"之类的话语，并非无稽之谈，而是充满了指导心灵转向的智慧。按照社会学的冲突理论，适度可控的冲突反而可以防止社会分裂和社会僵化，则宗教冲突也内涵转化为宗教和谐的潜质。

涂尔干说："宗教是一种既与众不同，又不可冒犯的神圣事物有关的信仰与仪轨所组成的统一体系，这些信仰与仪轨将所有信奉他们的人结合在一个被称为教会的道德共同体之内。"[①] 如果宗教不能通过神圣的手段将人们结合为一个"道德共同体"，则不能称为宗教。宗教共同体最后又吸纳政治、经济、文化诸多因素，因此也会成为纯粹的或半成熟的政治共同体。宗教的原初精神不是排斥而是整合，宗教在原始社会的凝聚团结中扮演神圣旗帜的角色。然而，如果宗教的传播范围具有世界性，宗教的文化精神却不具有世界性，不能容纳不同的信仰体系，在世俗力量和利益的推动下，很可能导致冲突。研究宗教冲突，就是为了批判将宗教差异扩大化的不良习惯，将其根源和生存土壤一并消除，化干戈为玉帛，转冲突为和谐。通过宗教和谐，进而推动民族团结。

大多数因宗教信仰导致的行为上、生活上的差异，并不是本质性的区别。例如，苗族等少数民族基督徒不抽烟不喝酒，而非基督徒抽烟喝酒，这些并不足以引起冲突。古往今来出现的宗教冲突，大多是基于本宗教的正统性和排他性信念，认为只有自己所信的宗教才是真正可靠的信仰。大体上，越是信仰单一的、不宽容的、排外的宗教的民族，越可能引起信教群众与不信教群众的冲突。我们倡导宗教宽容，不仅是为了减少宗教上的冲突，还为了推动我国宗教事业的发展，实现宗教界的和谐相处。宗教宽容是一种对待宗教的态度，对于不同宗教而言，这种宽容有利于构建和谐的宗教共同体，有利于解决宗教间的冲突；对于同一宗教的不同民族而言，这种宽容有利于增强民族联系，使得同宗教内部更加团结。

---

① 〔法〕爱弥儿·涂尔干：《宗教生活的基本形式》，第54页。

一种宗教代表一种文化传统，也代表着一种风俗习惯，同时也以神圣的方式赋予传统和习惯以不容置疑的崇高地位。宗教能有效地维护社会团结，提高社会的凝聚力，把不同民族、地区、阶层、职业以及不同政治态度、不同文化水平、不同性别和年龄的人们紧密团结起来。"仪式的一个重要因素在于它的集体性，是由若干有着相同情绪体验的人们共同做出的行为。一个人独自享受他的晚餐当然算不上仪式，但是，一群人在同一种情绪的影响下共进晚餐，却常常演变为一场仪式。"[1] 宗教通过神启的方式，赋予集体共同目标以神圣的意义，并对之加以合理解释、合法论证，使之具有高于个人目标的地位，并围绕这一目标提供一个为大家所接受的价值系统和人生理想，从而将混乱无序的个人按一定方式组织起来，形成具有一定程度凝聚力的稳定团体和社会。宗教的这种整合功能，使得各种社会势力、集体凝聚为统一的整体，并且能促进其内部的团结。这种整合主要是通过共同的宗教信仰以及在共同宗教信仰基础上产生的共同宗教感情和认同意识，从而使人们为共同的目标而努力。当然，我们还应看到依靠宗教团结存在的潜在的不稳定性、脆弱性、暂时性以及自发性。尤其应高度关注并预防宗教极端主义和宗教狂热情绪，从根本上推动理性宗教建设，消除宗教异化机制。

最后，我们可以提炼出宗教促进民族团结的四条规律性认识。第一，多民族信仰同一种宗教，信徒在完成宗教认同的同时，也有助于认同其他民族的信徒。第二，宗教提倡"爱"与"平等"。这种"爱"不只是对信徒的爱，而是对世人的爱，平等也是对世人的平等，奉行这些伦理观念，民族与民族以爱的方式平等相处。这一现象起到了良好的社会示范作用，能够带动更多人践行伦理道德，为民族团结提供良好的社会和心理基础。第三，宗教在社会中创造了一种人与人、群体与群体相互团结的氛围，使得处于该社会的人与人、群体与群体在无意识之中形成了友好团结的关系。第四，民族团结已经在政治、经济、文化、社会诸条件的共同作用下客观呈现，宗教作为后来注入的因素，发挥了进一步促进和维持民族团结的功能。

---

① 〔英〕简·艾伦·哈里森：《古代艺术与仪式》，刘宗迪译，三联书店，2016，第26页。

第四章

云南宗教文化与民族关系的历史演进

从宗教观念萌芽的旧石器时代中晚期开始，直至汉朝至魏晋南北朝，在历史长河中，生息繁衍在云南大地上的少数民族为适应自然和社会的生活，逐渐形成了与社会发展阶段相适应的宗教信仰，是云南本土民族宗教的发端时期。这一时期大多数民族的宗教信仰带有较强的自发性和原始性。秦汉以来，随着中原王朝对云南统治的进一步加强，一些与汉族通婚、受汉族影响较深的少数民族信仰的"鬼教"已经具备人为宗教的性质。南诏大理政权以降，尤其是元明清时期，儒释道三教对云南边疆少数民族的影响进一步加大，云南民族宗教文化信仰呈现新的面貌。云南民族宗教文化的演进历史，也是地方社会与国家关系、民族关系与宗教关系的缩影，从中可以解读出有益于民族团结、宗教和谐的智慧。

一般而言，云南凡是经过改土归流的地方，都有文庙、道观和汉传佛教寺院，有儒释道三教的影响。相反，未曾改土归流的地方，民族宗教影响就更深一些。有些土司在血缘上是汉族，有些血缘为少数民族的土司，接受中央任命之后，也将其祖先追溯为汉族，这实际上是以汉族为中心的中华民族多元一体格局在边疆民族地区的呈现。民族宗教文化具有社会精英与普通大众的分野，中华传统文化支柱的儒释道三教在边疆民族地区传播，显然有助于改变原始宗教的信仰内涵，增强边疆少数民族对中华文明的向心力，增强中华民族的凝聚力。历代中央王朝也自觉不自觉地利用儒释道三教尤其是儒教经略边疆，"修文德以徕远人"，此"文治"与"武功"并举，但文治的影响更加深远。从孔子开始，儒家主张"先进于礼乐，野人也；后进于礼乐，君子也。如用之，则吾从先进"①，以文化作为维系民族关系的主轴，客观上有助于形成中华民族多元一体格局。本章按历史脉络，从滇国、两汉、魏晋南北朝、南诏大理政权、元明清五个历史时期分析云南宗教文化与民族关系的演进，阐释宗教文化对维护民族团结中的功能，剖析宗教文化在中华民族多元一体格局中的特殊作用。

一　滇国时期云南的宗教文化与民族关系

（一）滇国的族群情况

《史记·西南夷列传》记载："始楚威王时，使将军庄蹻将兵循江上，略巴、蜀、黔中以西。庄蹻者，故楚庄王苗裔也。蹻至滇池，地方三百里，旁平地，肥饶数千里，以兵威定属楚。欲归报，会秦击夺楚巴、黔中郡，道塞不通，因还，以其众王滇，变服，从其俗，以长之。"② 楚威王派庄蹻率领两万余名士兵，沿江而上，攻略今重庆、贵州之后一直向西进军，最终到达并征服滇池周围数千里的部落。就在庄蹻回楚国复命时，秦国占领巴、黔中郡，于是重新折回滇池地区自立为王。庄蹻及其将士改穿滇池土著服装，遵从土著风俗，最终融进少数民族之中。

庄蹻开滇前后云南少数民族的社会状况，被到过巴蜀以南执行汉武帝经略西南夷战略的司马迁简略记入《史记》。"西南夷君长以什数，夜郎最大。其西，靡莫之属以什数，滇最大；自滇以北君长以什数，邛都最大：此皆魋结，耕田，有邑聚。其外，西自同师以东，北至楪榆，名为嶲、昆明，皆编发，随畜迁徙，毋常处，毋君长，地方可数千里。自嶲以东北，君长以什数，徙、筰都最大。自筰以东北，君长以什数，冉駹最大。其俗或土著，或移徙，在蜀之西。自冉駹以东北，君长以什数，白马最大，皆氐类也。此皆巴蜀西南外蛮夷也。"③ 从中我们可以看到，当时居住在四川、贵州和云南的少数民族已经开始社会分化。夜郎、滇（靡莫之属）、

---

① 杨伯峻：《论语译注》，第 108 页。
② （汉）司马迁：《史记》，第 2993 页。
③ （汉）司马迁：《史记》，第 2991 页。

邛都等有君长，有城市村落，过着定居生活。嶲、昆明等过着游牧生活，没有君长。其余如徙、笮都、冉駹、白马或者定居，或者游牧，但都产生了君长。

生活在云南的少数民族，有原居民和外来之分。庄蹻王滇之后，云南区域内还分布着众多少数民族部落，大概可以划分为氐羌、百越、百濮族群。氐羌族群的祖先至少在新石器时代晚期就从西北逐渐迁徙至云南，百越族群的祖先也很早就从东南沿海扩散到云南居住。佤族、德昂族、布朗族的先民属于云南原居的百濮族群。《逸周书·商书·伊尹朝献》中就有记载正南方的"瓯、邓、桂国、损子、产里、百濮、九菌，请令以珠玑、玳瑁、象齿、文犀、翠羽、菌、鹤、短狗为献"。① 向商朝贡献方物的"产里"的族属和地域有多种说法，《一统志》认为即旧车里军民宣慰司，也就是现在的西双版纳。

首先，使庄蹻"变服从其俗，以长之"的滇国主体族群应是百越族群。滇国青铜器上随处可见的干栏式建筑、断发文身的人物、处于祭祀场景中心位置的铜柱等，与百越先民的文化极其相似。《史记·西南夷列传》记载，巴蜀西南外蛮夷数十个部落中，只有夜郎、滇、邛都定居生活，冉駹或定居或迁徙。夜郎和滇与楚地接近，其较为先进的生产生活方式受到楚地影响，庄蹻王滇的同时也应在夜郎留下过部分军队。包括夜郎国，也应生活着数量不少的百越先民。滇池东北方向有劳浸、靡莫等十余个部落，庄蹻派遣部将到这些部落做首领，因为血缘、地缘相近，"皆同姓相扶"。庄蹻及其率领的楚国将士，虽然也被当时中原诸侯视为蛮夷，但文化水平要比滇池周围少数民族高很多，这一融合有力推动了滇池流域的社会发展进步。司马迁在《史记》中没有详细列出"滇"内部各部落、各族群的名字，而统一称之为"滇"，符合"滇"正从酋邦②向国家转化的发展事实。

其次，邛都、冉駹、嶲、昆明、徙、笮都、白马等族群应属于氐羌族

---

① 黄怀信等撰《逸周书汇校集注》，上海古籍出版社，2007，第 913~915 页。
② 酋邦是 20 世纪 50 年代西方人类学家奥格博首次提出的概念。塞维斯等学者认为，人类社会的政治组织经历了游群、部落、酋邦、国家四个连续发展的阶段。我国学者童恩正最先使用酋邦理论研究西南夷的政治组织。

群。邛都、冉駹与蜀地接近，其较为先进的生产生活方式很可能受到蜀地影响，有了"邑聚"和"君长"。邛都、冉駹之外广阔地域分布游牧的嶲、昆明部落社会生产方式相对落后，徙、筰都部落较为先进，虽然没有邑聚，但已经产生君长。冉駹东北的白马部落，司马迁明确记载"皆氐类也"，毫无疑问属于氐羌族群。

最后，滇池流域很久就有百濮族群分布。佤族支系布饶人传说，他们的祖先因为狩猎野猪，与北方迁来的部族发生战争，最后战败输掉了他们世代定居的弄赛，即今滇池。① 佤族支系布饶人传说的来自北方的民族很可能是从西北迁徙而来的氐羌族群。杜预在《春秋释例》中说："建宁郡南有濮夷，无君长总统，各以邑落自聚，故称百濮。"② 至晋朝杜预注释《春秋》时，百濮族群基本上退出了滇池流域，逐渐往南迁徙，虽然定居下来，但没有统一的政治领袖。

（二）滇国宗教信仰与族群关系

然而，司马迁并没有确切记载西南夷的宗教信仰情况，基本上也没有其他文献可考，但是特定的宗教信仰总是适应、反映特定的社会形态。恩格斯根据摩尔根对印第安人易洛魁部落的研究，在《家庭、私有制和国家的起源》中指出，美洲印第安人部落有七个特征：有自己的地区和自己的名称，有独特的、仅为这个部落所使用的方言，有宣布氏族所选出的酋长和军事首领正式就职的权利，有撤换他们的权力，有共同的宗教观念（神话）和崇拜仪式，有讨论公共事务的部落议事会，在有些部落中间有一个最高的首领。③ 可以看出，共同的宗教观念或神话传说以及相应的崇拜仪式，是原始社会各部落、各氏族整合认同的重要动力。根据考古出土文物判断，在进入阶级社会之前的新石器时代，云南少数民族即有原始宗教信仰，其形式主要有日月崇拜、动植物崇拜、灵魂崇拜、祖先崇拜等。例如，云南元谋大墩子新时期时代的小孩墓葬瓮棺上都开有一个小口，与西安半坡新石器时代小孩墓葬的瓮棺一样，考古学家判断小口应是供灵魂进

---

① 魏德明：《佤族文化史》，第50页。
② （晋）杜预：《春秋释例·土地名》。
③ 《马克思恩格斯全集》第四卷，人民出版社，1972，第87~89页。

出的通道。

生活在不同地域的族群，他们的生存环境和生产生活条件有一定差异，其原始宗教信仰也有所不同。以图腾崇拜为例，氐羌族群以游牧为生，"迁徙往来无常处"，牛羊的皮毛肉奶是他们赖以生存的主要物品，危害牛羊的猛兽如虎豹豺狼则是他们祈禳的主要对象。对于牛羊，人们以感恩之心赋予宗教情感，将之作为祖先神灵的象征而崇拜；对于虎豹豺狼，人们以敬畏之心赋予宗教情感，也将之作为祖先神灵的象征，希望它们不要伤害后代畜养的牛羊。百越族群喜欢傍水而居，很早就开始种植水稻，他们居住的地区过去有很多蟒蛇鳄鱼，"断发文身"是为了伪装成这些动物的"子孙"而避免其伤害。由于鸟类可以吃去稻田中的害虫，保护稻谷丰收，百越族群也崇拜鸟神。至于百越族群后来也崇拜牛神，则是在采用牛耕技术之后，为感恩耕牛辛勤劳作而形成的。

晋宁石寨山和滇池周围其他地区出土的滇国青铜器，有大量牛、虎、蛇、鸟以及穿着不同服饰的人物形象，其中，蛇多被牛或者人物踩在脚下，但是蛇仍在张口咬住人和动物，牛、羊、猪、鹿也被虎豹等猛兽咬噬。这些形象不尽然是对自然世界的模拟，因为舞者不太可能踩着蛇起舞。

呈贡天子庙出土的青铜鼎，鼎足上有浮雕的巫师形象，头戴羽冠，身系围裙，两腿有对称的树枝状文身图案，左手握一截蛇尾，右手握一根鱼尾形短杖，双手曲向胸前，整个人物正面站立，似乎在喃喃祈祷。古代神话中不乏手中操蛇的巫师、神灵形象。《山海经·海外西经》记载："巫咸国在女丑北，右手操青蛇，左手操赤蛇，在登葆山，群巫所从上下也。"[1] 巫作为沟通人与神的桥梁，在古代社会具有较高的社会地位，一般都有超乎常人的能力。《国语·楚语下》说："民之精爽不携贰者，而又能齐肃衷正，其智能上下比义，其圣能光远宣明，其明能光照之，其聪能听彻之，如是则神明降之，在男曰觋，在女曰巫。"[2]

滇国青铜器中铜鼓形的贮贝器上铸造有杀人祭柱、剽牛砍头、巨蟒吞

---

[1] 《全真图解山海经》，辽海出版社，2013，第373页。
[2] 《国语·楚语下》。

人、征战献俘等血腥场景，与佤族历史上长期流行的砍头祭谷风俗相似。直至刘宋时期，中原王朝还将云南的濮人视作蒸吃小儿、砍头祭鬼的蛮夷。而滇国青铜器中随处可见的牛与牛头，似乎也有夸耀财富的象征意义，近代佤族仍保留有类似风俗。

滇国浓厚的崇巫重鬼之风，经越秦汉而延续下来，至魏晋南北朝时期频繁出现的"鬼教""鬼主"源头似可追溯到滇国。鬼者归也，此处所谓的鬼，其实是祖先之灵，所以也是神。借助祖先尤其是父系祖先的血统凝聚家族、部落是原始社会向奴隶社会跨越时期的重要手段。随着部落联盟的形成，单纯依靠血缘关系上的祖先崇拜已经不能适应团结凝聚所有部族的要求了，于是出现了英雄崇拜。英雄即是政治和文化意义上的祖先，代替了血缘关系上的狭义祖先，最后被各部落所共同接受，形成新的祖先崇拜。最初鬼主所供奉的"鬼"，就是此类英雄祖先之神灵，将其治下的部落联盟紧密团结起来。

《史记·西南夷列传》中提到的"靡莫之属以什数"，靡莫的称谓当与百越族群对女巫的称谓"咪莫"有关，靡莫应是巫师兼酋长的自称，这些部落都由靡莫担任首领，类似于两爨时期的"鬼主"，是后世彝族"毕摩"、白族"朵希薄"、纳西族"东巴"、摩梭人"达巴"、普米族"韩归"、傈僳族"尼扒"、景颇族"董萨"、苗族"白玛"，独龙族"隆木沙"等的源头。随着云南境内百越族群与氐羌族群长期经济文化交流，氐羌族群各民族称巫师为"毕摩"，应系受到百越族群对巫师称谓"靡莫"的影响。滇国青铜器中表现的盛大祭祀场面应当是由靡莫主持的官方祭祀，滇国民间的宗教祭祀更加频繁多样，只是场面没有这么大而已。

二　两汉时期云南的宗教文化与民族关系

《史记·西南夷列传》记载，秦朝曾经开通五尺道，在西南夷地区任命官员。《史记·司马相如列传》则说，秦朝统一全国后曾在西南夷地区设治郡县。《史记·货殖列传》记载，秦国的商人在战国末期就越过四川到僰人居住区做生意，"南御滇僰"。至于其具体情况，因缺少可靠的文献记载不得而知。秦朝统治全国 15 年即灭亡，刘邦在消灭项羽楚国旧贵族集团之后建立汉朝，至汉武帝时大力经略西南夷，在云南设置郡县，纳入中央王朝管辖，开创了云南政治、经济、文化、社会发展的新阶段。云南的民族关系和宗教关系也随之呈现出新的特点。

（一）西汉时期云南的宗教文化与民族关系

元封二年（公元前 109）汉武帝征服了与滇国"同姓相扶"的劳浸、靡莫之属，滇王尝羌归降。汉武帝"赐滇王王印，复长其民"，设立益州郡。益州郡治所在滇池县（今晋宁），管辖二十县，包括今昆明、曲靖、玉溪、红河、楚雄、大理、怒江等地的大部分县市，在滇王原有统治范围上增加了牂牁、越嶲和昆明人居住的部分地区。随后，汉朝向西兵临洱海，平定多次阻挠汉朝使者的昆明人，开通博南山，越过澜沧江，在此前"未尝交通中国"的哀牢王领地中设置嶲唐县和不韦县，迁南越相吕嘉的宗族子孙屯守。后来，汉朝又在今昭通设立朱提郡，管辖四县。汉武帝经略西南夷使中原汉族文化进一步深入云南，逐渐改变边疆民族地区的政治生态和文化生态，强化了少数民族对汉文化和汉王朝的认同。经过百余年发展，至西汉末年，西南夷中的著名王侯如滇王、夜郎王、句町王等先后被废，中央王朝委派的益州太守、牂牁太守、永昌太守、朱提太守以及各地县令等大小官吏统治云南广大地区。

句町国的统治中心在今广南，其辖区包括今文山州全部、红河州中东部、玉溪市、曲靖市的部分地区以及广西壮族自治区和贵州省毗邻云南的少部分地区。汉武帝元鼎六年（公元前 111），句町国首领毋波率部归附汉朝，被封为"句町侯"。汉昭帝始元五年（公元前 82），毋波协助汉王朝平定姑缯、叶榆部落，被封为"句町王"。毋波去世，后人立庙祭祀，称为皇祖神庙或王爷庙，即是后来云南壮族地区常见的"老人厅"之原型。"老人厅"是村寨长老主持社祭或议事的场所。

汉成帝河平年间（公元前 28～公元前 25），夜郎王兴举兵攻句町王禹和漏卧侯①俞，朝廷派遣官员调停，夜郎王兴等不听，用木头刻成汉朝官吏的像，站在道旁用弓箭射击。夜郎王利用其部族中流行的交感巫术诅咒

---

① 漏卧侯国在今云南泸西、师宗、罗平一带。

汉朝官吏，其原则是同类相生或果必同因的"相似律"，即弗雷泽在《金枝》中所说的"巫师能够仅仅通过模仿就实现任何他想做的事"[①]。这也说明，汉武帝在西南夷设置郡县的前几十年，汉朝权威仍时时受到少数民族部落和侯国、王国首领的挑战。后来，汉成帝派陈立出任牂柯太守负责平息战事，树立国威，最终消灭夜郎国，取消夜郎王封号。

汉武帝征服西南夷之前，云南尚未纳入中央王朝版图，没有帝王颁布的全国性祭祀活动。例如，汉高祖四年（公元前203），诏令天下立灵星祠，但此时汉朝尚未在西南夷设置郡县，云南不会设有灵星祠。汉武帝开益州郡时"募徙死罪及奸豪实之"，后来越来越多的汉族官员、商人、农民、士兵乃至罪犯进入云南，为汉文化传播奠定了人口基础。这些进入云南的汉族移民也带来了新的宗教信仰，并通过社会交往逐渐影响少数民族。当时，人们抵御自然灾害的能力较低，一些重大自然灾害，会造成重大人员伤亡，人们习惯用宗教神异附会各类灾难。汉武帝时期，卭都发生地震，引发河水倒流，形成邛河。河中多有一二丈长的大鱼，头特别大，远远望去好像戴着铁兜盔一样。于是有人附会说，这种大鱼"人形而着冠帻"，是地震成河时淹死的人变成的。

汉朝通过国家施压和民间影响多条渠道，谋求扩大汉文化的影响。为了稳定汉族移民的情绪，朝廷在各地屯垦时，"为置医巫，以救疾病，以修祭祀"[②]，满足移民的宗教信仰需求是保证其安居乐业的一个重要因素。西汉早期，朝廷在西南夷百姓中更多是一种象征性的存在，部落首领对民众的影响仍然很大。在新的陌生地域，汉族移民宗教信仰与其生老病死的日常生活息息相关，形成了稳定的宗教风俗习惯。云南复通不久，其民间敬奉的金马、碧鸡之神，就已经通过方士传播至官方，引起汉武帝之孙汉宣帝的极大兴趣。汉宣帝派谏议大夫王褒持节往益州祭祀，希望金精神马、缥碧之鸡移来汉朝中央，不要留在偏荒的云南，祭文中说："归兮翔兮，何事南荒也。"[③] 王褒最后没有到达益州，半途在路上病死。

---

① 〔英〕詹姆斯·乔治·弗雷泽：《金枝》，徐育新等译，中国民间文艺出版社，1987，第19页。

② （汉）班固：《汉书》，中华书局，1962，第2288页。

③ （汉）王褒：《移金马碧鸡文》。

西汉时期，还没有形成系统的道教信仰，但是有方士专门讲述四夷神鬼之事。当时，云南少数民族的宗教信仰大都处于原始形态，所谓金马碧鸡的传说，应是方士对川南滇北金沙江流域少数民族图腾崇拜的一次方术化改造，并讲给了一心求仙的汉武帝。考诸《水经注》等史料记载，金马碧鸡神话至迟在西汉早期出现在川南滇北交界的金沙江流域一带，而滇池地区的金马碧鸡神话至东汉时期才出现，至于元明之后出现的阿育王三子追神马至滇池的传说更是牵强附会。《水经注》卷三十七《淹水注》记载青蛉县"有禺同山，其山有金马、碧鸡，光彩倏忽，民多见之"[①]；《华阳国志·南中志》也记载："禺同山有碧鸡、金马，光影倏忽，民多见之，有山神。"[②] 禺同山，有人认为即是今永仁县的方山，也有人认为是大姚县的龙山或紫丘山。综合各种文献分析，王褒奉汉武帝之命祭祀金马碧鸡的地方就是禺同山。除金马碧鸡神话，《华阳国志》《太平寰宇记》等文献也屡次记载云南出产天马，天马死后被人们建祠崇拜。《水经注》卷三十六《温水注》记载："长老传言，池中有神马，家马交之则生骏驹，日行五百里。晋太元十四年，宁州刺史费统言：晋宁郡滇池县两神马，一白一黑，盘戏河水之上。"[③]《水经注》卷三十六《若水注》说会无县"有骏马河，水出县东高山，山有天马径，厥迹存焉。马日行千里，民家马牧之山下，或产骏驹，言是天马子"。[④]《后汉书·南蛮西南夷列传》说："肃宗元和中，蜀郡王追为太守，政化优异，有神马四匹出滇池河中，甘露降，白鸟见，始兴起学校，渐迁其俗。"[⑤] 在《东观汉记》和《华阳国志》王追均作王阜，在他担任益州太守期间，因为政治成绩突出，有四匹神马出现在滇池中。《汉书·地理志上·益州郡》颜师古注："滇池泽在西北，有黑水祠。"[⑥] 立祠祭拜的黑水或说为金沙江，或说为澜沧江，都在千里之外。所以也有人认为，黑水祠很可能祭祀滇池，或者滇池中的神马。清代云贵总督阮元

① （北魏）郦道元：《水经注》，陈桥驿校证，中华书局，2013，第819页。
② （晋）常璩：《华阳国志·南中志》，收入（清）王崧编纂《云南备征志》上册，第48页。
③ （北魏）郦道元：《水经注》，第794页。
④ （北魏）郦道元：《水经注》，第788页。
⑤ （宋）范晔：《后汉书》，第2847页。
⑥ （汉）班固：《汉书》，第1601页。

认为，汉代的黑水祠旧址就在今昆明北郊的黑龙潭。

西南夷中的僰族在"夷中最仁，有人道，故字从人"。① 因为与汉族商人接触较早，僰族在文化上积极效仿汉族。至少有一点可以肯定，僰族放弃血腥人祭习俗，而当时云南境内很多少数民族仍然保留这一习俗。汉族通过与少数民族通婚融合，进一步扩大了汉文化的影响。

（二）东汉时期云南的宗教文化与民族关系

公元 8 年，王莽篡汉，改国号为新，在政治上进行了一系列不合时宜的托古改制。王莽从厌胜或祈福的巫术角度，更改云南郡县的名字，如胜休改为胜僰，句町改为从化等，贬抑边疆民族地区的王为侯，并加重对少数民族的盘剥赋敛。王莽的一系列民族压迫和歧视政策，激化了社会矛盾，引起云南各民族的反抗。至刘秀起兵推翻王莽政权，西南少数民族和遗留下来的云南地方官员多不服从割据蜀郡的公孙述而归降刘秀。例如，梓潼人文齐在担任犍为南部尉时，"穿龙池，溉稻田，为民兴水利，亦为立祠"。② 后来文齐担任益州太守，"降集群夷，甚得其和"③，为地方经济、社会发展和民族团结做出更大贡献。文齐抵住了公孙述的威逼利诱，主动归附光武帝刘秀，刘秀封文齐为镇远将军、归义侯，文齐去世后，当地百姓立庙祭祀。

东汉时期，随着汉朝在云南影响的进一步深入，一些少数民族部落首领主动要求内附。东汉明帝永平十二年（69）哀牢国王柳貌率种人五十五万余口内附，其中邑王七十七人。朝廷设永昌郡，统治今保山、大理、德宏、临沧、普洱、西双版纳等州市以及边境以外的广大地区。《华阳国志·南中志》在提到永昌郡物产时说："桐华布，以覆亡人，然后服之及卖与人。"④ 用梧桐木（木棉）花抽丝织成的桐华布，幅广五尺，洁白不染，在覆盖死人之后才做衣服和买卖，显然是当地少数民族的一种宗教风

---

① 《地理风俗记》，参见（北魏）郦道元《水经注》，第 737 页。
② （晋）常璩：《华阳国志·南中志》，收入（清）王崧编纂《云南备征志》上册，第 44 页。
③ （宋）范晔：《后汉书》，第 2846 页。
④ （晋）常璩：《华阳国志·南中志》，收入（清）王崧编纂《云南备征志》上册，第 46 页。

俗。而在宗教上怀疑汉朝得天神庇佑，是推动哀牢王内附的一种重要因素。《后汉书·南蛮西南夷列传》记载："贤栗复遣其六王将万人以攻鹿茤，鹿茤王与战，杀其六王。哀牢耆老共埋六王。"[①] 东汉建武二十三年（47），哀牢王贤栗派兵乘木筏南下征伐弱小的鹿茤部落，得胜之际，忽然狂风骤雨，江水逆流，哀牢部众淹死数千人。鹿茤人以弱胜强，杀死哀牢部落的六个邑王。哀牢耆老埋葬六个邑王，半夜有老虎将他们的尸体扒出吃掉，哀牢人恐惧退兵。哀牢王贤栗对耆老说："我曹入边塞，自古有之，今攻鹿茤，辄被天诛，中国其有圣帝乎？天佑助之，何其明也！"[②] 耆老应该是哀牢国中掌管宗教事务并参与政治决策的巫师，在战争中也随军出谋划策，所以哀牢王贤栗与他们商讨吉凶祸福和政治向背的大事。可以想象，在得到耆老肯定答复，经过宗教占卜大吉之后，贤栗最终下了内附汉朝的决心。而汉朝有"圣帝"，无疑向西南夷施加了一种强大的"克里斯玛"压力。

《后汉书·西南夷列传》《华阳国志·南中志》等文献记载的九隆神话反映了汉代云南原居民哀牢人的信仰形态。"哀牢夷者，其先有妇人名沙壹，居于牢山。尝捕鱼水中，触沉木若有感，因怀妊十月，产子男十人。后沉木化为龙，出水上。沙壹忽闻龙语曰：'若为我生子，今悉何在？'九子见龙惊走，独小子不能去，背龙而坐，龙因舐之。其母鸟语，谓背为九，谓坐为隆，因名子曰九隆。及后长大，诸兄以九隆能为父所舐而黠，遂共推以为王。后牢山下有一夫一妇，复生十女子，九隆兄弟皆娶以为妻，后渐相滋长。种人皆刻画其身，象龙文，衣皆著尾。"[③] 哀牢人是依山傍水而居，以龙为图腾的渔猎民族，其崇拜的龙为陈木变化而来，且主要生活在水中。龙在水中可以舐到在岸上背对它而坐的九隆，可见其舌头之长，其原型应为一种体形较大的水蟒而不是鳄鱼之类。哀牢夷最初崇拜树木，后来也崇拜树干、树桩之类。因"我曹入边塞，自古有之"，与汉朝

---

① （宋）范晔：《后汉书》，第 2848 页。
② （宋）范晔：《后汉书》，第 2848 页。
③ 《后汉书·南蛮西南夷列传》、《华阳国志·南中志》等记载的九隆神话大同小异。《华阳国志·南中志》将"沙壹"作"沙壶"，"九隆"作"元隆"。此处引《后汉书·南蛮西南夷列传》。

边境上其他族群主要是百越族群频繁接触，其图腾崇拜从木改为龙，木桩与大蟒蛇的躯干相似，于是有了"沈木化为龙"的曲折情节。当时的哀牢国东西三千里，南北四千六百里，主要居住着"闽濮、鸠僚、僄越、裸濮、身毒之民"①。

东汉明帝永平年间（58~75）担任了十七年越嶲太守的张翕，为政宽和，得到当地少数民族的爱戴。张翕去世后，夷人如丧父母，苏祁叟二百余人，牵着牛羊为其送葬，直到张翕的籍贯安汉，并起坟祭拜。后来，云南少数民族因汉朝暴政而叛乱，朝廷启用张翕的儿子张湍为越嶲太守，少数民族群众夹道欢迎，都说张湍相貌很像他们爱戴的张翕。虽然张湍相貌长得像他父亲，但是行为则实在不肖，一些夷人准备反叛，耆老劝解看在张翕的份上还是算了吧。张湍利用夷人对其父亲宗教般的感情，在治内没有发生大的动荡。实际上，为官清廉得到云南少数民族爱戴的汉朝官员死后基本都被当作神灵立庙祭祀，但这样的官员实在只是少数。在社会动荡不安的情景下，淫祀求福成为人们的一种信仰选择，制造"祥瑞"也成为官员粉饰太平的一种方法。

东汉章帝元和年间（84~86），益州太守王阜任内设立学校，使郡治周围的少数民族接触并受到儒家文化的影响。《东观汉记·王阜传》说王阜治内"神马四出滇河中，甘露降，白鸟见，连有瑞应"。② 1937 年，在昭通城东曹家老包墓中出土的石座则是云南迄今发现的最早的汉文石刻，制于东汉章帝建初九年（84），刻有龟蛇、鹤、朱雀图案，是四灵信仰在云南传播的实物证据。

东汉永寿三年（157），"严道君曾孙武阳令少息孟广宗卒"③。武阳在西汉昭帝年间（公元前89~公元前75）曾是犍为郡的郡治，汉文化要比周围地区发达一些。孟广宗又名璇，字孝琚，《孟孝琚碑》记载孟孝琚四岁丧母，十二岁时跟学官受《韩诗》，兼通《孝经》，刻苦研读儒家经

---

① （晋）常璩：《华阳国志·南中志》，收入（清）王崧编纂《云南备征志》上册，第46页。
② 《东观汉记·王阜传》。
③ 《孟孝琚碑》，收入张树芳等主编《大理丛书·金石篇》第10册，云南民族出版社，2010，第1页。

典，成年后聘蜀郡何彦珍之女为妻，还没成婚就英年早逝了。孟孝琚碑是云南现存最早的一通汉文石碑，碑文有"四时祭祀，烟火连延，万岁不绝，勖于后人"之类的话，碑两侧和上下方刻有青龙、白虎、朱雀、玄武四灵图案，显然受到汉族民间宗教信仰的影响。同时孟氏家族不惮路途遥远从四川境内聘婚，说明东汉时期仍有一些居住在云南的汉族大家，倾向与汉族大家联姻。而那些主动与少数民族上层联姻的汉族大姓，得到少数民族的拥护支持，逐渐演化成拥有一定政治、经济、军事实力的"南中大姓"。

永寿元年（155）刻立的益州太守无名碑，比孟孝琚碑还要早两年，但原碑已经佚失。《隶释》记载该碑以朱雀为额，龟蛇为趺，两旁有青龙白虎图案。汉灵帝时期（168～185）益州动荡，一斗米值一千文，景毅担任益州太守，大力稳定社会秩序，恢复生产，使米价降到一斗八文。景毅为人廉洁正直，在益州"立文学，以礼让化民"①，痛恨淫祠求福，告诫子孙"修善为祷，仁义为福"②，其统治期间对少数民族的宗教风俗习惯应有所触变。相传，东汉桓帝、灵帝时期宦官与士党争斗，士党领袖李膺因党锢之祸，妻子门人流徙曲靖。党锢之祸牵连成千上万人，李膺的门人流入云南的不在少数。果其如此，这些深受儒家教育的士人来到云南，势必会对地方民族社会产生影响。

东汉末年，在云南为官的一些官吏崇拜黄老之道，说明佛教和道教已经小范围传入云南。因为东汉时期云南地方郡守、县令的籍贯多在四川，黄老之道大略也是经四川进入云南。东汉桓帝、灵帝之时，广汉人冯颢担任越嶲郡太守时政治清明，"政化尤多异迹"③，但遭到大将军梁冀忌恨，隐居山林，"修黄老，恬然终日"④，撰有《易章句》和《刺奢论》等著作。与地方守令和汉文化接触较多的一些少数民族上层人士，也可能在此时信奉了黄老之道。当时的道教，仍然夹杂着大量巫术色彩，同时也大量吸收了阴阳五行思想作为提升其人文性的方法。例如，西汉成帝时（公元

---

① （晋）常璩：《华阳国志·先贤士女总赞下》。
② （晋）常璩：《华阳国志·先贤士女总赞下》。
③ （宋）范晔：《后汉书》，第2854页。
④ （晋）常璩：《华阳国志·先贤士女总赞中》。

前34～公元前10）山东人甘忠可造作《天官历包元太平经》，宣传"汉家逢天地之大终，更当受命于天，天帝使真人赤精子，下教我此道"。[1] 后来，甘忠可被加以"假鬼神罔上惑众"的罪名逮捕入狱。成书于东汉顺帝时期（126～140）的《太平清领书》，"其言以阴阳五行为宗，而多巫觋杂语。有司奏（宫）崇所上妖妄不经，乃收藏之"。[2] 可以看到，当时统治者对早期民间道教持镇压排斥的态度。巨鹿人张角传教十余年，发展信众几十万，几乎遍布全国，当他以"苍天已死，黄天当立，岁在甲子，天下大吉"为号召起义时，青、徐、幽、冀、荆、扬、兖、豫八州人民群起相应。地处西北凉州、雍州，西南的益州等没有响应黄巾军起义，当是因为太平道没有在这里传播。

东汉末年，张陵家族从中原来到益州统辖的四川境内传播五斗米道。东汉顺帝时沛国丰人张陵在鹤鸣山修道，鹤鸣山位于大邑县，距离西南夷南北交通的重镇邛崃非常近。《云笈七签》记载，张陵应天上二十四气而将教区分为二十四治。其中，设在越嶲郡的蒙秦治和设在犍为郡的稠粳治虽然核心区域在四川南部，但当时在行政区划和人文地理上，川南与滇北连为一体。蒙秦治设立，使五斗米道传入今云南丽江、楚雄金沙江流域尤其是北岸一带，而稠粳治设立使五斗米道传入今云南昭通一带。

张陵去世后，其子张衡、其孙张鲁仍在益州所属的汉族和少数民族中间传道。他们传播的五斗米道虽与太平道有相似之处，但在本质上属于早期民间道教的另外一个派别。史书记载张鲁之母驻颜有术，以道术交结益州牧刘焉，刘焉任命张鲁为督义司马攻打汉中。张鲁占领汉中之后，火并了张修的道团，号称师君，利用五斗米道统治百姓，"不置长吏，民夷便乐之"[3]，得到巴蜀境内汉族和少数民族群众的爱戴。张鲁设立义舍招徕流民和客商，积累了大量财富和人口，形成政教合一的地方政权，统治汉中、川北一带30余年。益州牧刘璋因张鲁独立而杀害张鲁的母亲和弟弟，五斗米道仍然不被官方认可。五斗米道信徒被诬为"米贼"，被贴上了污

---

① （汉）班固：《汉书》，第3192页。

② （宋）范晔：《后汉书》，第1084页。

③ （晋）陈寿：《三国志》，中华书局，1960，第263页。

名化的标签。后来，在曹操的军事进攻下，张鲁归降魏国，汉中政权覆亡。曹操将张鲁宗族及五斗米道骨干带至邺城软禁，并将数万户汉中居民迁徙到关中，但是汉中仍留有五斗米道信徒。曹魏大军退去后，刘备占领汉中，留下来的五斗米道信徒成为蜀汉治下之民。

很多学者都认为，张陵在四川创立五斗米道时，吸纳了巴蜀少数民族鬼教的很多内容，适应了当时少数民族社会发展的状况，才能"民夷便乐之"。云南少数民族中有一部分属于氐羌族群，与巴蜀氐羌同根同源。五斗米道的蒙秦治设在越嶲郡，而越嶲郡是西南夷中邛都夷居住的故地，至东汉末年当地居民仍以氐羌族群为主。蒙秦治中教民应以少数民族为主，从中也可看出五斗米道对少数民族传道事业的重视。与越嶲郡相邻的云南少数民族在迁徙往来过程中，也可能接触并信仰了五斗米道。五斗米道的术语，仍带有强烈的巫术色彩。初修道者号为"鬼卒"，交米五斗，由"鬼吏"管理。"奸令祭酒"为病人祈祷，一般也收米五斗。祈祷时写下病人姓名和悔过文书，号称"三官手书"，一份放在山上表示奏闻于天，一份埋在土里表示下达于地，一份沉入水中表示申奏于水。

整体而言，两汉时期云南少数民族人口占绝大多数，汉族宗教信仰缺乏影响少数民族的有效渠道和机制，而少数民族的宗教文化却能通过人口优势和婚姻网络影响汉族移民。两汉时期，一部分落籍云南的汉族官员或从官员转化而来的士绅，仍然保留着强烈的汉文化认同，他们拒绝同少数民族通婚，与云南汉族移民或四川境内的汉族联姻。在中原发生动乱，国家权力不能有效深入云南之时，这部分汉族官员和士绅得不到当地少数民族的支持，很快失去了权力和地位。相反，有的汉族大姓与少数民族通婚，在血缘上不断少数民族化，使用少数民族的语言，接受少数民族的风俗习惯，结合汉族的文化优势和少数民族的人口优势，形成"恩若骨肉"的夷汉婚姻集团"百世遑耶"，成为足以对抗中央王朝的强大地方势力。两汉时期，少数民族在政治生活中，充分吸纳了民族宗教因素，"耆老"参政即是说明。

西汉在云南设立郡县时期，有关西南夷文献中留下了其宗教信仰情况的只言片语。东晋常璩《华阳国志·南中志》记载牂牁郡百姓"俗好鬼

巫，多禁忌"①，南广郡"俗妖巫，惑禁忌，多神祠"② 之类的记载。西南
夷习惯借助盟誓增进彼此信任，加强彼此联系。凡是有大的政治军事行
动，乃至日常生活交往，都要进行盟誓。因为南中少数民族的价值体系和
行动准则与崇拜鬼神的宗教信仰密切相关，汉族官吏进行统治和管理时必
须充分考虑少数民族的宗教风俗习惯，少数民族也把汉族官吏是否尊重其
宗教风俗习惯作为判断其好坏的标准。能够尊重他们风俗习惯的官员就
好，否则就会惹起祸端。

三　魏晋南北朝时期云南的宗教文化与民族关系

在东汉末年官府的横征暴敛中，西南夷爆发了大规模的起义，纷纷驱
逐、杀死汉朝官吏，形成时间较长、面积较大的权力空白，与少数民族关
系密切的南中大姓逐渐控制了云南政权。至东晋时期，南中经过动荡，已
经充分少数民族化的南中大姓，在"鬼道"的名义下号召百姓，洗荡了汉
文化留在云南的痕迹，再次将云南绑缚在巫鬼文化之柱上。南中大姓将公
共权力私有化，实际上形成垄断云南的格局。诸葛亮平定南中，但是没办
法彻底消除南中大姓的权力，仍然任命他们管理百姓。西晋王朝短命而
亡，东晋王朝偏安东南，继东晋偏安建康的宋、齐、梁在与成汉政权、西
魏政权、北周政权以及南中大姓角逐南中统治权时，经常力不从心，最后
南中大姓爨氏一家独大，直至陈朝独霸南中。直到隋朝统一全国之后，史
万岁、刘哙之两次征讨才消除爨氏势力，将云南置于中央有效管辖。但是
爨氏在云南中的根基仍然雄厚，直至南诏崛起才逐渐衰落。

南中大姓是从前中央王朝任命官吏与少数民族通婚的后裔，有的早就
失去了王朝认可的政治权利，被民间称为"耆帅"。如汉初被封为什邡侯
的雍齿后人在西汉宣帝元康四年（公元前62）迁入滇池县（今晋宁县），
长期与夷人通婚，世袭担任益州郡夷人的耆帅。三国时期，雍氏家族的后

---

① （晋）常璩：《华阳国志·南中志》，收入（清）王崧编纂《云南备征志》上册，第40
页。
② （晋）常璩：《华阳国志·南中志》，收入（清）王崧编纂《云南备征志》上册，第44
页。

人雍闿担任耆帅，"恩信著于南土"，与孟获联合反叛蜀汉，杀了益州太守正昂。蜀汉重新委派张裔担任益州太守，雍闿借助夷人信奉的鬼教说"张府君如瓠壶，外实泽而内实粗，不足杀，令缚与吴"①，将张裔绑缚送给吴国。值得注意的是，雍闿假借鬼教说出的三句话，实际上是三句韵文，前人多没有注意。《华阳国志·南中志》说："夷中有杰黠能言，议屈服种人者，谓之耆老，便为主。论议好譬谕物，谓之夷经，今南人言论，虽学者亦半引夷经。"② 雍闿在发表见解时也援引夷经，将张裔比喻为中看不中用的葫芦。"言之无文，行而不远。"③ 能为雅俗共赏析、同引用的夷经，必然带有文学色彩。从中可以窥见雍闿借助鬼教诱惑土人之一斑。而越嶲、昆明部落中也有耆帅，执掌军事。《华阳国志·蜀志》说："越嶲叟大帅高定元称王恣睢，遣斯都耆帅李承之杀将军梓潼焦璜。"④ 可见耆帅掌握一定的兵权。

《白国因由》等古籍也将耆老记为希老，例如："观音大士探知张敬是阿育王之后，张仁果之裔，为罗刹希老。"⑤ 这是从佛教的角度，将白族先民崇奉的原始宗教贬斥为"罗刹"，含有魔教之意。张仁果因为掌握了宗教权力，具有克里斯玛权威，而逐渐掌握了政治权力，成为部落酋长。在宗教分层中，掌握政治权力，则可以排斥外来宗教的传入。在社会结构中，有时政治势力反而寻求宗教势力的帮助。"夷不奉官"，朝廷任命的汉族官吏只好遵循少数民族的风俗习惯，与宗教头人"诅盟要之"，借助鬼神的名义控制社会，行使权力。

孟获祖上是朱提郡的大姓，后来定居建宁郡（今曲靖市），在与少数民族长期交往通婚中夷化，其双重身份为"夷汉所服"，更重要的是孟获家族还拥有宗教权力，孟氏大姓后人在夷化的过程中兼任鬼主，以鬼道号

---

① （晋）常璩：《华阳国志·南中志》，收入（清）王崧编纂《云南备征志》上册，第34页。
② （晋）常璩：《华阳国志·南中志》，收入（清）王崧编纂《云南备征志》上册，第34页。
③ （清）阮元校刻《十三经注疏》第四册《左传》，中华书局，2009年影印本，第4311页下栏。
④ 转引自何耀华主编《云南通史》第二卷，中国社会科学出版社，2012，第210页。
⑤ 《白国因由》，收入和生弟、王水乔主编《大理丛书·史籍篇》卷六，云南民族出版社，2012，第570页。

召群众，孟获本人很可能就是一名"鬼主"。五斗米道在东汉末年传入滇西北和滇东北，孟获家族最先居住的昭通，就在稠粳治的传道范围之内。《新纂云南通志·释道传》说："孟优，蒙化人，居巍宝山，土帅孟获兄弟也。素怀道念，常往来澜沧、泸水间，得异人授长生久视方药诸书，随处济人。后主建兴三年（西元二二五年）诸葛亮南征，军中误饮哑泉，辄手足口禁而不语。或言优有良药，使人往求之，优进药立验，武侯惊之。与语人天运会深有契焉。后入峨眉，不知所终。其子孙于元时赐姓孟。"[①] 即使孟优信奉道教之说有牵强附会之处，但似乎也应有其原型，三国时期应有某位修道者经常往来澜沧江、泸水之间传道施药。如果孟获的兄弟孟优就是修道之人，所修之道当为五斗米道。

宗教是少数民族统治中的一个关键因素，而南中大姓的恩信，与其善于利用少数民族宗教因素也有关系。孟氏家族之外的南中大姓也应有人接触过五斗米道，并结合夷人的本土宗教，改造成"鬼教"，用之号召群众，提升自身地位。魏晋南北朝至唐宋，见于记载的南中大姓爨氏，很多人都担任"大鬼主"。

《华阳国志·南中志》在记述了九隆神话之后，紧接着说"南中昆明祖之，故诸葛亮为其图谱也"。[②] 魏晋时期昆明族将九隆视作自己的祖先，诸葛亮平定南中后借助他们祖先崇拜的心理，制作图谱，劝导他们服从蜀汉官吏，按时缴纳赋税。"诸葛亮乃为夷作图谱，先画天地日月君长城府，次画神龙，龙生夷及牛马驼羊。后画部主吏，乘马幡盖，巡行安恤。又画夷牵牛负酒赍金宝诣之之象。以赐夷，夷甚重之。"[③] 图谱迎合了西南夷的宗教文化心理，收到了较好效果。蜀汉越巂太守张嶷疏通为牦牛羌阻隔的从越巂通往成都的道路，首先与少数民族首领盟誓，取得他们信任后才开始兴修。张嶷统治越巂时有德政，被征召回成都，民众恋恋不舍，百余名越巂少数民族头目跟随张嶷到成都。张嶷战死沙场后，越巂人民悲痛流

---

① 《新纂云南通志·释道传四》。
② （晋）常璩：《华阳国志·南中志》，收入（清）王崧编纂《云南备征志》上册，第45页。
③ （晋）常璩：《华阳国志·南中志》，收入（清）王崧编纂《云南备征志》上册，第37页。

涕，为其立庙四时祭祀。

诸葛亮平定南中后的几任总管南中军政事务的庲降都督都有政绩，他们或者本身就生长南中，能够尊重少数民族风俗习惯，受到少数民族爱戴，为之立庙祭祀。《华阳国志·南中志》记载，马忠任庲降都督期间恩威并立，得到当地少数民族的爱戴，马忠死后南中人民就为他建立了祠堂，遇水旱灾害就在祠中祈祷。霍弋"甚善参毗之礼"①，任内"抚和异俗，为之立法施教，轻重允当，夷晋安之"。② 学术界对"参毗之礼"有多种理解，有的将其解释为参拜毗卢佛的密法仪式，有的认为是佛教丧仪，有的说"参毗"意为辅佐。我们认为将参毗解释为辅佐有所牵强，将参毗说成佛教礼仪有所附会，因为佛教在三国时期传入南中的可能性不大。霍弋擅长参毗之礼而能使少数民族愿意接受统治，应与当时南中流行的"鬼教"有关，很可能是"鬼主"主持的某种特定礼仪。这一时期，云南也建有少数民族祖先或英雄人物的神祠，如奉祀夜郎王祖先的竹王祠。

蜀汉炎兴元年（265），后主刘禅降魏，第二年司马炎篡魏建立晋朝，从蜀汉手中接管南中地区。晋武帝司马炎将益州所属的建宁、兴古、云南、永昌四郡划出，成立宁州，治所在今晋宁县，是朝廷直辖的十九个州之一。经过八王之乱，腐朽的西晋王朝在流民起义、北方少数民族贵族的南下中灭亡，司马睿偏安建康，建立东晋王朝。两晋王朝统治云南期间，南中大姓的势力虽有增长，但朝廷政令仍可通行。西晋太安元年（302），南夷校尉李毅打败驱逐建宁太守的建宁大姓李叡，设计诛杀驱逐朱提太守的朱提大姓李猛。李叡逃至其遑耶五茶夷帅于陵承处避难，他们联合李猛的遑耶煽动境内大姓和少数民族叛乱。不久，李毅病亡，宁州百姓共推李毅的女儿李秀领州事，粮食没有了就挖掘老鼠和草根吃，坚守宁州城池三年，最终击退敌人，保全百姓。李秀死后，百姓为她立庙祭祀，据说仅贴金就用去万两之多。唐朝开元年初，赐庙额为"忠烈庙"，元、明、清三代多次重修，民间流传着很多关于李秀的神话。

① （晋）常璩：《华阳国志·南中志》，收入（清）王崧编纂《云南备征志》上册，第36页。
② （晋）常璩：《华阳国志·南中志》，收入（清）王崧编纂《云南备征志》上册，第36~37页。

晋惠帝永安元年（304）巴氏流民领袖李雄得到青城山道士兼大地主范长生的支持，占领成都，建立成汉政权，南下与东晋争夺宁州，一小部分南中大姓与少数民族上层投降成汉。道教对成汉政权影响较大，投降成汉的这些人，或者本身是道教徒，对成汉政权抱有同情，或者逐渐接受道教信仰。347年，东晋大将桓温灭掉成汉，加强了对宁州的统治。402年，刘裕推翻东晋建立宋朝，史称刘宋。刘宋初期基本延续了东晋的疆域，尚能直接委任宁州刺史，对南中大姓施加政治影响。此时的南中大姓在经过火并、混战之后，仅爨氏一支独大。继刘宋而起的齐、梁，虽然也间或委任外姓担任宁州刺史，但爨氏家族势力不断扩张，成为云南的实际统治者。后来，西魏、北周占领成都，宁州脱离南朝归属北朝，朝廷只是遥授宁州刺史，宁州在实质上已为爨氏家族所统治。为了对抗中原王朝的政治压力，爨氏需要紧密依靠和团结境内的少数民族。因此，爨氏主动迎合少数民族的宗教信仰和风俗习惯，采取鬼道治民，自己也被中央王朝视为南宁夷帅、渠帅、酋帅。直至南诏时期，爨氏家族中仍有很多人担任大鬼主、都鬼主。在封闭和半封闭环境中，少数民族的宗教文化保持了顽强的生命力。

被动的苦难使人信仰宗教，主动的苦难使人认识宗教。道教的长生久视思想对魏晋时期的南中大姓也产生影响。东晋义熙元年（405）竖立的爨宝子碑[①]，记载爨宝子正当三十三岁的壮年去世，撰文者写下"当保南岳，不骞不崩"之辞。东汉以来，人们深信南岳衡山对应天上的轸星翼星，衡有称量之意，衡山可以"铨德均物"，主管人们生死穷通。南朝刘宋大明二年（458）竖立的爨龙颜碑，上端浮雕青龙、白虎、朱雀、玄武，显然也受到道教四灵信仰的影响。

《华阳国志·南中志》说，云南郡熊仓山上有双头神鹿，专门吃毒草。《宋书·瑞符志》记载，有一白一黑二匹神马，忽然从滇池中走出。在生产习俗方面，《华阳国志·南中志》记载，汉兴县[②]山溪中产桄榔树，树中

---

① 《爨宝子碑》自题作于大亨四年，不知道东晋安帝大亨年号只用了一年就改年号为元兴，元兴年号用了三年就改为义熙年号。说明爨氏实际上已经霸占宁州，只是名义上尊奉朝廷，否则就不会连两次改元这样的大事都不知道。

② 蜀汉建兴三年（225），诸葛亮分兵分三路讨伐南中，李恢率中路军打到南盘江与诸葛亮的左路军、马忠的右路军声势相连。封李恢为汉兴亭侯，始设汉兴县于贵州兴义。

有面粉可以吃，当地百姓用来作为粮食，但在砍伐桄榔树之前，必须先祭祀树神。此类信仰风俗在云南百越族群中仍有保留。

四 南诏大理政权时期云南的宗教文化与民族关系

现存安宁市的王仁求碑立于初唐，碑额刻有佛龛，龛内雕结跏趺坐莲台的二尊佛像，说明唐初佛教已经传入云南。云南多种文献记载，南诏立国初期佛教已经传入大理。李京《云南志略·云南总叙》说："开元二年，遣其相张建成入朝，玄宗厚礼之，赐浮屠像，云南始有佛书。"[1] 张道宗《记古滇说集》[2] 的记载更具有情节性。喜洲白族张建成朝见唐朝天子，经过成都大慈寺，正好寺里铸成大钟，寺僧告诫说每撞击大钟一声，就要施舍黄金一两。张建成连叩八十声。寺僧惊诧，请问张建成何许人也，竟然如此连连叩钟？张建成回答说："我是南诏使者张建成。"于是，寺僧为他改名张化成，并说："佛法要南传啦！"张建成学习佛书后，回云南传播佛教。这一记载中有三点值得注意。首先，张建成作为南诏使者，其所穿衣服、所说语言与汉族没有差异，不是他的服饰、语言、相貌引起众人注意，而是他连连叩击寺钟的豪举引起寺僧注意。其次，张建成将佛教传入云南，不是像有些文献记载的那样得到唐朝皇帝的赏赐，而是在成都主动向寺僧学习，且张建成身负使命，说明南诏统治阶级需要利用佛教维持统治。最后，既然南诏使者张建成可以看懂汉译佛经，说明其汉文化水平应该不低。李京和张道宗都是元朝人，其记载应有所依据，两个版本其实可以结合起来看。历史的真实情况也许是，张建成去长安朝见唐玄宗，得到朝廷赐给的佛书，翻阅之后很感兴趣，返回时路过成都大慈寺，叩响寺钟向僧人学习佛法。据此判断，明朝人郭文撰写的《重建玉案山筇竹禅寺记》认为南诏大理政权时期云南只有西域密教，没有禅宗，至元代才由雄辩法师将禅宗传入云南的记载是不对的。南诏大理政权时期已经有净土宗、禅宗、天台宗、华严宗、密宗等佛教

---

① 王叔武：《大理行记校注·云南志略辑校》，云南民族出版社，1986，第73页。
② 张道宗：《记古滇说集》，民国三十年辑，玄览堂丛书影印明嘉靖刻本，第10页。

派别传入云南，以阿吒力教影响最大。

南诏大理政权时期流行的阿吒力教既具有国家性也具有民间性，不认真梳理阿吒力教作为国家宗教和官方宗教的演化史，就很难说清楚其作为民间宗教的演化史。毫无疑问，阿吒力教扮演了为南诏大理政权统治合法性进行论证的角色，同时企图以其迥异于唐、宋、吐蕃境内佛教的形象，彰显南诏大理政权的特立独行。阿吒力是梵文"Acarya"的音译，意为"轨范师""导师""正行"。阿吒力教的主要修行方式有诵咒、结印、祈祷；有所谓"三密"，即语密①、身密②、意密③之说。方国瑜先生认为"阿吒力教之传，始于赞陀崛多"④，即在南诏劝丰佑时期⑤，印度摩羯陀国僧人赞陀崛多将阿吒力教传入。杜继文先生主编的《佛教史》认为"杨法律为印度人，被尊为阿阇梨教始祖"，"阿阇梨教还带有明显的土主信仰色彩，特别是原始神祇和巫术等"⑥；杨学政先生认为，"阿吒力属印度密教，是公元7世纪以后印度大乘佛教一部分派别与婆罗门教相结合的产物。以高度组织化的咒术、仪礼、民俗信仰为特征……印度密教于公元7世纪末8世纪初传入云南大理地区"⑦。日本学者镰田茂雄认为，南诏佛教是贵族佛教，以观音信仰和密教为主，是通过文化交流得到的融合佛教。⑧ 总之，阿吒力教在南诏大理政权时期具有特殊政治地位，一度成为实际上的"国教"，至元明清时期，阿吒力教失去政权支持，仍在白族民间流行。

阿吒力教，既非"台密"⑨，亦非"东密"⑩；既不属于"华密"，又有别于"藏密"，是密宗中独成体系的一支，可称之为"滇密"。侯冲先生认

① 语密为"口诵真言"。
② 身密为"手结契印"。
③ 意密为"心作观想"。
④ 方国瑜：《云南佛教之阿吒力派二三事》，收入《滇史论丛》，上海人民出版社，1982，第217页。
⑤ 南诏劝丰佑时期相当于9世纪中叶。
⑥ 杜继文主编《佛教史》，第299页。
⑦ 杨学政：《杨学政宗教研究文选》，第230~231页。
⑧ 〔日〕镰田茂雄：《南诏国的佛教——中印佛教文化的融合》，收入张岱年等编《文化的冲突与融合——张申府、梁漱溟、汤用彤百年诞辰纪念文集》，北京大学出版社，1997，第396页。
⑨ 台密指日本天台宗所传之密教，以比睿山延历寺、园城寺为中心。
⑩ 东密是日本僧人空海所传之密教，以东寺为中心道场，又称真言密教。

为，阿吒力教是明初佛教禅、讲、教分离政策下出现并传入云南的"教"，是明初佛教中的"应赴僧"或"应佛僧"①，可备一说。阿吒力教不是南诏大理政权时期唯一的佛教形式，但阿吒力教属于白族化的佛教派别确定无疑。与其他佛教派别相比，阿吒力教尤其崇奉颅长纤细、宽肩细腰、身着印度菩萨式衣服的阿嵯耶观音，无论是《南诏图传》《张胜温画卷》还是剑川石钟山石窟，观音都占据重要地位，且基本是男身形象。阿吒力教还信奉大黑天神"摩诃迦罗"为护法神，僧人还可以娶妻生子，出现大理凤仪北汤天董氏等阿吒力世家。阿吒力教僧人可以参与政治，成为统治阶级的重要成员，寺院经济实力雄厚。著名的大理崇圣寺就拥有房舍近千间、佛像过万尊，耗铜四万零五百九十斤。南诏时建立的崇圣寺"千寻塔"，至今仍然矗立在苍山洱海之间。南诏时期，一些密教僧人获封国师，参与政治和军事事务，有些印度密僧如赞陀崛多还娶公主为妻，在国家政治生活中举足轻重，白族大姓家族也都出过位高权重的阿吒力教僧人。

承续南诏的大理政权同样推崇佛教，佛教信仰已经逐渐为社会大众所接受，只不过因为贵族的经济实力雄厚，在佛教供养方面更为突出，一些为国王和贵族主持佛教仪式的大阿吒力具有世袭的宗教贵族地位。南诏统治者先后赠封了许多"国师""师僧"，并大量修建佛塔寺院。大理政权时期，佛教兴盛不衰，上下崇敬，蔚然成风，使大理地区成为闻名遐迩的"妙香古国"。元初郭松年《大理行记》描述当时的情况："其俗多尚浮屠法，家无贫富，皆有佛堂。人不以老壮，手不释数珠；一岁之间，斋戒几半，绝不茹荤饮酒，至斋毕乃已。沿山寺宇极多，不可殚纪。"② 如果没有普通民众参与到阿吒力教信仰，大理就不会成为人人手中拿念珠、家家堂中设佛堂的佛国。只不过，在上层传播的阿吒力教更为显赫，走向民间的阿吒力教则较为隐晦。

大理政权段生智元亨二年（宋孝宗淳熙十三年，1186）立襄州阳派县嵇肃灵峰明帝记碑，为"试郎杨才照"奉命书写，碑文熟练借用道家"天

---

① 侯冲：《云南阿吒力教综论》，《云南宗教研究》1999～2000 年合刊。
② （元）郭松年：《大理行记》。

得一以清"的理论阐述"自人而粹者，天之道也，自天而纯者，神之道
也"的道理，认为"自天地川岳得其道者，无不以清，以宁，以渊，以
灵"①，而襃州阳派县（现姚安县阳派镇）嵇肃灵峰气势雄伟，可作为生民
樵采衣食之本，也具有军事屏障的作用，所以大理政权封襃州阳派县嵇肃
灵峰明帝。值得一提的是，南诏大理政权衰落之后，他们分封的五岳四
渎②之神并没有成为民间社会的重要神灵，其主要原因是没有形成民间化
的祭祀仪式。可见，有无民间社会基础决定官方祀典的发展趋势，二者存
在特殊的博弈关系。

南诏大理政权时期，因为从征被俘或躲避战乱、徭役等原因，不断有汉
族移民进入云南，并与少数民族融合，白族、彝族等较为稳定的民族共同体
初步形成。地方政权的建立，有利于调和民族内部或民族之间"各据山川，
不相役属"③"无酋长，喜相仇怨"④"朋仇相嫌""兵戈相妨"的对立关系。
南诏大理政权通过设置府、郡、节度使或会盟等方式加强对偏远地区少数民
族的统治。大理政权后期，一些逐渐强大的少数民族如三十七部中的"于矢
部"成立"罗殿国"，"些么徒"成立"自杞国"等，他们摆脱大理政权的
控制，同宋王朝直接交往，同中华民族大家庭的关系也越来越紧密。

五　元明清时期云南民族宗教文化的变革

元明清时期，变革调适与反变革调适这一对博弈关系，一直是云南民
族宗教同中央王朝关系的主题。1253 年 9 月，元宪宗蒙哥派其弟忽必烈指
挥三路大军进攻大理政权。忽必烈的军队在丽江石鼓用革囊即羊皮筏子跨
过金沙江，在迎降的麽些（纳西族）贵族阿良带领下兵临大理城下，出其
不意攻占大理，追赶大理政权最后一代国王段兴智于昆明，俘获大理政权
丞相高泰祥于姚州，并将高氏押解回大理斩于五华楼下。1254 年春，忽必

---

① （宋）杨才照：《襃州阳派县嵇肃灵峰明帝记》，收入杨成彪主编《楚雄彝族自治州旧方
志全书·姚安卷》，云南人民出版社，2005，第 377 页。
② 南诏王异牟寻封境内的点苍山为中岳，乌蒙山为东岳，无量山为南岳，高黎贡山为西岳，
玉龙雪山为北岳；并封金沙江、澜沧江、怒江、黑潓江（漾濞江）为四渎。
③ （唐）杜佑：《通典》卷 187。
④ （宋）欧阳修、宋祁：《新唐书》，中华书局，1997，第 6315 页。

烈北还，大将兀良合台继续经略云南，攻破昆明，擒段兴智于宜良；遵照忽必烈走前的指示，封段兴智为摩诃罗嵯（大王），仍管理苍山洱海之境。云南渐次平定，实现了元朝从大西南包抄消灭南宋的战略部署。至元十一年（1274）设立云南行省，治中庆路（今昆明），云南重新纳入国家行政版图。元世祖忽必烈派遣回族政治家赛典赤·赡思丁治理云南，推动了云南经济社会进步和文化发展。在滇中、滇西、滇南、滇北的中心城市和有条件的县城纷纷设立文庙，推广儒家文化，云南历史上破天荒的有了真正意义上的少数民族进士。多民族带来了多宗教，元朝时大批回族迁居云南，同时带来了伊斯兰教文化；景教也很可能随着中亚、西亚信徒经商、从军进入昆明，但不可能大规模传播。《马可波罗行纪》第一百一十七章《哈剌章州》记载：押赤（昆明）"城大而名贵，商工甚众。人有数种，有回教徒、偶像教徒及若干聂斯托里派之基督教徒"。[1] 官方主祭的各路神灵进入云南，南诏大理政权灭亡之后阿吒力教进一步走向民间，佛教禅宗和道教全真派更大规模的传入，与云南原有宗教信仰一并影响了云南的宗教文化生态。同时，原始宗教信仰在中央政权改造下，也逐步放弃一些落后元素。例如，《马可波罗行纪》第一百一十八章《重言哈剌章州》记载，"体态威严尊贵，或体貌完全无缺"的过客如果"顿止于土人之家"，就会被杀死，土人并不是要夺取客人的资财，而是想要客人的"良魂良宠良识，完全留存于身死之家"。[2] 忽必烈征服云南以后，在30多年的时间中，"土人不再犯此罪，而弃此恶行"，其原因则是"大汗有禁，而土人畏威也"。[3] 元朝时期，云南虽然地处偏远，风气逐步与全国趋同，"禋祀与中国等。逾八十年，惟庙制弗称"。[4] 可以说，在云南历史上，元代是一个开创性的时代，明清两朝延续了元朝的大一统，但在儒释道三教政策上却没有元朝宽容和开放，对待少数民族文化和民族民间宗教文化的措施也更加严厉。

从元朝开始，直到明清两代，参加科举考试并取得功名的云南少数民族主要是彝族、白族和回族，其他少数民族因居住偏远等原因基本没有参与科

---

① 〔法〕沙海昂注《马可波罗行纪》，冯承钧译，商务印书馆，2011，第259页。
② 〔法〕沙海昂注《马可波罗行纪》，第263页。
③ 〔法〕沙海昂注《马可波罗行纪》，第263～264页。
④ （元）李起岩：《重修三皇庙记》，收入萧霁虹主编《云南道教碑刻辑录》，第19页。

举考试。儒家文化不是以官方形式，而是通过民间交流的途径逐渐影响这些少数民族。这就使云南少数民族发展形成了等级差异，不仅体现在分布空间方面，也体现在社会网络之中。元明清时期，在滇中中心城市昆明、次中心城市楚雄（仅仅以楚雄治所在地方，而不是整个楚雄州的范围），滇西中心城市大理、次中心城市保山，滇南中心城市建水、次中心城市蒙自，滇东北中心城市曲靖、次中心城市昭通，逐渐出现几个关键的儒家文化节点，以此连线成面，又形成覆盖少数民族区域的儒家文化圈子，能够进入圈子且越靠近节点则汉化程度越深，反之则越浅。这几个儒家文化节点所在的城市，都是科举考试中出秀才、举人、进士最多的地方。

明洪武十四年（1381），朱元璋将元顺帝逐回蒙古草原之后的 14 年，开始考虑收复云南。和平解决的希望破灭之后，朱元璋派傅友德、蓝玉、沐英率领 30 万大军进攻云南，遭到元朝贵族以及大理白族贵族的反抗。明军攻克大理之后，对白族文化和佛教文化进行破坏，白族士人借助《白古通记》之类的著作为白族文化张本，将白族文化和白族佛教印度化以对抗明王朝的民族压迫和文化统治。由于失去政权庇护，昔日风光无限的阿吒力教及其僧人被明代统治者视为"土教""土僧"，阿吒力教的民间化程度进一步加深。朝廷看到阿吒力教在白族民间"土俗奉之，视为土教"的普遍现象，允许民间信奉阿吒力教，于明洪武二十九年（1396）设阿吒力僧纲司进行管理。从明初开始的大规模屯田移民，改变了云南夷多汉少的人口格局，也由此改变了云南的宗教文化生态。两湖、江浙、安徽等地的汉族随着军屯、民屯、商屯以及贸易、移民进入云南，其原有宗教信仰也随之在云南扎根。

云南是南明永历皇帝的最后据点，清政府派遣平西王吴三桂进攻云南，将永历皇帝追入缅甸，又逼迫缅甸交出永历皇帝，最终将其处死在昆明篦子坡（又名逼死坡）。清顺治十六年（1659），吴三桂以平西王身份独霸云南。清康熙十二年（1673），康熙皇帝下诏削去三藩，吴三桂起兵反抗，一度打到湖南衡阳，并称帝。清康熙三十年（1691），清廷平息吴三桂叛乱，对云南实行严厉政策，政府认为阿吒力"非释非道，其术足以动众，其说足以惑人，此固盛世之乱民，王法所必禁者也，删之何疑"[1]，撤

---

① 刘景毛等点校《新纂云南通志》第五册，云南人民出版社，2007，第 500 页。

销明朝以来设立的各级阿吒力僧纲司，严禁传播阿吒力教，从此阿吒力教改头换面，成为彻头彻尾的民族民间宗教。清代的阿吒力仍然娶妻生子，世袭家传，在"念佛会""妈妈会""莲池会""洞经会""圣谕堂"等组织中担任坛主、堂主、会首，主要吸收白族中老年人尤其是妇女从事吃斋念佛活动。在一些白族社区，人到中年老年如果不参加此类组织和活动，会遭受舆论谴责。

洞经会崇奉老子、文昌、释迦和观音，是元代以来在三教合一思潮影响下逐渐形成的一种具有宗教性、娱乐性、民间性的群众组织形式。洞经会除了在宗教节日聚会谈演，也应邀参加民间的婚丧嫁娶仪式。洞经会特别重视农历二月初三日的文昌帝君诞辰、农历二月十五日的太上老君诞辰、农历四月初八日的释迦牟尼诞辰。其余关圣帝君圣诞、观音圣诞以及得道日也比较重视。洞经会的根本经典是《玉清无极总真文昌大洞仙经》，此外还有《观音大洞经》《太乙经》《玄天大洞经》等。清代云南大理城乡有文昌、观音、宏仁、里仁、三元、锡庆、崇文、老君、感应、礼仁等名目繁多的洞经组织。

大理地区的圣谕堂也是在三教合一思潮中形成的，奉祀孔子、释迦、老子，建造三教宫，定期向群众宣教儒教的"忠恕"、佛教的"悲慈"、道教的"感应"。清朝康熙之后，也宣讲皇帝的圣谕，是一种半宗教、半政治性的民间宗教组织形式。

整体而言，元明清时期随着国家势力不断干预民族社会和民间社会，国家宗教、官方宗教对民间宗教、民族宗教的渗透控制日益加大，前者不断进入后者的生存空间。这是一个悖论生产的过程，国家宗教和官方宗教对民间宗教的管控越严厉，民间宗教就越倾向于吸收国家宗教和官方宗教的教义与神灵，扩充自己的神灵体系，借以获得国家宗教和官方宗教的认可。

元明清时期的云南宗教信仰，既有全国性的，也有地域性的，既有少数民族的，也有汉族的。各类宗教形态彼此之间虽有界限，但不是截然对立，其进入云南的路径有官方主导、士绅主导、民间自生三种，但这三种形态也不是截然对立，而是彼此交融、相互渗透。全国性的宗教信仰，是在国家力量的支持下进入云南的，但是在"皇权不下县"的传统中，也会面临"信仰不下乡"的尴尬。国家宗教要想真正影响基层,只有依靠民间力量。至清朝,关帝信仰遍天下,即使穷乡僻壤也有关帝庙宇和塑像,即是充分利用了民间化的路径。由此,我们可以进一步提出"国家—社会—民间"的三元分析框架,在解释元明清云南宗教状况时具有一定的说服力。与科举有关的神灵体系在云南兴起,客观上反映了儒学在云南深入传播的历史脉络;儒学培育的民族社会精英同国家力量一起,推动对少数民族宗教的信仰改革;民族民间社会自身对此进行迎合,客观上有助于民族社会的发展进步。

(一) 与科举有关的神灵信仰的兴盛

元代科举选士,主管文运、贡举的文昌帝君开始由上而下为云南人崇拜。由皇帝降诏,大臣兴建宫庙。元延祐三年(1316),集贤殿大学士李邦宁奏称:"蜀七曲山文昌梓潼之神,职司贡举,未有加封。"后圣旨议定其封号为"辅元开化文昌司禄宏仁帝君"。元延祐六年(1319)曾参与其事的李源道任云南行省郎中,到任不久即在省城昆明长春观西偏创设文昌祠,并塑神像。李源道在《文昌祠记》中阐释一番圣人神道设教的道理,感叹当时云南文风不振,"而其民俗尚攻斗,气殊未振,国家设取士科,滇之贡额当两人,版籍无秀民,无一出应者"。[①] 显然,士绅提倡建立文昌祠的初衷,是希望借助文昌帝君的神力,移风易俗,变革士风。官方所立神庙的旨趣大概总在于此。

当时有人质疑说,文昌帝君是在西蜀显圣的,对于云南人民怕不会有什么灵验。李源道反驳说,"川岳之气,孔穴旁通而无阂也。神明之心,公平溥博而无私也……岂曰利西南一方而已哉!"[②] 并预言云南文化开启之后,"异时文华炳烺,人才沓出,当不在蜀后"。[③] 后来,文昌祠从长春观西偏移建广威门外,聘请道士住持,并改名文昌宫。文昌祠的修建一般与文庙息息相关,所以有些改土归流较晚的地方到明末或清雍正之后才开始修建文昌宫。例如,明代元江府的文昌宫在学宫的左侧,创修于隆庆年

---

① (元)李源道:《文昌祠记》,收入萧霁虹主编《云南道教碑刻辑录》,第18页。
② (元)李源道:《文昌祠记》,收入萧霁虹主编《云南道教碑刻辑录》,第18页。
③ (元)李源道:《文昌祠记》,收入萧霁虹主编《云南道教碑刻辑录》,第18页。

间，重修于万历年间，明末毁于战火，至清朝康熙年间再修。明朝名臣王鏊说"孔子为后天之文昌，文昌为先天之孔子"①，将文昌帝君在士人心目中的形象地位抬得很高。

在宗教文化情境中，风水与风景的关系十分密切。因为风景存在，有了风水之考虑；而因为风水的考虑，又为风景增加了人文内涵。地方官吏希望辖境文运兴隆，为自己的政绩添加光彩；也希望借助神道设教的手段，纯净风俗，维持社会秩序；同时也希望通过修建文昌宫、文笔塔为地方培植风水，客观上增加风景名胜。例如，楚雄南华县旧有三层玉皇阁，县志记载修建于宋元，明末毁于兵燹，清咸丰年间重修，"拔地而上者约有七寻有余"，"壮丽甲于一州"。风水师认为，南华县四面皆山，需要有玉皇阁作为主星镇压；又有人说南华城是船形，如果没有玉皇阁作为船桅镇压，则漂泊不定。更多的人相信，玉皇阁的兴废关系地脉的兴衰，地脉的兴衰又关系城池的兴衰。② 又如，明朝崇祯年间，有人在南华县城北的两旗山，按照风水的补救之法修建过斗母阁，增添了"智者乐水，仁者乐山"的意境。昭通自雍正年间改土归流至道光年间，科举考试的成绩不甚理想，"设将百年，向来发科者寥寥，孝廉出任亦绝少"。③ 于是，有的地方官吏就从风水上寻找原因，希望通过修建文笔塔、魁星阁等建筑，修建供奉文昌帝君等科举神灵的庙宇而改变文运。

（二）官方主祭的神灵体系向民间社会推行

唐朝之后全国郡县逐渐设庙祭祀城隍，765 年南诏王阁罗凤派儿子凤伽异修筑拓东城，作为经营南诏东方疆域并具有东都性质的重镇，很可能按唐朝风俗立庙祭祀城隍。《蛮书·卷六》记载拓东城（在今昆明官渡区一带）"东北有井邑城隍，城西有汉城，土俗相传云是庄蹻故城"。④ 无论如何，这是关于云南有城隍的最早文献记载。元明清以来，朝廷以行政力量大举推动的城隍信仰，深入民心。

① 吴绳祖：《副官村文昌宫碑记》，收入萧霁虹主编《云南道教碑刻辑录》，第 379 页。
② （清）张辉煌：《三层楼记》，收入萧霁虹主编《云南道教碑刻辑录》，第 538 页。
③ （清）张润：《府署魁星阁记》，收入萧霁虹主编《云南道教碑刻辑录》，第 529 页。
④ （唐）樊绰：《蛮书》，收入（清）王崧编纂《云南备征志》上册，第 36 页。

城隍庙一般修在城池之中，对于平日不怎么进城的云南少数民族群众而言，城隍信仰就有些"庙堂之高"了。所以，城隍信仰主要是城市居民的宗教信仰，而且也容易受政治变迁尤其是城池沿革的影响。例如，元至元十二年（1275）从呈贡千户所析出、清康熙七年（1668）复归并呈贡的归化县，治所在今呈贡县马金铺乡化城村。明代，归化县令游一清撰文感慨归化的城隍与它的县令一样落拓，命运多舛。先是城隍庙从城外搬入城内，仅有九个月，归化县署搬到呈贡，不久又移到昆明，后来又改回归化。等他们回来后发现，城隍庙已经破损，不复从前的模样。因为风吹日晒，庙前泥塑的马瘸了一条腿，牵马人也面目模糊。于是县令重新修缮城隍庙，为瘸马重塑一足，有跃跃欲试之貌；牵马人又重新塑造笑容，将城隍神像重新修葺，灿然尊严。于是县令感慨，通都大邑的城隍与僻野小县的城隍差距何其大也。而他自己本来是归化县令，为什么一会儿在呈贡办公，一会儿在昆明办公？弄得城隍与他一样忧心忡忡。现在县令又回来了，又和城隍老爷一起工作了，县令不敢遗弃城隍老爷，城隍老爷也不会遗弃县令。游县令的文章再三感慨：城隍老爷和县令都兢兢业业恪守岗位，为什么他们都如此落拓呢？[①]

云南不少地方曾经修建过关索庙，观察其分布线路，与明军进入云南的行军路线暗相符合。贵州和云南交通要道上也大多有关索庙，可以推断关索被当作战争之神和行旅之神进行崇拜。例如，元谋县马头山上有关亭，祭祀"忠勇王"关索，其地势可参见《华竹新编》的记载："亭夹通衢，茶档四列，往来过客，因呼寺为茶庵。"[②] 上文提到的归化县也建有关索庙，后来又修建了关帝庙。明清时期的归化县是地地道道的小县，其面积不过 200 平方公里，由于钱粮不足，在新建关帝庙的问题上，县令游一清颇费踌躇："邑之山童，邑之民疲，邑之赋匮，我无材，我无人，我无粮，何以举此？"后来，游县令从沐氏庄园半价购来木头，一户诉讼绝产之家捐献三间瓦房，县令自己两顿饭并作一顿饭，缩衣减食，终于建成关帝庙。游县令寻思，当年关羽的小儿子关索跟随诸葛亮南征，

---

① （明）游一清：《重修城隍庙记》，收入萧霁虹主编《云南道教碑刻辑录》，第 139 页。
② （清）檀萃辑《华竹新编》，李标注，元谋县志编纂委员会办公室 1988 年印刷，第 74 页。

留下赫赫威名，彝族群众到现在还有畏惧，何况对于关索的父亲关羽呢？关帝庙告成，必然能威慑盗匪。不久，有盗匪占据罗藏山，准备抢劫归化。游县令请省上官兵进击，大获全胜。群众都说：从前官兵捕盗都遭失败，连出兵都不敢了。今天一战而胜，肯定是关帝爷庇佑。可见封建王朝神道设教的策略，需要民间社会呼应才能最终发挥维持统治秩序的功能。

一些源于古代汉族的功能性祭祀仪式后来被载入祀典，成为官方主祭仪式的一部分。元代之前，云南少数民族虽有类似的功能性崇拜，但由于没有国家主导也缺少大规模汉族移民，因而没有专门设庙立堂祭祀。例如，云南少数民族有自己的谷神崇拜和相应仪式，但是没有中原地区的八蜡庙。所谓八蜡是开启农业之源的先穑神农、司穑后稷、农神田畯，利于谷的邮表畷、水防、水墉，还有猫虎之神和昆虫之神。从供奉的神灵可以看出，其祭祀仪式既有祈祷仪式，祈祷农神保佑五谷丰登；也有禳解仪式，禳解破坏庄稼的昆虫之神。八蜡之祭源于上古汉族社会，至汉、唐时较为隆重，明清两朝时断时续。明朝嘉靖年间，河南、河北、山西、山东等地都建有八蜡庙，但当时云南还没有八蜡庙。曾在山东滋阳当县令后来又到大理任郡丞的江应昂倡议修建八蜡庙，得到同僚和上级的肯定，他们认为，"事神治人，其道互用"。[1] 修建八蜡庙的方式可谓别出心裁："纠胥吏之惰者得十九人，权量之欺者三十许人，俾量罪具材，作庙以蜡焉。"[2] 知府惩罚官吏中懒惰和欺诈者，让他们根据罪状轻重各出材料，最后在大理城北郊建成云南第一座八蜡庙。南安州（今双柏县）的八蜡庙建于明朝万历初期，供奉五谷神像，四时祭祀，后来年久失修，清朝康熙年间重修。玉溪的先农祠也是在明嘉靖年间创修的，当时"旱涝、蛮贼相继为灾，输纳告艰，生聚日迫"[3]，士绅与官府商量创修先农祠，供奉神农、伯禹、后稷，举行"乡会"募集资财。但是八蜡庙、先农祠没有充分融入本地民俗，最终没有实现民间化转型，而是随着时间推移湮没无闻了。一些云南少数民族仍然按照他们的传统仪式祈求五谷丰登，并没有接受官方推

① （明）李元阳：《八蜡庙碑》，收入萧霁虹主编《云南道教碑刻辑录》，第62页。
② （明）李元阳：《八蜡庙碑》，收入萧霁虹主编《云南道教碑刻辑录》，第62页。
③ （明）陈表：《新创先农氏祠碑记》，收入萧霁虹主编《云南道教碑刻辑录》，第76页。

荐的八蜡庙、先农祠等。

（三）国家社会及儒释道与民族民间宗教

1. 官方力量对民族民间宗教的革新

国家对山川日月风雨雷电等原始社会就广泛崇拜的自然神灵进行敕封，为之加上帝王公侯之类的名号，是对原始宗教进行改造的一种手段。国家敕封之前，一般要依据神道设教、慎终追远的传统撰文立碑，说明缘由。明末，邹应龙因平定地方叛乱而将易门马头山中的溶洞作为玄武洞祭拜，得名的原因是"易门御治象应龟山，且为武备而设，则斯洞当以元（玄）武名之。盖元（玄）武乃北之水神，今摩些山崎，火曜于南，乔贼因之，而固以水治之，未有不扑灭者也"。[1] 后来，官府抓住叛乱魁首，杀马祭祀，与匪首一起埋在马头山上，并将山更名斩马山、埋贼山以厌胜之。官方也运用行政权力禁毁民间所谓的"淫祠"，推行官方祭祀的神灵，例如，明朝成化年间任左副都御使的林俊在云南"火滇淫祠三百，人呼为'林劈佛'"。[2]

2. 士绅阶层对民族民间宗教的革新

明清科举取士，产生了一批白族、彝族、回族、纳西族等少数民族文化精英，他们致仕之后退隐家乡，身份转化为少数民族的精英代表，作为少数民族与官府沟通的中间桥梁，推动儒释道三教深入民族民间社会，明代著名白族士绅李元阳就是典型代表。李元阳退职后在家乡修建书院，捐建寺院道观。明朝万历年间，李元阳几乎散尽家资，在苍山应乐峰下原来崇圣寺的旧址上修建瑞鹤观，动员他的三个弟弟和众多子侄也参与其中。瑞鹤观落成后，李元阳请贬谪云南的状元杨慎前来游玩并撰写碑文。李元阳修建瑞鹤观并非祈求福报，而是为了壮观地方文化景观，为往来游玩苍山洱海的骚人墨客提供住宿休息的场所："吾郡山水如此，若非寺观，则远游立览之徒，无从托跡，骚人墨客，安所寓怀?"[3] 可以说，士绅与百姓

---

① （清）严廷珏纂修，梁耀武、李亚平点校，《续修易门县志》，云南人民出版社，1997，第310页。

② （明）阮元声：《南诏野史》，收入（清）王崧编纂《云南备征志》上册，第483页。

③ （明）杨慎：《瑞鹤观记》，收入萧霁虹主编《云南道教碑刻辑录》，第54页。

对宗教的态度主要表现为理性化和感性化两条路径的差别。当然，并不是说所有士绅都是理性化的宗教徒，而所有大众都是感性化的宗教徒，二者有所交叉，而理性和感性有时也并不能截然分开。做此区别，只是设想能够提供分析宗教文化的可能范畴。国家宗教的民族化和民间化，也存在感性路线和理性路线之分。

在一些关键的人生节点上，各宗教都有自己的神灵满足人们的心理与需求。有些宗教神灵具有人物原型，而有些神灵仅仅是根据需求和功能附会而构建。同样是求子，从原始宗教的生殖崇拜，到佛教道教的送子观音、送子张仙，其目的相同但宗教表现方式却差异较大。而有的地方又崇拜送子娘娘、圣母等神灵。例如，峨山县圣母庙、澄江府（今澄江县）圣母祠，供奉碧霞元君，同样主管子嗣。

由于社会精英的经济实力、社会声望、教育水平和社会关系要比普通群众好得多，作为上层社会中的政治精英掌握着政治资源，一定程度上能够影响民族民间信仰的兴衰。这些在云南做官的外地精英，一方面提升了云南民族民间宗教信仰的人文化和儒学化水平；一方面也引入自己家乡或者本人信奉的神灵，进而丰富了云南民族民间宗教信仰的神灵体系。同样，云南士子到外地做官返乡之后，也可能将汉族崇拜的神灵引入云南。明朝万历年间，晋宁州重修关帝庙后，还剩余一批建筑材料，晋宁人唐尧官（嘉靖四十年乡试解元）向郡守建议在关帝庙右侧空地建立张公祠，为祈求子嗣的百姓造福。郡守认为，虽然张仙为四川人，川人祈祷子嗣灵验，滇人祈祷子嗣也许会灵验，于是鼎力支持。张仙名张远霄，传说是四川眉山人，生于五代时期。张远霄少年时期在山中遇到重瞳仙翁，授给他一张竹弓、几只铁弹，又授给他琅函丹书和度世之法。后来，张远霄在白鹤山中见到重瞳仙翁[1]石像，有人提醒他竹弓、铁弹之事，说石像就是你的师父。张远霄顿时大悟，冲举升仙。得道后，张远霄专门消灾辟邪，以弹弓追打天狗，保佑世人生儿育女。天狗在天上咬日月，在人间咬子嗣。民间传说，张远霄为宋仁宗赶走天狗终于生下皇子，于是宋仁宗命人描绘

---

[1] 一说重瞳仙翁就是南朝刘宋时期著名道士陆修静，传说陆修静眼睛有四个瞳仁，又叫"四目仙翁"。

张仙图像悬挂宫中。苏洵为求子嗣曾在家乡眉山的蟆颐山烧香，后来他用佩戴的玉环从市肆中换回张仙画像，带回家中日夜虔诚祷告。有一天晚上，苏洵梦见张仙对他微笑，向天射出两个弹丸。过了几年，苏洵生下苏轼、苏辙两个名满天下的儿子。后来，苏洵将自己的求子经历撰述成文。"自是祈嗣者争事仙，而仙之灵响应天下矣。"① 据《徐霞客游记·游太华山记》记载，昆明西山"坪间梵宇仙宫，雷神庙、三佛殿、寿福殿、关帝殿、张仙祠、真武宫，次第连缀"。② 过去，弥渡县铁柱庙中也设有三皇殿、圣母殿、张仙殿、三爷殿。明清时期，云南受汉文化影响较深的地区求子祭拜张仙，原始的生殖崇拜主要保留在偏远的少数民族地区。

3. 儒释道三教与民族宗教的关系

整体而言，彝族、白族的土主和本主在南诏大理政权时期经历了佛教和道教化的改造，而在元明清时期经历了儒教化的改造。随着时间推移，改造后的土主和本主崇拜的原始性越来越低，人文性越来越高。

例如，大黑天梵文称"摩诃迦罗"，原本是印度婆罗门教湿婆（大自在天）的变身，后为佛教吸收为护法神，在密宗中地位尤为重要。历史上，云南大黑天神信仰非常流行，至今还有一些地方将之供奉为区域性或村寨的保护神抑或土主、本主。在佛教向白族传播的过程中，大黑天神经过了民间化的转变，成为白族神话中舍身救民的天神。云南白族传说，玉皇大帝听闻不断有神仙贪恋人间繁华而私逃不返，非常生气。于是派遣侍者带着一瓶瘟药去毁掉人间，侍者来到云南上空，实在不忍心倒下瘟药，等他看到白族人其乐融融，更不忍心了，决定牺牲自己拯救生灵，将瘟药全部吞吃，立刻脸黑身肿，掉落人间。白族人民感激他的恩德，奉为"大黑天神"并四时祭拜。大黑天神的造像多为三目六臂，两眉上翘，二金刚牙上出，高发髻，髻根额顶束两层髑髅，颈系两串髑髅项环，一串围颈，一串下垂及腹。上身袒露，腰系裙，打环形裙结。关于云南大黑天信仰的起源有多种说法，有的认为该信仰来自印度，有的认为源于中原，也有的认为从西藏传入。但是无论其来源如何，大黑天神已经成为云南民间宗教信仰的重要神灵。

---

① （明）唐尧官：《张仙祠碑记》，收入萧霁虹主编《云南道教碑刻辑录》，第135页。

② 朱惠荣校注《徐霞客游记》下册，云南人民出版社，1999，第735页。

明清时期，普通群众一般就宗教信仰论宗教信仰，很少从儒家文化的视角看待民族民间宗教，更谈不上改造。个别士大夫则不同，站在偏激立场却以儒家正统文化卫道士自居，将对少数民族信奉的土主说成"胡鬼"口诛笔伐，甚至摧毁土主偶像，强行换成佛教、道教神灵。明弘治十六年（1503）之前，楚雄黑井土主庙供奉的是"胡神"，应该就是白族、彝族供奉的"大黑天神"。在儒家卫道士越仙人眼中，神像未免相貌过于狰狞，三目六臂，项上腰间缠绕骷髅。越仙人询问得知，当地居民常用酒肉血祭，已经相沿几百年了。传说"胡神"有两条蛇作为使者，经常到居民家中索要祭品，如果答应一切都好，不答应就立即降下灾难。越仙人认为，"胡神"不属于祀典之范围，不能为百姓造福。于是发动父老"毁其土偶，投之于河；劈其神主，付之于火"①，将庙宇改名为"楚雄府黑井土主庙"，用儒家礼仪祭祀，以减轻当地群众负担，纯净社会风俗。类似的例子还有一些，从中可以看出大黑天神信仰在云南的传播过程中，与儒教存在较量，如果不服从儒教的人文化改造，则很难立足。同时，大黑天神信仰也服从了佛教的改造，成为具有佛教色彩的民间神灵之一，其造像的仪轨体现了佛教的意义。

当然，大部分士大夫立场温和，对少数民族宗教能够客观公正的评价，甚至不乏美化，将之视为古风犹存。清朝康熙年间，王谋根据《汉书·郊祀志》："（高祖）其令天下立灵星祠"，张晏注"龙星左角曰天田，则农祥也"②的说法，认为峨山县土主的塑像类似龙星，又认为共工的儿子勾龙，因为建立功勋被上古先民祭祀，土主或者是上古建功而被祭祀，或者是因为孝行、殉国而被祭祀，总之符合《礼记·祭法》的规定。云南随处可见的土主神，如果按照祀法的标准判断，应是有功于南诏、大理政权的英雄人物或南诏、大理政权的祖先。至于峨山少数民族在春日聚会，击鼓杀牲祭祀土主，并将吃剩下的祭肉均分，有"吹豳迎神"的古风。无论从哪一角度看，云南土主拥有深厚的地方文化传统，即便有血食传统也不能等同于淫祠妖巫。

① （明）越仙人：《黑井土主庙碑记》，收入萧霁虹主编《云南道教碑刻辑录》，第46页。
② （宋）范晔：《后汉书》，第1211～1212页。

云南省城昆明的土主庙有碑碣说，土主为金马碧鸡神，仅备一说，不可详考。关于土主的源流虽有多种说法，但其无外乎维护生产生活秩序、进行道德教化。清朝乾隆年间，吴楷在云南历任多处地方官，所在之处崇祀土主。屠述濂在腾冲任长官时，土主庙已经成为制炮局，庙宇烟熏火燎，到处堆积杂物，完全不成样子，于是倡议重修土主庙，并将修筑腾冲城的三位官员兵部侍郎杨宁、刑部侍郎侯琏、指挥使李昇同时列祠祭祀。建水的土主庙初创年代因原碑无存而不可考证，但是明正统二年（1437）曾经重修，有太常寺少卿黄养正为之题匾。清朝康熙年间再次重修时，仿楚辞体裁作词三章，摹写建水百姓迎送土主的盛况。

清人吴楷撰《重修肇腾土主庙碑记》说："滇多土主庙，闻斋有八神之祀。二曰地主，土主其即地主。"[①] 有人认为，土主本是社神勾龙，明清时期云南祭祀土主的仪式有很多与周礼祭祀社神的仪式暗相吻合。《说文解字》对社的解释是："地主也，从示土。《春秋传》曰：'共工之子句龙为社神。'周礼二十五家为社，各植其土所宜木。"段玉裁引《孝经》注解说："社者，土地之主，土地广博，不可偏敬，封五土为社。"[②] 云南土主崇拜的仪式原型，可以看作彝族文化情境中的社祀。后来，云南土主以佛教化了的大黑天神为主，塑像威严，相沿已久，成为彝族传统宗教同佛教文化融合的例证。

---

① （清）吴楷：《重修肇腾土主庙碑记》，收入萧霁虹主编《云南道教碑刻辑录》，第384页。
② （汉）许慎：《说文解字》，（清）段玉裁注，浙江古籍出版社，2006年影印本，第8页上栏。

第五章

中国共产党的民族团结理论及其云南实践

民族交往，除了语言阻隔，还面临不同宗教信仰和社会心理的考验。与宗教心理相联系的社会心理，很可能演化成为民族之间的刻板印象。消除突破此类刻板印象，还应从宗教因素入手。消除宗教信仰上的隔阂，有助于推动不同民族更好地交往。历史上，云南一些民族之间隔阂很深，几乎到了老死不相往来的程度。例如，过去西双版纳坝区傣族和山区哈尼族、拉祜族等民族的界限严格，山区民族不能随便下坝开垦荒田，民间流传的谚语说："火烧到的地方是山头民族住，水淹到的地方是傣族住。"①更多的民族隔阂存在于汉族和少数民族之间，这与反动的民族政策和大汉族主义有关。民国九年（1920），永北县（今永胜县）政府还发布告示，刻成"永禁碑"，公然歧视彝族群众，禁止汉族和彝族往来。在福贡县傈僳族村庄，有人高喊"嘿扒拉"（汉人来了），街上的男女老幼都急忙跑回家中，把门关紧。在有的傣族地区，一声"贺马了"（汉人来了）足以让寨子里的人纷纷躲进家中，"男人跑，女人躲，孩子哭"。而在傣族土司势力比较强大的地方，如梁河县的南甸土司因为同国民党"梁河设治局"存在权力争夺，提出"兴夷灭汉，收复失地"的口号。有些地方，民族内部因为上层人士不团结，也在群众间造成隔阂。正是中国共产党和人民政府制定适合中国国情的民族政策，保证各民族不分大小一律平等，推动各民族共同团结、共同繁荣、共同进步，使原来隔阂很深的兄弟民族，通过追

---

① 《民族问题五种丛书》云南省编辑委员会编《傣族社会历史调查》西双版纳之六，云南民族出版社，1984，第144页。

求共同的目标，借助共同的仪式场合，使其真诚沟通、消除隔阂、紧密团结在一起。因此，我们谈论云南民族团结，必须高度肯定党和政府的伟大历史贡献，系统梳理党的民族宗教政策，继往开来、与时俱进。

研究民族团结，应提炼具有规律性、本质性的理论知识体系。从社会学的角度看，民族团结是由一系列社会行动构成的过程。按照韦伯的学说，我们应对构成民族团结的社会行动进行诠释性的理解，并对民族团结的行动过程及其结果予以因果性的解释。当然我们更需要从马克思主义的立场，分析和批判危害民族团结的行为，在消除矛盾冲突的过程中推动民族团结。同时，我们也可以以涂尔干为代表的实证主义角度，将社会团结作为"自然物"、社会事实进行实证研究。无论从任何角度看，中国共产党的民族团结理论及其云南实践都值得深入研究，尤其是通过做好宗教工作推动民族团结的经验，值得我们系统梳理。中国共产党和人民政府对奠定和推动云南多宗教和谐共处、多民族团结互助格局居功至伟。在云南建设民族团结进步边疆繁荣稳定示范区的今天，我们更应系统梳理中国共产党的民族团结理论及其云南经验，并重点剖析宗教和谐对维系民族团结的功能。

一　中国共产党有关宗教与民族团结的理论阐述

中国共产党倾向于将宗教与民族作为紧密相关的两个单元进行辩证的、整体的分析，二者作为重要工作内容，既单独对待又纳入统一战线。基于中国多民族、多宗教的现实，我们应做出的逻辑判断是，既要从民族团结的高度看待宗教工作，又要从宗教和谐的高度看待民族工作。下文即以党在各个时期重要领导人关于宗教与民族团结的理论阐述，分析党对这一问题的认识。

（一）党的第一代领导集体论宗教与民族团结

以毛泽东为代表的第一代领导集体以马克思、恩格斯关于宗教问题的基本原理为指导，结合中国具体国情，形成了具有中国特色的民族宗教理论。毛泽东对民族宗教问题的论述是毛泽东思想体系的重要组成部分。

　　尊重宗教信仰自由是中国共产党对待民族宗教问题的基本态度，中共中央发出的相关文件都有清晰呈现。1921年，中国共产党成立时制定的首个纲领，其中第四条规定："凡承认本党党纲和政策，并愿成为忠实的党员者，经党员一人介绍，不分性别、不分民族都可以接受为党员。"① 参加中国共产党第一次全国代表大会的邓恩铭就是水族。1922年，《中国共产党第二次全国大会宣言》制定的奋斗目标中第二条即："推翻国际帝国主义的压迫，达到中华民族完全独立"，第五条是："用自由联邦制，统一中国本部，蒙古、西藏、回疆建立中华联邦共和国。"② 此后，中国共产党在革命和建设中一直关注民族问题。1928年召开的中国共产党第六次全国代表大会认为，中国境内的少数民族问题对于革命有重大的意义，特委托中央委员会准备中国少数民族问题的材料。1931年通过的《中华苏维埃宪法大纲》以法律条文的形式保障宗教信仰自由，确定政教分离的原则。同年，毛泽东主持制定的《中华苏维埃共和国土地法》规定，在处理祠堂寺庙土地时要尊重农民意愿，"以不妨碍他们奉教感情为原则"③。红军长征经过少数民族地区时，也都能尊重当地风俗习惯和民族宗教信仰，明确制定《红军长征时期的民族政策》《关于喇嘛和喇嘛寺暂行条例》等文件，并以实际行动宣传党的民族宗教政策。1935年1月发布的《中国工农红军总政治部布告》规定："对于苗、瑶等少数民族，主张民族自决，民族平等。"④ 红军长征经过云南时，大量书写"优待少数民族，保护信仰自由""各民族联合起来，各民族团结起来"等宣传单和标语。红军长征进入四川之后，以朱德总司令名义发布的《中国工农红军布告》，用通俗生动的语言号召："中国工农红军，解放弱小民族；一切夷汉平民，都是兄弟骨肉。可恨四川军阀，压迫夷人太毒。苛捐杂税重重，又复妄加杀戮。红军万里长征，所向势如破竹；今已来到川西，尊重夷人风俗。军纪十分严明，不动一丝一粟；粮食公平购买，价钱交付十足。凡我夷人群众，切莫怀疑畏缩；赶

---

① 云南大学历史系编《中共党史参考资料》第一册，内部印刷，1976，第15页。
② 云南大学历史系编《中共党史参考资料》第一册，第32页。
③ 王作安：《中国的宗教问题和宗教政策》，宗教文化出版社，2010，第103页。
④ 云南省文化厅、中共云南省委党史研究室编《中国工农红军在云南革命文化史料选》，云南民族出版社，1996，第32页。

快团结起来，共把军阀驱逐。设立夷人政府，夷族管理夷族；真正平等自由，再不受人欺辱；希望努力宣传，将此广播西蜀。"① 红军在少数民族地区写下了"回番民族实行民族自决权""回番穷人是一家，自家人不打自家人""优待少数民族，保护信仰自由""信教自由，准许人民信奉菩萨"等宣传标语。中共中央到达陕北以后，特别注重回族、蒙古族的工作。1935 年发布的《中华苏维埃中央政府对回族人民的宣言》《中华苏维埃中央政府对蒙古人民的宣言》和 1940 年发布的《关于回回民族问题的提纲》《关于抗战中蒙古民族问题提纲》中都提到尊重回族、蒙古族群众信仰宗教的自由和他们的风俗习惯，保护清真寺和喇嘛庙，保护阿訇和喇嘛，还要设立喇嘛培训班，提高喇嘛的政治文化水平。在 1940 年发表的《新民主主义论》中，毛泽东指出："共产党员可以和某些唯心主义论者甚至宗教徒建立在政治行动上的反帝反封建的统一战线。"② 1941 年通过的《陕甘宁边区抗战时期施政纲领》专门提出要保障蒙古族、回族在政治经济文化上的平等权利，尊重蒙古族、回族的宗教信仰与风俗习惯。在 1945 年发表的《论联合政府》中，毛泽东指出，"根据信教自由的原则，中国解放区允许各派宗教存在。不论是基督教、天主教、回教、佛教及其他宗教，只要教徒们遵守人民政府法律，人民政府就给以保护。信教的和不信教的各有他们的自由，不许加以强迫或歧视"。③ 毛泽东多次强调，宗教信仰不是划分人们政治立场的标准，一个人的政治态度与宗教信仰是相分离的。企图用行政命令的方法解决思想问题、是非问题，不但没有效力，而且是有害的，不能用行政命令去消灭宗教，更不能强制人们不信教。

1951 年，毛泽东在《中共中央政治局扩大会议决议要点》中指出，必须在反帝反封建的基础上将知识分子、工商业家、宗教家、民主党派、民主人士，他们团结起来，并加以教育。④ 毛泽东指出，宗教家与知识分子、工商业家等其他社会分子一样，是统一战线的争取对象，不应该认为宗教家不信仰马克思唯物主义而在政治上区别对待。1951 年，毛泽东在《接见

① 肖锋：《长征日记》，上海人民出版社，1979，第 77~78 页。
② 《毛泽东选集》第二卷，人民出版社，1991，第 707 页。
③ 《毛泽东选集》第三卷，人民出版社，1991，第 1092 页。
④ 《毛泽东选集》第五卷，人民出版社，1977，第 37 页。

西藏致敬团代表的谈话要点》中提出，共产党对宗教采取的是保护政策，信教的和不信教的，一律加以保护，尊重其信仰。[①] 1952 年，毛泽东在《团结起来，划清敌我界限》一文中指出："各民主党派和宗教界要进行教育，不要上帝国主义的当，不要站在敌人方面。拿佛教来说，它同帝国主义联系较少，基本上是和封建主义联系着。因为土地问题，反封建就反到了和尚，受打击的是住持、长老之类。这少数人打倒了，'鲁智深'解放了。"[②] 1956 年，毛泽东在《论十大关系》中强调："我们必须搞好汉族和少数民族的关系，巩固各民族的团结，来共同努力于建设伟大的社会主义祖国。"[③] 毛泽东觉察到，宗教界内主要存在的是封建主义与人民大众的矛盾，如果盲目把民族矛盾提升到主要矛盾的地位，则会被反动势力利用，损害广大人民群众的权利，不利于民族团结。在促进各族人民大团结中，不可忽视宗教因素。1957 年，毛泽东在《关于正确处理人民内部矛盾的问题》中强调："国家的统一，人民的团结，国内各民族的团结，这是我们的事业必定要胜利的基本保证。"[④] 同时指出："无论是大汉族主义或者地方民族主义，都不利于各族人民的团结，这是应当克服的一种人民矛盾。"[⑤]

毛泽东认为，要把宗教人士纳入爱国统一战线，在少数民族中开展统一战线工作，要先做好与人民有联系的上层人物和宗教人物的工作，尽量争取他们赞成土改，至少保持中立。对于少数民族宗教寺院的土地、房屋及其他有关宗教信仰和风俗习惯的公共的土地、房屋，原则上基本不动，如群众要求，上层人物和宗教人物同意，可以酌情处理。[⑥] 在毛泽东看来，在一些少数民族地区，宗教的影响相当普遍和深入，如果不做好争取上层人物和宗教人物的工作，就很难进行或者甚至不可能进行群众工作，也不

---

① 《毛泽东文集》第六卷，人民出版社，1999，第 239 页。
② 中共中央文献研究室编《建国以来重要文献选编》第三册，中央文献出版社，1992，第 298 页。
③ 《毛泽东文集》第七卷，人民出版社，1999，第 34 页。
④ 《毛泽东文集》第七卷，第 204 页。
⑤ 《毛泽东文集》第七卷，第 204 页。
⑥ 1954 年 10 月 24 日，中共中央批发全国统战工作会议《关于过去几年内党在少数民族中进行工作的主要经验总结》，http://cpc.people.com.cn/GB/64107/65708/65722/4444804.html。

可能有利于社会秩序的安定。虽然在少数民族地区开展工作需要在宗教中发展和培养一部分进步力量，以便能在长期的努力中，逐渐做到掌握少数民族的宗教。毛泽东强调，不能因为中国共产党对宗教的某些措施扩大了宗教影响，客观上形成对群众进行欺骗的有利条件。毛泽东赞成用马克思主义的观点研究各大宗教，1959 年在同任继愈的谈话中说："宗教问题很重要，要开展研究"；1961 年在同十世班禅的谈话中说："我赞成有些共产主义者研究各种教的经典。"① 不研究宗教就写不好政治史、经济史、哲学史、科学史、文学史，在毛泽东的指示下，1964 年成立了国家级的宗教研究机构世界宗教研究所。

周恩来总理高度重视民族宗教工作，在各种场合强调："我们的政策，是要保护宗教信仰自由"②；"对于各民族的宗教信仰，人民政府和解放军坚持不干涉原则"③；"应该做好宗教工作，正确地执行宗教信仰自由政策，进一步团结一切爱国的宗教徒"④；"不信仰宗教的人和信仰宗教的人都可以合作，信仰不同宗教的人也可以合作。这对我们民族大家庭的团结互助合作是有利的"⑤；"如回教、喇嘛教，它们与民族问题连在一起，尊重宗教也就是尊重其民族，任何不尊重都会引起误会"⑥；"宗教界开展加强团结运动是去腐创新"⑦。1956 年 9 月 15 日，刘少奇在中国共产党第八次全国代表大会上做政治报告强调："对于少数民族的上层人士、宗教界的爱国人士和其他有各种社会影响的爱国人士，我们都应当继续坚持同他们的团结。"⑧ 党的第一代领导集体逐步提炼出宗教具有群众性、民族性、国际性、复杂性、长期性的"五性"特征，经过社会主义初级阶段的改造，基督教、天主教等摆脱同帝国主义的联系，走上自治、自养、自传的道路；佛教、道教、伊斯兰教革除了封建主义剥削制度，民间宗

---

① 罗广武编著《新中国宗教工作大事概览》(1949～1999)，华文出版社，2001，第 223 页。
② 中共中央统战部研究室编《历次全国统战工作会议概况和文献》，档案出版社，1988，第31 页。
③ 《周恩来选集》下卷，人民出版社，1984，第 40 页。
④ 《周恩来统一战线文选》，人民出版社，1984，第 429 页。
⑤ 《周恩来选集》下卷，第 270 页。
⑥ 转引自罗广武编著《新中国宗教工作大事概览》(1949～1999)，第 6 页。
⑦ 《周恩来统一战线文选》，第 181 页。
⑧ 《刘少奇选集》下卷，人民出版社，1985，第 247 页。

教和少数民族传统宗教也焕然一新，迈出了同社会主义社会相适应的步伐。

（二）党的第二代领导集体论宗教与民族团结

1950 年 7 月，时任中共中央西南局第一书记、西南军政委员会副主席的邓小平在重庆发表《关于西南少数民族问题》讲话，指出："我们中华人民共和国是一个多民族的国家，只有在消除民族隔阂的基础上，经过各族人民的共同努力，才能真正形成中华民族美好的大家庭。"[①] 邓小平强调要通过正确的民族工作，消除几千年来遗留下来的民族隔阂，做好民族团结，指出解决中国民族问题应依靠"与中国革命实践相结合的毛泽东思想"。[②] 针对西南地区少数民族众多、宗教信仰复杂的实际，邓小平强调坚持宗教信仰自由政策。

"文化大革命"结束之后，对宗教领域的拨乱反正是整个"拨乱反正"工作的重要组成部分。宗教领域的拨乱反正从全面贯彻宗教信仰自由政策开始，为全国统战、民族、宗教工作部门摘掉"执行投降主义路线"的帽子，为宗教爱国人士平反，落实宗教房产和财产，逐步恢复正常的宗教活动，反对一切破坏民族团结的言论和行为。党的十一届三中全会以来，随着改革开放的逐步深入，有中国特色的社会主义事业取得了举世瞩目的伟大成就，马克思主义同中国的具体实践进一步结合并取得巨大发展，邓小平理论的伟大旗帜高高举起。邓小平从新时期的国情出发，将马克思主义宗教观同具体的宗教国情结合起来，正确认识和处理我国社会主义初级阶段的宗教问题。

1979 年，邓小平在政协五届二次会议开幕式上说，我国"各民族的不同宗教的爱国人士有了很大的进步"。[③] 1979 年 10 月，邓小平会见格林率领的英国知名人士代表团并接受电视采访时说："宗教信仰自由涉及民族政策，特别是我们中国，一般都是少数民族在宗教信仰方面问题最多。我

---

① 《邓小平文选》第一卷，人民出版社，1994，第 162 页。
② 《邓小平文选》第一卷，第 162 页。
③ 《邓小平文选》第二卷，人民出版社，1994，第 186 页。

们要实行正确的民族政策，必须实行宗教信仰自由。"① 1980 年 8 月，邓小平在与十世班禅的谈话中强调："对于宗教，不能用行政命令的办法，但宗教方面也不能搞狂热，否则同社会主义、同人民利益相违背。"②

　　1981 年中共中央通过的《中国共产党中央委员会关于建国以来党的若干历史问题的决议》（以下简称《决议》）指出："改善和发展社会主义的民族关系，加强民族团结，对于我们这个多民族国家具有重大意义。在民族问题上，过去特别是在'文化大革命'中，我们犯过阶级斗争扩大化的严重错误，伤害了许多少数民族干部和群众。"《决议》要求全党同志牢记沉痛教训，坚持民族区域自治制度，全面贯彻执行宗教信仰自由政策。《决议》指出："坚持四项基本原则并不是要求宗教信徒放弃他们的宗教信仰，只是要求他们不得进行反对马列主义、毛泽东思想的宣传，要求宗教不干预政治和教育。"③ 1982 年 9 月 1 日，胡耀邦向党的第十二次全国代表大会所做报告中指出："民族团结、民族平等和各民族的共同繁荣，对于我们这个多民族的国家来说，是一个关系到国家命运的重大问题。"④ 1982 年 9 月 20 日，胡耀邦在四川凉山彝族自治州视察时强调："要爱护团结，要保护团结。团结高于一切，团结是搞好一切工作的前提。"

　　1982 年制定的《关于我国社会主义时期宗教问题的基本观点和基本政策》（中央 19 号文件）中对宗教信仰自由政策做出进一步解释："每个公民既有信仰宗教的自由，也有不信仰宗教的自由；在同一宗教里面，有信仰这个教派的自由，也有信仰那个教派的自由；有过去不信教而现在信教的自由，也有过去信教而现在不信教的自由。"⑤ 中央 19 号文件还强调，信教群众和不信教群众在思想信仰上的差异是比较次要的差异，如果片面强调这个差异，甚至提到首要地位，就会忘记党的基本任务是团结全体人

---

① 中共中央文献研究室编《邓小平思想年谱》（1975~1997），中央文献出版社，1998，第 134 页。

② 中共中央文献研究室编《邓小平思想年谱》（1975~1997），第 167 页。

③ 中央文献研究室编《关于建国以来党的若干历史问题的决议》（注释本），人民出版社，1983，第 66~67 页。

④ 中央文献研究室编《十二大以来重要文献选编》上册，人民出版社，1986，第 35~36 页。

⑤ 《关于我国社会主义时期宗教问题的基本观点和基本政策》，收入中共中央文献研究室综合研究组等编《新时期宗教工作文献选编》，宗教文化出版社，1995，第 59 页。

民为建设现代化的社会主义强国而共同奋斗。宗教信仰自由政策是为了团结不同民族、不同宗教信仰的所有人民，投入到社会建设当中。[①] 中央19号文件反思了"文化大革命"期间"把某些少数民族的风俗习惯也视为宗教迷信而强行禁止的行为，个别地方甚至镇压信教群众，破坏民族团结"的历史教训，明确指出，宗教问题是关系民族团结的问题，"争取、团结和教育宗教界人士首先是各种宗教职业人员，是党对宗教工作的重要内容，也是贯彻执行党的宗教政策的极其重要的前提条件"。[②] 可以说，要发挥宗教促进民族团结的作用，首先要团结宗教人士。

1984年4月1日中央批准印发的《西藏工作座谈会纪要》（1984年3月28日）体现了党的第二代领导集体实事求是，灵活运用马列主义、毛泽东思想、邓小平理论，充分认识喇嘛教（藏传佛教）对藏族群众具有长期的、深刻的影响，落实党的民族宗教政策。[③] 党的第二代领导集体高度重视宗教工作，强调要加强对宗教人士的爱国守法教育，保证宗教职业者从事正常宗教活动的合法权益；对于一些有危害的教规陋习，要逐步加以改革，要积极引导和支持宗教界人士举办一些社会公益事业和服务事业。

党的第二代领导集体始终以辩证的态度看待宗教在少数民族地区的作用，注重发挥宗教促进民族团结的积极功能，为形成新型民族关系和宗教关系奠定了坚实基础。

（三）党的第三代领导集体论宗教与民族团结

党的十三届四中全会以来，以江泽民同志为核心的党的第三代领导集体，根据新的国际形势和民族宗教形势，在处理民族和宗教问题的实践中，提出了一系列指导民族宗教工作的方针政策，形成了具有中国特色的、适合中国国情的民族宗教理论。

1990年12月7日，江泽民在《一定要做好宗教工作》的讲话中指出：

---

① 《关于我国社会主义时期宗教问题的基本观点和基本政策》，收入中共中央文献研究室综合研究组等编《新时期宗教工作文献选编》，第60页。

② 《关于我国社会主义时期宗教问题的基本观点和基本政策》，收入中共中央文献研究室综合研究组等编《新时期宗教工作文献选编》，第61页。

③ 《西藏工作座谈会纪要（节录）》，收入中共中央文献研究室综合研究组等编《新时期宗教工作文献选编》，第108~111页。

"宗教工作总的形势是好的，成绩是显著的，近几年，我们通过贯彻党的各项宗教政策，团结了宗教界的爱国人士和广大信教群众，扩大了爱国统一战线，维护了社会稳定和民族团结……但是，我们也要足够地重视存在的问题。必须看到，境外敌对势力确实在利用宗教对我们进行渗透活动，民族分裂主义分子不断利用宗教煽动骚乱闹事，国内一些不法分子利用宗教搞破坏活动，在一些地方形成一些不安定因素。"[1] 在 1992 年 1 月 14 日至 18 日召开的中央民族工作会议上，江泽民讲话指出："民族问题在一些地方往往同宗教问题交织在一起，如果对宗教问题处理不慎或不当，也会影响民族关系甚至酿成冲突。"[2] 在新形势下，党的第三代领导集体认真总结我国民族宗教工作经验，在马克思主义宗教观指导下，采取有效措施解决现实问题。

我国是一个统一的多民族的社会主义国家，必须不断加强各族人民的平等互助、团结合作，促进各民族共同繁荣。在 1993 年 11 月 3 日至 7 日召开的全国统战工作会议上，江泽民对民族问题和宗教问题做了阐述，号召 "全党都要充分认识民族问题的长期性、复杂性和重要性，高度重视民族工作和宗教工作"。[3]

在 2001 年 12 月 10 日召开的全国宗教工作会议上，江泽民提出新世纪初宗教工作的基本任务包括："全面贯彻党的宗教信仰自由政策，依法管理宗教事务，积极引导宗教与社会主义社会相适应，坚持独立自主自办的原则，巩固和发展党同宗教界的爱国统一战线，维护稳定，增进团结。"[4] 江泽民强调："积极引导宗教与社会主义社会适应，不是要求宗教界人士和信教群众放弃宗教信仰，而是要求他们热爱祖国，拥护社会主义制度，拥护中国共产党的领导，遵守国家的法律法规和方针政策；要求他们从事的宗教活动要服从和服务于国家的最高利益和民族的整体利益；支持他们努力对宗教教义作出符合社会进步要求的阐释；支持他们同各族人民一道

---

① 《一定要做好宗教工作》，收入中共中央文献研究室综合研究组等编《新时期宗教工作文献选编》，第 198 页。
② 《江泽民文选》第一卷，人民出版社，2006，第 182 页。
③ 中央统战部网站，1993 年 11 月 3 日，《中共中央在北京召开了第十八次全国统战工作会议》，http://cpc. people. com. cn/GB/64162/64165/72301/72304/4981192. html。
④ 《江泽民文选》第三卷，人民出版社，2006，第 382 页。

反对一切利用宗教进行危害社会主义祖国和人民利益的非法活动，为民族团结、社会发展和祖国统一多作贡献。"①

为依法管理宗教，20 世纪 90 年代颁布的与宗教有关的全国性法规主要有：1991 年国务院宗教事务局、民政部联合下发的《宗教社会团体登记管理实施办法》，1994 年颁布的《中华人民共和国境内外国人宗教活动管理规定》，1994 年国务院宗教事务局颁布的《宗教活动场所登记办法》，1996 年颁布的《宗教活动场所年度检查办法》，1998 年颁布的《宗教院校聘用外籍专业人员办法》，2000 年颁布的《中华人民共和国境内外国人宗教活动管理规定实施细则》等，各省级行政区也相应制定宗教事务管理的法规。上述法律法规为制定《宗教事务条例》积累了有益经验，对宗教工作法治化做出了积极贡献。

宗教问题与民族问题往往交织在一起，在宗教工作中，维护民族团结是一个重要目标。江泽民指出："我们必须正确认识和解决民族问题、宗教问题，维护和加强各民族的团结、社会的稳定和祖国的统一。"② 1992年，李鹏在中央民族工作会议闭幕会上讲话说："在处理宗教问题时，要着眼于民族的发展和进步，共同致力于社会主义建设。"③ 1996 年，李瑞环在《同全国宗教团体负责人座谈时的谈话》强调："任何宗教都要维护法律尊严，维护人民利益，维护民族团结，维护国家统一。"④ 同时，李瑞环还强调："对民族、宗教纠纷要尽可能解决在萌芽状态，宜解不宜结，宜疏不宜阻，宜散不宜聚。"⑤ 2001 年 12 月 12 日朱镕基在全国宗教工作会议闭幕式上强调，做好少数民族中的宗教工作，既要加强聚居区的工作，又要重视散居区的工作；要在宗教界人士和信教群众中深入开展爱国主义教育，进一步树立民族自尊心和自豪感，增强维护国家和民族最高利益的责任感和自觉性，坚定宗教界独立自主自办的决心。⑥ 2001 年，司马义·

---

① 《江泽民文选》第三卷，第 387 页。
② 《江泽民文选》第三卷，第 381 页。
③ 李鹏：《在中央民族工作会议闭幕会上的讲话》，载国家民族事务委员会等编《民族工作文献选编》（1990～2002 年），中央文献出版社，2003，第 51 页。
④ 李瑞环：《看法与说法》第二册，中国人民大学出版社，2013，第 500 页。
⑤ 李瑞环：《看法与说法》第二册，第 502 页。
⑥ 东方网，2001 年 12 月 12 日，《朱镕基：要坚持不懈地抓紧抓好宗教工作》，http：//news. eastday. com/epublish/gb/paper148/20011212/class014800018/hwz557299. htm。

艾买提强调："处理好民族地区的宗教问题，对国家的稳定和统一，对民族的团结和进步，都有着极其重要的意义。……把宗教活动纳入法律、法规和政策的范围，引导宗教界人士和广大信教群众把注意力集中到发展民族经济文化事业、促进民族团结和进步上来。"①

以江泽民为核心的第三代领导集体，在马列主义、毛泽东思想、邓小平理论的基础上，发展了马克思主义的宗教观，对中国特色社会主义宗教理论做出重大创新。

（四）胡锦涛和习近平论宗教与民族团结

以胡锦涛为核心的中央领导集体，从建设有中国特色的社会主义的实践出发，以马克思主义不断创新的理论勇气，确定了各民族共同团结奋斗、共同繁荣发展的民族工作主题，强调促进民族团结、实现共同进步是民族工作的根本任务，形成了一系列新的理论成果。

胡锦涛强调："不断推进我国民族团结进步事业，是我们党立党为公、执政为民的根本要求，也是我国各族人民的光荣职责"②；"全面贯彻党的民族政策、宗教政策，认真做好党的民族工作、宗教工作，巩固和发展平等、团结、互助的社会主义民族关系"③。在党的十七大报告中，胡锦涛强调："促进政党关系、民族关系、宗教关系、阶层关系、海内外同胞关系的和谐，对于增进团结、凝聚力量具有不可替代的作用。"④

十八大以来，习近平总书记的一系列讲话精神，以及2014年9月召开的中央民族工作会议暨国务院第六次全国民族团结进步表彰大会和2016年4月召开的全国宗教工作会议，将民族团结工作提到新的高度，对我们做好民族宗教工作、引导宗教和谐进而促进民族团结指明了思路。习近平在2014年中

---

① 司马义·艾买提：《适应新形势的要求，开创宗教工作的新局面》，收入中共中央文献研究室综合研究组等编《新时期宗教工作文献选编》，第270页。

② 胡锦涛：《在中央民族工作会议暨国务院第四次全国民族团结进步表彰大会上的讲话》，《人民日报》，2005年5月28日，第1版。

③ 胡锦涛：《在省部级主要领导干部提高构建社会主义和谐社会能力专题研讨班上的讲话》，《人民日报》，2005年6月27日，第1版。

④ 胡锦涛：《高举中国特色社会主义伟大旗帜，为夺取全面建设小康社会新胜利而奋斗——在中国共产党第十七次全国代表大会上的报告》，《解放军报》2007年10月25日，第1版。

央民族工作会议上的讲话指出："解决好民族问题，物质方面的问题要解决好，精神方面的问题也要解决好。要旗帜鲜明地反对各种错误思想观念，增强各族干部群众识别大是大非、抵御国外敌对势力思想渗透的能力。"[①] 毫无疑问，可以将宗教问题归结为"精神方面的问题"，且是其中的重要问题，尤其是宗教极端主义思潮蔓延和宗教渗透问题，更应引起高度重视。2014年5月28日至29日，第二次中央新疆工作座谈会在北京举行，习近平发表重要讲话，强调"民族团结是各族人民的生命线"。[②]《习近平总书记系列重要讲话读本》指出："加强中华民族大团结，长远和根本的是增强文化认同，建设各民族共有精神家园，积极培养中华民族共同体意识"；"做好民族工作，最关键的是搞好民族团结，最管用的是争取人心。"[③]

2015年1月，习近平总书记到云南考察，高度评价："云南民族关系亲密融洽，云南民族工作成绩突出，这是最可宝贵的财富"，要求云南努力成为我国民族团结进步示范区。当前，云南各族人民正在党的领导下，全面建成小康社会，云南的多民族多宗教和谐相处的局面将持续呈现。正是在中国特色社会主义宗教理论和马克思主义宗教观的指引下，党和政府经过大量工作，使云南的民族宗教关系进入了新的阶段。

综上所述，随着中国共产党对于民族宗教认识的不断深化，党的民族宗教工作更加成熟。中国共产党仍将与时俱进地开展民族宗教工作，不断丰富和发展马克思主义的宗教观，持续推动宗教和谐与民族团结。

二　改革开放前党在云南的民族工作

（一）1949 年之前云南党组织的民族工作

作为中国共产党的早期党员，云南剑川白族张伯简、洱源白族施滉、

---

① 《新形势下民族工作纲领性文献——学习中央民族工作会议习近平总书记讲话》，《人民日报》，2014 年 9 月 30 日，第 1 版。

② 光明网，2014 年 5 月 30 日，《习近平：民族团结是各族人民的生命线》，http://www.gmw.cn/sixiang/2014 – 05/30/content_ 11474497. htm。

③ 中共中央宣传部编《习近平总书记系列重要讲话读本》，学习出版社，人民出版社，2016，第 179 页。

大理白族周保中等一批少数民族党员，对党的事业做出重要贡献。1926 年
11 月，云南地方党组织成立，一开始就比较重视边疆民族地区的工作。
1927 年 12 月，中国共产党云南临时省委制定了《少数民族问题大纲》，提
出"少数民族与汉族在政治上、经济上有平等地位；要改进少数民族的经
济地位，发展赞助少数民族文化的独立"。① 时任云南临时省委书记的王德
三化名"齐人"，编写的《苗夷三字经》在云南农村尤其是少数民族地区
广为流传。《苗夷三字经》分夷族本源、汉人压制夷亲情形、汉人压夷亲
变成田主压小家、苗亲夷亲怎个才有好日子过、做些哪样、怎个做法等六
部分内容，用三字经的通俗方式生动的宣传民族平等思想，号召少数民族
群众团结起来进行斗争。"大家联合大家干，只有团结是力量。麻线织布
缝衣裳，草凑一处盖成房……武装暴动，敌人消灭才中用。军阀官场概推
翻，豪绅田主尽杀完。代表会，细把田地来分配。世道从此得太平，夷汉
从此扯得平。"② 同一时期，时任中共云南省委特委书记的赵祚传也编写了
一本《农民四字经》，在滇西各族群众中宣传党的民族政策。1928 年 10 月
13 日至 14 日，中国共产党云南省第一次代表大会就在少数民族群众基础
较好的蒙自查尼皮村（彝语意为"不引人注目的地方）召开。此后两年，
云南党组织遭到破坏，党在云南的民族工作一度停止。

　　1935 年 11 月，云南党组织恢复重建，一批白族、纳西族、回族党员
迅速成长起来。此后，党积极在少数民族地区开展工作，宣传党的政策方
针，培养少数民族党员，团结民族人士，推动抗日救亡运动。云南普洱籍
共产党员李晓村长期潜伏在边疆少数民族地区，逐渐通晓拉祜语、傣族、
佤语，同少数民族群众感情深厚。由于获得少数民族群众信任，在民族地
区活动的共产党员经常受邀调解少数民族内部的矛盾冲突。例如，李晓村
在孟连县大河，解救了生出双胞胎、被诬蔑为琵琶鬼的哈尼族妇女，在群
众中树立了威望。20 世纪初期就到澜沧佤族、拉祜族传教的美国传教士永
伟理、永文生、永享乐父子通过创立民族文字、开设教会学校向佤族、拉

---

① 云南省新闻出版局、中共云南省委党史研究室编《新民主主义革命时期云南革命出版史
料选编》，云南人民出版社，1994，第 2 页。
② 云南省新闻出版局、中共云南省委党史研究室编《新民主主义革命时期云南革命出版史
料选编》，第 67~68 页。

祜族群众传播帝国主义思想，李晓村、傅晓楼等中共党员发动群众抗议其文化侵略，致使地方政府要求教会学校必须使用国民教科书作为教材，并派李晓村担任教员。李晓村探知永享乐偷运西盟新厂银矿石到缅甸仰光化验，及时揭发了他们霸占银矿的企图，发动群众将永享乐驱逐。1936年冬天，李晓村组织发动勐梭附近1.5万余名佤族、拉祜族群众，以"拜年"的名义向英方勘界委员示威，最终保住了西盟、勐梭领土。① 受共产党员江枕石、傅晓楼等人影响，曾参加过1934年班洪抗英保矿战斗的景谷县爱国士绅罗正明，利用社会关系深入阿佤山区，通过与佤族头人在佛寺喝咒水、剽牛盟誓等方式同"十七王"② 结盟，组建了抗日武装，并于1945年3月收复中缅南段未定界阿佤山区。1946年初，罗正明等领导的阿佤山游击队还在图糯山打败牧师永享乐带来的英国军队。

在解放战争时期，云南地方党组织在少数民族地区建立武装根据地，有力地配合了云南和平解放。一些少数民族参加革命队伍，他们的宗教信仰得到尊重。边纵的藏族骑兵大队，仍然可以"按习俗念经，戴护身符，伤亡按藏族习俗办理"。③ 有的队伍还成立回族排，尊重回族战士的宗教信仰和生活习惯。为宣传党的民族宗教政策，中共滇西工委在1949年8月1日发布《告滇西少数民族同胞书》，提出十条声明，第一条就是"尊重少数民族的风俗、习惯、语言、文字、宗教信仰"，第六条提出"我们竭诚愿意协助少数民族的广大人民及其领袖，争取各民族在政治上、经济上、文化上的解放与发展，实行民族自治"，第十条则是"希望各少数民族互相尊重，友谊团结，在我党领导之下，参加解放事业，解放自己，解放全中国人民，建立中华人民民主共和国"。④ 云南地方党组织在毛泽东和中央有关文件精神指引下，根据云南实际情况制定的民族宗教政策，有力地配

① 中共景谷傣族彝族自治县委党史征研室编《澜沧江两岸的烽火·解放战争时期》，云南人民出版社，1996，第450页。
② 过去人们泛称澜沧、沧源一带十七个佤族部落的首领为"十七王"，这十七部落分别是：敢赛、光宗、灭烈、霞勒、芒国、木列、塔田、绍兴、芒回、贺勐、公鸡、戛细、绍帕、班老、瓦冷、瓦真、山通。
③ 云南省新闻出版局、中共云南省委党史研究室编《新民主主义革命时期云南革命出版史料选编》，第22页。
④ 中共大理丽江保山怒江迪庆德宏地州委党史办公室编《中共滇西工委西北地委史料选编》上册，德宏民族出版社，1988，第60~61页。

合了云南解放战争。

云南地方党组织成立过专门的民族工作队，开展团结少数民族群众的工作。例如，罗平县党组织针对当地民族众多的实际，提出"沙汉一家""彝汉一家"口号，发展少数民族党员，开办民族培训班，于 1949 年 6 月成立民族武装工作团，因为主要针对"沙人"① 开展工作，又称"沙人工作团"。同时，也对罗平的白云庵、观音阁、玉皇阁、朝忠寺、三教寺、火神庙、财神庙等佛道教场所的和尚、尼姑、道士进行了宣传教育工作。②

（二）1950～1966 年党在云南的民族工作

1. 民族访问团和民族工作队

1950 年 6 月，中央人民政府派出民族访问团慰问全国各少数民族，旨在宣传党的民族政策，消除民族隔阂，疏通民族关系，促进民族团结。毛泽东要求："凡有少数民族存在的地方，都要派出懂民族政策、对于仍然被歧视受痛苦的少数民族同胞怀抱着满腔同情心的同志，率领访问团，前往访问，认真调查研究，帮助当地党政组织发现问题和解决问题，而不是走马观花的访问。"③ 其中，由夏康农、王连芳为正副团长以及著名学者费孝通等人参加的中央访问团第二分团来到云南。民族访问团出发前，毛泽东亲切接见代表团成员，并题词："中华人民共和国各民族团结起来！"朱德题词："全国各民族亲密团结起来，为建设独立、民主、和平、统一、繁荣、富强的新中国而奋斗！"周恩来题词："中华人民共和国境内各民族一律平等，团结互助反对帝国主义和人民公敌，实行少数民族的区域自治和人民自卫，尊重民族宗教信仰和风俗习惯，发展经济文化，使中华人民共和国成为各民族友爱合作的大家庭。"刘少奇题词："过去汉族的统治阶级是压迫国内各少数民族的，但是中华人民共和国必须帮助各少数民族的人民大众发展其政治、经济、文化、教育的建设事业。"④ 中央领导人的题

---

① 经民族识别，"沙人"确定为布依族的支系。
② 中共曲靖地委史志工作委员会编《曲靖党史资料》第三辑，昆明陆军学院印刷厂，1988，第 44～45 页。
③ 《毛泽东文集》第六卷，人民出版社，1999，第 269 页。
④ 根据《云南民族工作回忆录》扉页照片整理题词。

词将民族团结提高到前所未有的高度，"团结"成为当时民族工作中使用最多、目标最高、分量最大的词语。

民族团结，首先是各民族同中国共产党的精诚团结，其次是各民族之间的大团结。历史上，大汉族主义和地方民族主义对各族群众造成伤害，在党的领导下开展民族工作，能够彻底消除历史遗留的民族隔阂，建立民族平等、民族团结的新型民族关系。中央访问团出发之前，周恩来总理修改制定了民族工作必须坚持的四条原则：一是准备受冷淡，二是决心赔不是，三是一切听人家，四是不管曲直是非先做自我批评和检讨。[①] 上述原则成为新中国成立后党在云南少数民族地区开展工作的行动指南。党中央提出边疆民族工作的方针是"团结、生产、慎重、稳进"，云南省委确定的方针是"团结、生产、进步"，具体则表现为"交朋友、做好事"。从社会学角度看，"交朋友、做好事"是打通从社会行动到个人情感的环节，其实质是一种社会交换。借助我方的真诚付出，以我所做的"好事"，换取对方将我作为朋友的回报。我们主要以云南民族工作为案例，分析党的民族宗教政策如何推动民族团结，着重阐述云南民族宗教与民族团结之间的关系。

最开始，中国共产党在边疆少数民族群众心目中的形象是通过道听途说的消息建构出来的。没有接触过共产党的边疆少数民族群众，主要依靠对汉人的传统认识和民族上层人士的言论推断党的形象，敌人散播的谣言严重扭曲抹黑了党的形象。有些人说："土司头人是石头，工作队是水，水落石头出。"如果对仍然拥有群众基础的民族上层人士和宗教上层人士采取极端措施，则过犹不及，不利于维护民族团结。在一些群众看来，尊不尊重其代表人物，是尊不尊重其民族的衡量标准。1953 年，西南军区政治部总结民族工作经验时说："少数民族的上层分子，虽然有与少数民族人民存在矛盾的一面，但是由于过去长期受大汉族主义的压迫及宗教关系的影响，在本民族群众中大多数是有很大影响和威望的。因此，必须十分重视争取团结少数民族的中上层人物。争取团结上层，正是为了团结广大

---

① 光明新闻，1998 年 2 月 28 日，《"准备受冷淡决心赔不是"》，http：//www.gmw.cn/01gmrb/1998 - 02/28/GB/17617%5EGM8 - 2810. HTM。

群众，二者是统一的，不是矛盾的。"①

从1952年5月开始，云南省委向西双版纳、德宏、临沧等边疆民族地区派驻工作队，宣传党的民族宗教政策，帮助少数民族群众发展生产。每到一处，工作队总会奉上盐巴、茶叶、布匹等礼物，在当时是少数民族群众急需的物品。同时，民族工作队身体力行、情感先行，帮助少数民族群众进行生产，从事砍柴、挑水、煮饭、耕田等日常劳动，通过帮助群众如治病救灾，以及促进公共利益的好事如修桥补路等，消除少数民族同党和政府的隔阂，树立"新汉人""好政府"的形象，少数民族群众从内心深处认识到"共产党好""毛主席好"。

当时，民族工作队同时担负协助建立政权的任务，从事一些基层行政工作，扮演宣传队、生产队、工作队、战斗队、教导队等多重角色，其"做好事、交朋友"的范围非常广泛。凡是有益于群众的事情都属于好事，凡是能够团结的人都是潜在的朋友。所以"做好事、交朋友"不必高、大、上，日常生活中的琐事也能表达友好感情。做好事主要包括参加劳动、防病治病、发放救济等；交朋友则有针对性和选择性，特别注意其阶层和代表性。民族工作队做的好事多与群众切身利益有关，如改善当地医疗卫生条件等，对于少数民族社会发展富有建设性。交朋友的范围更加广泛，当时规定每个工作队员都要交两三个朋友，通过朋友再去交朋友，与群众打成一片。当然，坏人则在打击之列。交朋友是做好事的结果，做好事是交朋友的前提，二者相辅相成，为工作队打开了一片广阔天地。

民族工作队义务帮助少数民族群众耕田、播种、收割，免费为少数民族群众理发、治病，这些服务或劳动有助于消除民族隔阂，建立同少数民族群众血肉联系的感情，树立党和政府全心全意为人民服务的形象，打开边疆民族地区的工作局面，进而维护民族团结。劳动在本质上属于身体行为，艰苦劳动需要付出汗水，义务帮助他人劳动，是表示友好、传递友谊的象征，主动为他人劳动有助于沟通情感。劳动不仅创造经济价值，也具有社会价值和情感价值。有些宗教禁忌与劳动有关，例如，基督教中守安息日为礼拜日，当天不参加劳动；云南一些少数民族在重大节日或重要人

① 昆明军区政治部编《昆明军区群众工作史》，1985，第16页。

物去世时，都要停止劳动一天。历史上，有的民族存在以劳动换妻子的风俗，女方不收男方彩礼，但男方必须为女方无偿劳动一段时间。总之，劳动是表达情感的一种身体化的社会方式，是确立人际关系的一种社会手段。民族工作队开展的义务劳动取得了团结少数民族的效果。

2. 民族工作与宗教工作的交织

当时，云南边疆民族地区的宗教关系还是影响民族关系的重要因素。宗教与社会阶层分化密切相关，部分掌握政治资源和文化资源的高级宗教人士成为民族上层。同样，有些民族上层人士在宗教仪式中也扮演主祭人的角色，反过来，宗教也为民族上层人士赋予了神圣色彩。云南少数民族宗教信仰具有较强的集体性和地域性，有时宗教领袖或者民族领袖如果不参加特定的宗教仪式，该仪式就没有宗教效力。例如，过去西双版纳傣族在过开门节和关门节时，要举行头人和百姓一起参加的祭祀仪式，且强调头人不能缺席。民族介入宗教，或宗教介入民族，使得民族政治人物与宗教人物高度重叠。所以，民族访问团和民族工作队进入云南之后，特别强调团结民族和宗教上层人士对于民族团结的重要性。在对云南民族地区实际情况认真调研的基础上制定的政策，将云南各县市划分为边疆县、内地县和缓冲区，土地改革在不同区域内采取不同措施。

因为联系广大群众，又因为历史形成的传统习惯，云南和平解放初期，一些民族宗教人士在边疆少数民族中间具有较高威望，有些少数民族群众对其头人奉若神明。例如，过去耿马傣族称民族上层人士为"滚姐金"，意为"只会说不会做的人"，这与汉字"君"的原意不谋而合。民主改革之前，西双版纳傣族社会实行领主制度，最高首领被称为"召片领"，意为"广大土地的主人"，傣族常说"南召领召"，意即水和土都是领主的，即使不耕种领主土地的人，也要买水吃、买路走、买地住，死后埋葬也要"买土盖脸"。有些寨子负责为土司削牙签、割马草等专门工作，因此西双版纳有许多以专门化劳动命名的寨子。云南西双版纳、德宏等地一些少数民族群众和民族上层人士存在人身依附关系，土司称百姓为"我的子民"。从社会网络的角度看，民族群众甚至不占据"位置"，几乎完全被民族上层人士覆盖了。有些民族上层人士通过其传统权威，严禁百姓同民族工作队接触，企图阻碍民族改革，保持旧有制度。一些民族上层人士通过主持宗教仪式，建立了"克里斯玛"权威。所以，一开始不明真相的少数民族群众宁愿信任头人，也不愿信任贴有汉人标签的民族工作队员。民族上层人士虽然在民族人口中占少数，但他们能联系大多数群众，争取民族上层人士的支持，还可以构建梯级联系网络，强化彼此联系。

例如，曾经担任怒江傈僳族自治州第一任州长的裴阿欠，出生于基督教家庭。裴阿欠的叔父是福贡县金秀谷村的第一任甲长，同时也是基督教会的执事。新中国成立前，裴阿欠本人也是基督教会的领袖，同时担任金秀谷村的保长、嘉禾乡乡长。民族宗教领域的权威人物，往往具有广泛的社会联系和交际网络。孟子说："为政不难，不得罪于巨室。巨室之所慕，天下慕之。"[①] 当时，有人就是用这句话提醒共产党的地方领导团结少数民族上层人士。将民族上层人士吸引团结过来，能够稳定和带动一大批群众。后来，裴阿欠因为茶树明暴乱事件蒙受不白之冤，被扣上"裴、霜反革命集团"的帽子，该案牵扯的有 900 多人，其中少数民族人士占到 2/3。改革开放之后，党和政府为裴阿欠平反，恢复他的名誉。

作为一种特殊的人群共同体，宗教具有较强的动员能力和团结能力。对于信仰者来说，宗教风俗习惯再熟悉不过了，而对于外人而言却非常陌生。宗教赋予神圣性的事物，在外人看来可能普通得不能再普通，但在这种情况下，外人经常一不小心就触碰宗教禁忌。例如，从雪山上流下穿村而过的清泉，藏族群众视之为圣水，而外来者会在里面洗衣洗菜；彝族山林中的"神树"枯朽之后，也不能触碰，而外来者则会抱回烧火。麻栗坡彝族支系俫人在树林中栽有象征生命的"灵树"，树上挂竹筒或树脚立三块石头作为标记，在农历八月择吉祭祀。老人临死时，砍伐灵树做棺材，平时严禁任何人砍伐。这些信仰知识的差异和信仰背景的不同，很容易造成误解。外来人也没有本土的宗教忌讳，如谁烧了神树谁家不吉利等。这些日常生活中的禁忌与民族自尊心相连，成为尊不尊重少数民族的直接表现，一旦触碰很容易引起冲突。可以说，民族宗教是一种典型的地方性知识，是一种具有信仰和神圣禁忌的地方性文化。

对于民族工作而言，宗教信仰和风俗习惯既可能是绊脚石，也可能是

---

① （清）焦循：《孟子正义》，《诸子集成》第一册，中华书局，2006，第 290～291 页。

敲门砖，问题的关键在于我们对其的态度是尊重还是歧视。无论是政策制定还是日常交流，党和政府能尊重少数民族的风俗习惯，进而借助宗教促进了民族团结。在福贡县傈僳族地区，民族工作队主动避开教徒聚会的周三、周六、周日，在其他时间开会办事，赢得信教群众赞誉，缓和了教徒同工作队的紧张关系。又如，傈僳族村寨中死了人，当天禁止下地劳动；平时也忌讳拄着拐棍进屋，禁止横抱小孩，禁止碰触火塘中的三脚架；也不能说粪便、放屁一类的词。如果当众谈论忌讳话语，或者触碰宗教禁忌，很可能引起冲突，怒江地区就发生过因为在别人庄稼地里解大便而打官司的事情。①

民族工作队通过政策宣传和实际示范，逐步改变了少数民族的落后生产生活习俗。例如，一些少数民族群众放弃农家粪"脏""污染神灵"之类的传统观念，也逐渐放弃了程序烦琐的农业祭祀仪式，接受了现代农业生产技术，使用化肥、农家粪的田地，粮食产量明显高于不使用的田地。在阻力较大的民族地区，党和政府重视培养本民族的积极分子，作为推进"爱国、团结、生产"的中坚力量，团结广大群众的骨干人物，进而以点带面，移风易俗。经过时间推移和空间拓展，党和政府构建起民族团结的强大网络，使云南民族关系进入全新历史时期。少数民族群众通过新旧对比，赋予民族工作队专做好事、维护民族团结"红色汉人""新汉人"的形象，以区别过去的专做坏事、制造民族隔阂的"黑色汉人""旧汉人"。在怒江地区，民族医疗队救活了滚落山坡跌伤的傈僳族小孩，父亲将孩子取名为"共产咱"，意思是共产党的孩子。

宗教在民族团结的过程中，可以形成话语权、行动权、论证权、解释权等多种权力，这些权力可以相互建构、相互生成。在浓厚的宗教文化氛围中，打开工作局面的关键在于如何将信任关系转化为信仰关系，同时也将信仰关系转化为信任关系。其做法在于求同存异，构建汉族与少数民族的同胞或命运共同体关系，并升华相应的民族宗教感情。消除民族隔阂迈出的第一步，也是最难的一步，在于如何使民族之间相互信任。弗朗西

① 福贡县政协文史资料委员会编《福贡文史资料选辑》第七辑，昆明新闻印刷厂，1997，第37页。

斯·福山认为，"所谓信任，是在一个社团之中，成员对彼此常态、诚实、合作行为的期待，基础是社团成员共同拥有的规范，以及个体隶属于那个社团的角色"。① 福山所说的规范，既包括深层次的价值观，如关于神祇或关于正义本质的看法；也可能包含世俗的规范，如专业标准和约束行为的法律，无论如何都要使人们坚信，对方不会伤害我们，不会危害我们的利益。具有道德共识、高度信任度的团体，被福山称为"道德性社团"，社团成员基于先天的道德共识、共同的伦理价值而产生相互信任，也是社团能够形成的重要基础。"信任本身不是一种德行，而是德行的副产品"②；"当人们拥有共同的诚实和相互关系标准时，就会产生信任，这样人们便可相互协作"。③ 所以信任有助于人们形成团结关系，完成共同的目标任务。"在现代社会中，机关等级森严的宗教正在走向衰落，但它在很久以前确立的文化模式，对于构建当代信任关系仍然起着决定性作用。"④ 宗教有助于在陌生人之间建构一种神圣的监督情境，产生一种公共信任。有些宗教信徒实际上成为贴着特殊道德标签的人群，容易赢得人们信任。在韦伯看来，中国是一个社会信任度极低的社会。与信任相对应的是疑忌，在民族隔阂严重的情况下，疑忌普遍存在。一旦信任非人，轻则损失钱财，重则搭上身家性命，其代价非常之高，结果就是或者不相往来，或者采取防范措施。云南历史上普遍存在的盟誓现象，就是希望借助神灵来监督而构建人际信任。盟誓双方相信，违背誓言者将遭受"天谴"。宗教仪式有助于消解互不信任产生的猜疑，进而培育信任感和交往网络，逐步促进民族团结。民族团结显然可以增加社会资本，双方通过制度化的相互熟悉和认可关系，增加共同享有的资源。信任能够减少社会的运行成本，是一种宝贵的社会资本，通常可以经由宗教信仰、文化传统、风俗习惯等建立。

---

① 〔美〕弗朗西斯·福山：《信任：社会道德与繁荣的创造》，李婉容译，远方出版社，1998，第35页。
② 〔美〕弗朗西斯·福山：《大分裂——人类本性与社会秩序的重建》，刘榜离等译，中国社会科学出版社，2002，第62页。
③ 〔美〕弗朗西斯·福山：《大分裂——人类本性与社会秩序的重建》第58页。
④ 〔美〕弗朗西斯·福山：《大分裂——人类本性与社会秩序的重建》，第303页。

3. 逐步巩固民族团结局面

同陌生人交往一般先要找到关键人员作为联系中介，连接并通过关系网络中的结构洞。所谓结构洞，是指两个行动者之间关系缺失所形成的一种网络状态。其一，是在由一定数量的行动者所构成的网络中，某两个行动者之间不存在联系或者关系而形成的关系空缺状态；其二，是指两个网络之间的关系空缺状态。① 无论是哪种空缺状态，都会使社会发生缺隙。宗教人士或者宗教仪式有时可以作为沟通陌生人之间的中介。云南和平解放之后，民族团结面临多方面挑战，既有政治因素，也有宗教、文化、民族乃至军事因素，涉及民族、宗教、阶层等多重关系。民族工作队最初只能同少数民族群众建构一种"弱关系"。弱关系是一种交往互动频次较低的社会关系，两个行动者之间的感情并不深，彼此互惠程度也不高。格兰诺维特分析了弱关系在信息扩散中所具有的重要作用，而当时正是需要少数民族社会的有关信息，而少数民族社会也需要民族工作队的相关信息，借以明白党和政府的民族宗教政策。

边疆少数民族宗教风俗强势存在，当时很多民族群众有病占卜祭鬼，却不求医问药，因此也需要逐渐改变其宗教信仰风俗，使少数民族群众看待民族工作队的眼光从陌生人转化为自己人，从害怕变为亲近。工作队通过一系列有益于少数民族群众的积极行动，真诚而有效地同少数民族群众沟通，形成有助于民族团结的社会氛围，逐步消除历史上形成的民族隔阂，迅速打开云南少数民族地区的工作局面。构建民族团结的网络以及利用网络展开土改等工作，是渐进的过程。如通过培养积极分子，改造少数民族社会中的旧有关系网络，逐渐培育新型关系网络。工作队刚进入边疆民族地区时，没有任何基础。但这并不是一张白纸，而是被敌人严重抹黑了、污名化了。一些民族上层人士和群众轻信谣言，害怕共产党"消灭宗教"，担心国民党"秋后算账"，对工作队异常疏远，甚至怀有敌意。工作队通过少数民族群众的态度表现，分别建构社会组织，如老人会、头人会、青年会等，将其嵌进整体社会关系中。

一些地区的少数民族之间有纠纷冲突，党派遣干部深入这些地区，调

---

① 刘少杰主编《当代国外社会学理论》，中国人民大学出版社，2009，第369页。

解民族纠纷，化解"打冤家"之类的世仇。民族隔阂与民族歧视如影随形，在历史上陷入恶性循环。消除民族隔阂之后，就要进一步消除民族歧视和民族压迫的社会根源，避免产生新的民族歧视，最终建立民族平等、民族团结的新型民族关系。当时，在革命话语的影响下，涌现了大批少数民族积极分子，其中大多是思想活跃的年轻人。党和政府培养少数民族干部，巩固了同少数民族联系的桥梁纽带，敌人散布的谣言不攻自破。党和政府倡导新型民族关系，各民族不分大小一律平等，通过民族协商、平等对话，消除了千百年来因民族对立、民族歧视产生的民族隔阂。在党和政府调解下，一些世代"打冤家"的双方坐下来，消除积怨，重归于好，这在以前是很难实现的。

在关系网络形成的早期，党开展民族宗教工作，还要依靠民族上层人士、宗教上层人士联系和号召群众。有了群众基础之后，基于维护民族团结、巩固统一战线的立场，党和政府仍将有影响的宗教人物纳入统一战线；逐步批判和改革落后的宗教风俗习惯，但仍然保护宗教信仰自由，从而有力避免了分裂和对立。1950 年 3 月，西康活佛喜饶沃热到鸡足山朝拜，路经大理，受到李成芳军长款待。李军长请他宣传党的宗教政策，协助做好滇康藏佛教界人士的工作。后来喜饶沃热活佛到中甸松赞林寺，做了松谋活佛、千总汪学鼎等人的工作。汪学鼎根据"民族团结"的要求反思自己，主动向松赞林寺老僧阿垒敬酒，赔礼道歉，两人言归于好。有些中甸藏族上层人士感慨道："以前不团结，现在团结了。以后，睡着、坐着、站着、走着再也不像以前那样因仇杀而提心吊胆了。"① 有的喇嘛代表在大会发言说："信奉宗教，不能把祖国忘记。我们信宗教，更要热爱国家。"② 1936 年，红军长征经过中甸，汪学鼎担任"民团总指挥"，率部前来阻击红军。1949 年之后，经过党多年教育培养，汪学鼎逐渐成长为迪庆藏族自治州副州长。

经过党和政府春风化雨般的民族宗教工作，形成了民族团结的"话语权力"，民族团结观念深入人心。少数民族群众逐渐认识到民族团结的重

---

① 中国人民政治协商会议云南省委员会编《云南民族工作回忆录（一）》，云南人民出版社，1993，第133页。
② 昆明军区政治部编《昆明军区群众工作史》，1985，第18页。

要性，自觉消除民族隔阂，以新的标准要求自己，对不利于民族团结的言行进行批评和自我批评。通过自上而下的倡导与自下而上的迎合，"团结"作为一种国家话语形塑了民族交往的原则与民族心理，在民族内部、民族之间呈现出前所未有的和谐。云南和平解放之初，仍有个别民族人士沿袭旧有的不利于民族团结的习惯，遭到群众严厉批评：现在"民族团结"了，再不兴过去那一套了。政府也在各种场合强调团结的重要性，一些多民族杂居或单一民族聚居地区，被冠以"团结乡""团结村"等名称，云南不少地方都有以此命名的乡村集镇。例如，沧源县团结乡历史上名为班糯，过去因为永伟理、永文生父子传播基督教形成了强大的势力，与岩帅头人抗衡，引起信教群众与不信教群众之间的冲突。1940 年春，在永氏父子的煽动下，信教群众杀死了国民党沧源设治局局长陈汝珍。1948 年，班糯基督教徒尼勐自称巴诏（活佛）转世，煽动群众脱离岩帅，岩帅头人于是率军烧毁班糯寨子，教民躲藏在山洞中生活。直到 1953 在，经过政府调解动员，躲在山洞中的信徒才搬出来。为了强调民族团结的重要性，班糯改名为团结乡。①

最终，民族团结成为少数民族群众的自觉要求，各地纷纷制定《民族团结爱国公约》，将生产积极性在爱国爱教、民族团结的政治目标下调动起来。例如，1955 年 5 月通过的《凉山团结公约》规定，"各民族之间，要以平等精神对待，相互尊重，凡事从团结原则出发"。② 有的扫盲课本改编少数民族喜闻乐见的谚语，借以宣传党的民族宗教政策。如福贡县上帕街妇女的扫盲课本，有"盐巴不吃不得，共产党不要不得"之类的话。宣传民族团结的革命话剧、电影也在少数民族地区上演。红河县哈尼族群众说："工作队说的是团结，做的是团结，演的唱的也是团结，我们要的就是团结。"③

总之，维护民族团结是一项需要借助感性、理性、物质利益和价值观

---

① 王敬骝：《佤族研究 50 年：王敬骝学术文存之一》，云南民族出版社，2003，第 78 页。
② 马继典：《赴小凉山开展民族工作的回忆》，收入中国人民政治协商会议云南省委员会编《云南民族工作回忆录（一）》，第 179 页。
③ 李山：《红河边疆民族工作回顾》，收入中国人民政治协商会议云南省委员会编《云南民族工作回忆录（一）》，第 190 页。

念多种手段实现的社会系统工程。从国家制定最高政策到全体成员落实具体行动,具有完整的行动谱系,民族团结不能仅仅停留在口号上,而应落实为实实在在的行动。团结是双向的,通过一系列政策和措施,云南少数民族群众从最初的"要我团结"转化为"我要团结",增加了维护民族团结的自觉性和积极性。

三　宗教文化促进民族团结的云南经验

纵观20世纪50年代党在云南开展的民族宗教工作,我们发现,宗教文化促进民族团结的关键在于尊重宗教信仰自由和民族风俗习惯,逐步建立相互信任关系,培育本民族工作网络,将民族宗教工作与群众工作有机结合起来。如果违反党的民族宗教政策,尤其受到"左倾"思想干扰,民族宗教工作就会偏离正常轨道。

(一)尊重少数民族的宗教信仰和风俗习惯

1. 尊重少数民族的宗教信仰

尊重少数民族的宗教信仰有助于消除少数民族群众的疑虑,消除敌对势力散布的谣言。建政初期,少数民族信教群众对党的宗教政策心存疑虑,如果宣传不到位,产生误解,就很容易引发教徒外流或边疆动荡。在怒江建政之初,时任怒江特区工委书记的张旭,与少数民族群众"约法八章",其中第一条就是宗教信仰自由。张旭还组织工作人员用傈僳族语翻译《约法八章》《论联合政府》《论新阶段》等文献中关于民族宗教政策的内容,并在集市上广为散发和张贴,很快稳定了边疆形势。党和政府针对基督教在怒江傈僳族、怒族、独龙族等民族中间影响较深的事实,吸纳有影响的教会人物担任副州长、县长、副县长等重要职务,以实际行动诠释共产党团结宗教爱国人士和民族上层人士。

滇东北不少苗族、彝族群众信仰基督教。建政初期,党组织和地方政府严明纪律,任何人不得擅入教堂,应对神职人员以礼相待,不干涉其正常宗教活动。成立不久的寻甸县人民政府,将一座被国民党县政府当作仓库的清真寺移交当地穆斯林使用。

西双版纳普通傣族群众害怕政府禁止赕佛，担心死后灵魂进入不了天堂，因而对党和政府心存顾虑。第一届西双版纳傣族自治区政协中，傣族佛爷祜巴勐担任副主席，哈尼族贝玛也当选委员，消除了群众担心取缔宗教的顾虑。迪庆州维西县东竹林寺、塔城达摩寺、来运寺的活佛均在县或州政协任职。威望较高的松谋活佛当选全国人大代表、丽江专署副专员、迪庆藏族自治州副州长。维西县达摩寺督嘎活佛拒绝国民党残军的拉拢，当选为丽江专区政治协商会议委员、维西县政协副主席，参与制定了《团结公约》。很多民族自治地方都有宗教界人士作为政府工作人员或者政协委员，借以加强同信教群众的联系。这些具有政治象征意义的特殊安排，在当时发挥了稳定人心的作用，有助于民族团结工作化被动为主动。

2. 遵守少数民族的宗教禁忌

民族工作队进入云南少数民族地区时，有关部门即人手发放一本小册子，说明党和国家的民族宗教政策，交代清楚少数民族的宗教信仰和风俗习惯，提醒队员不能触犯民族宗教禁忌。例如，西双版纳民族工作队的手册上说，傣族的干栏式建筑的房子中间有大柱，因为老人去世时靠在柱子上洗尸、穿寿衣，一般人不能随便倚靠。民族工作队来到傣族地区，尊重当地风俗习惯，不住佛寺，不住楼上。党和政府根据民族风俗习惯，认真考虑宗教因素，在有些地区开设民族商店，供应与少数民族宗教需求有关的商品。

当时，工作队成员大多是汉族，有些还是从省外来到云南，且大多是年轻人，对于云南边疆少数民族的风俗习惯不甚了解。大多数情况下，民族工作队主动遵守少数民族的宗教禁忌，在无意间因不知情触犯禁忌，都能真诚道歉、消除误解。例如，民族工作队进入勐海县哈尼族村寨时，无意间砍伐了竜山上的树木。恰好第二天两头豹子进村叼走了主管村寨宗教事务的竜巴头家的小猪。群众纷纷议论，认为工作队触犯了四条禁忌：砍伐竜树、虎日拿柴进寨、拿着湿柴进寨、拖柴而不是挑柴或背柴进寨，正是触犯了上述禁忌才引来了豹子。工作队向村寨头人和竜巴头道歉，但不久豹子又进村来咬牛。工作队按照哈尼族风俗用一只鸡、一壶酒、一枚鸡蛋、一斤糯米，煮熟后舂在一起去祭"竜巴神"，当地群众非常满意。

在民族地区，工作人员严格遵守党的民族宗教政策，一律不动佛寺、教堂的东西；不到处乱跑，不随便参观出入教堂；对于不同民族的宗教信仰，也严格遵守其宗教禁忌，如不进傣族奘房，不撞景颇族鬼门。如果触碰了宗教忌讳，有些活动明明是好事，最后也许会变成坏事。例如，哈尼族家庭有一道姑娘门，如果没有老人在场，清早起来帮助姑娘舂米，会被村寨里的人说闲话。曾经有不知情的民族工作队员触犯了这一禁忌，差点引起轩然大波。

有时，也可能因为政府工作人员一两句玩笑话而触动宗教感情，引起突发事件。1950 年，怒江州贡山县县长到州里开会路过福贡，在县政府吃饭时，一名傈僳族教徒祷告："请上帝保佑我，吃饭下去，肚子不痛。"县长听后开玩笑说："我不祷告上帝，看我的肚子痛不痛？"在随后聊天时，教徒谈到耶稣复活，县长又开玩笑说："把你们的头割掉，看你复活不复活。"这些话随即被误解、扩散，认为共产党要"消灭宗教"，第二天就有信徒外逃。经过政府及时细致的工作，并动员当地有影响的宗教领袖进行劝说，才没有酿成大祸。①

有时，人民政府调解因触犯宗教禁忌而引起的民族纠纷时，未能充分考虑传统风俗习惯，也难以妥善处理问题。按照哈尼族规矩，牲畜不能在寨子里交配，否则会触犯寨神。1950 年夏，南峤县（1958 年并入勐海县）景真区傣族村寨的一头公牛闯进山上哈尼族村寨，同一头母牛交配。哈尼族群众要求公牛的主人祭神赎罪，否则村寨发生任何不吉利的事件，都要由傣族村寨负责。当时，区政府工作人员认为这件事情没有实质损害，判处牛主人口头道歉。几天后，哈尼族村寨头人带领 20 多个年轻人带刀背枪来区政府讲理，说政府处理不公平，袒护傣族。如果不公正处理，他们就要自己解决。原来，按照民族传统习惯，此类事件要由傣族土司指派的管理哈尼村寨的波郎和牛主人所在傣族寨子的头人带着牛主人，带上一串槟榔、一包茶叶、一块盐巴、一碗大米、一瓶酒、一只大红公鸡到哈尼族村寨杀鸡祭祀寨神。否则，哈尼族村寨就要将犯禁的公牛拉了去祭寨神。最

---

① 杨福泉主编《中国西南文化研究·民族调查资料选辑》，第 34 页。

终，政府尊重传统规矩，祭祀寨神后双方坐在一起喝团结酒。[①] 又如 1953 年，南峤山区的哈尼族某寨村民烧山打猎，布朗族某寨村民烧地开荒，不小心烧了两个布朗族村寨的山林。按照传统习惯，哈尼族村民要杀猪祭山林做礼，并赔偿灭火的工资 180 元半开。[②] 后来在区政府的干涉下，双方和解，订立"团结爱国公约"，规定免去 180 元半开工资，改杀猪做大礼为杀一对小鸡做小礼。当然，布朗族村寨还有顾忌，怕不祭山神不吉利，工作队又进行细致说服教育，最终双方满意。[③]

至于工作人员无意触犯民族宗教禁忌和风俗习惯，经过沟通，大多可以做到不知者不怪罪。例如，1950 年，解放军在楚雄执行军事行动，战士扎营后主动帮群众打扫卫生，将彝族群众家里铺的青松毛也扫掉了。当部队知道彝族铺青松毛祈求平安的风俗后，又立即上山采摘青松毛，重新为百姓铺好。有时候，不按民族传统规矩办事，会引来不必要的麻烦。在与民族交往中，也存在语言障碍。例如，有位工作队员想借吸烟点火的机会同傣族妇女攀谈，刚说出"点火，点火"，吓得她转身就逃。原来，傣语中"点火"与杀头同音。[④] 因此，在民族地区工作的人员还积极学习少数民族语言，在交往中更加自觉地遵守宗教禁忌。

3. 合理引导利用少数民族的风俗习惯

经过长期积淀演化，云南少数民族的一些宗教习俗经过固化，成为民族风俗的有机组成部分。破除千年习惯于一旦，谈何容易？按照少数民族的风俗习惯办事，本身就是对少数民族的尊重，有助于维护民族团结。党和政府在民族地区建政，也充分考虑了民族宗教风俗，能够尊重并利用少数民族群众的传统仪式。例如，1953 年 1 月 23 日，西双版纳傣族自治区（州）成立时，用傣族最隆重的传统祝福仪式为主席、副主席拴线，为政府委员滴水，由佛爷诵经祈祷，由赞哈唱歌祝福。庆典还加入了民族欢庆方式如龙舟比

---

① 何印花：《尊重风俗加强团结》，收入政协云南省委文史资料委员会编《云南民族回忆录（二）》，云南人民出版社，1996，第 170 页。
② 半开是从辛亥革命后至抗日战争前，云南地方社会流通的银币。
③ 段正群：《在南峤山区调解民族纠纷》，收入政协云南省委文史资料委员会编《云南民族回忆录（二）》，第 278 页。
④ 黄季秀：《开拓云南边疆民族卫生工作》，收入政协云南省委文史资料委员会编《云南民族回忆录（三）》，第 230 页。

赛、孔雀舞、芦笙舞、放高升等，当地群众高度赞许这种形式。如果使用现代礼仪如宣誓、献旗等，就收不到如此良好的效果。勐海县格朗和哈尼族自治区成立于1953年7月12日，这天是兔日，在哈尼族传统意识中兔日是吉日，在庆典活动中，也充分考虑了哈尼族的风俗习惯。

傣族传统认为，动了土的水井，必须要请佛爷念经后才能饮用。一开始，工作队为傣族群众开挖、淘洗的水井，却没有人过来打水。明白这一风俗之后，工作队请来佛爷念经，前来打水的傣族群众络绎不绝。在西双版纳打开工作局面之后，民族工作队与少数民族亲如一家，少数民族也用拴钱、挂珠等仪式为生病的民族工作队员祈祷。宗教仪式体现了少数民族群众内心深处蕴藏的情感，具有重要的象征意义。宗教本身也是一座特殊桥梁，外来人员只有充分考虑宗教因素，才能更好地融入民族社会网络。

在陌生人中间，宗教仪式能够赋予人际关系以神圣性，消除彼此的心理障碍，提供信任合作的机会，为民族团结覆上一层神圣光环。如果引导得当，宗教仪式可以作为互动空间，增进民族交流，加深民族友谊。

（二）引导民族宗教健康发展

1. 逐步提高群众思想觉悟

历史上，宗教因素渗透边疆民族地区生产生活的各个方面。宗教借助世俗权威形成了一套准入制度或者承认制度，有权惩罚违反禁忌之人，甚至将之驱逐出寨。在边疆民族地区，有必要掌握日常生活中的宗教禁忌，以避免引起不必要的猜疑和纠纷。例如，民族工作队在西双版纳兴修水利设施时，总有一些傣族群众发动不起来，原因是群众顾忌拦挡水坝会影响修建缅寺。在做通了佛爷的工作后，再通过佛爷劝说群众，水坝才顺利开工。叭英是傣族神话传说中的天神，随着觉悟的提高，傣族人民编成颂歌《向叭英宣战》："修起水库，叫'魔鬼的河流'倒淌；架起天梯，把天边的星星摘完。天旱，也要把石头捏出清水；黑夜，也要把它变成白天。毛主席啊，在您英明领导下，帕萨傣敢于过火海、上刀山，敢于倒转乾坤，向神圣的叭英宣战。"[①] 在党的正确领导下，鬼神信仰再也不是阻碍傣族社

---

① 云南人民出版社编《云南各族颂歌一百首》，云南人民出版社，1972，第124页。

会发展进步的因素。

一些受政府邀请到昆明、成都、北京、上海等地参观访问或参加工作的少数民族干部，他们的家人害怕他们"变汉""被关""被杀"，他们自己也怕被说成是"民族叛徒"；有人还怕在外面遇到"鬼邪"，菩萨不保佑；甚至有人担心会"被拉去祭神、献鬼、祭寺庙、喂妖怪"。宗教成为少数民族群众开阔视野的一个阻碍。

有时，宗教因素会被作为阻碍民族工作的借口。在民族改革之初，西双版纳一些民族头人仍然派人到农村催收官租，说"交官租主要拿来祭谷子，只有祭过谷子才获得丰收"，并恐吓拒绝交租的群众："如果不交官租，就把鬼放到你们寨子来。"但是，觉悟了的群众知道"交官租鬼不吃，还是头人吃"，从而拒绝交租。经过党的宣传教育，利用宗教欺骗百姓维持封建特权的行为，已经行不通了，觉悟了的群众逐渐放弃了一些落后的宗教风俗。少数民族宗教信仰中容易被证伪的、工具性的因素，往往最先被放弃。当新的榜样树立起来，旧有范式和关系网络就容易打开缺口。

2. 逐步消除落后宗教风俗

尊重分为心理和行动两重维度，是尊敬重视某种事物所具有的态度和行为。云南少数民族的宗教信仰多样，其风俗习惯也有良性和恶性之分，我们尊重的当然是少数民族的良风益俗。对于那些积重难返、具有极大危害性的恶风劣俗，一方面要通过认真细致的说服教育工作，引导群众自觉放弃；另一方面，也要通过法规政令，消除不利于民族团结和社会稳定的风俗习惯。

1949 年以来，党和政府多次发布政令消除强加给少数民族的污名化标签，体现了党和政府对民族团结工作的高度重视。1951 年 5 月 16 日，中央人民政府政务院发布《关于处理带有歧视或侮辱少数民族性质的称谓、地名、碑碣、匾联的指示》，全国范围内掀起少数民族地区改名的高潮。云南省的蒙化县改名巍山县，镇南县改名南华县，平彝县改名富源县，缅宁县改为临沧县，顺宁县改为凤庆县，宣威县改名榕峰县①，改名直接表现为从政治话语和日常话语上尊重少数民族。1953 年 1 月，西双版纳各民

---

① 名扬中外的宣威火腿由此也改为"榕峰火腿"，但改名影响了火腿销量，后来又改回原名。

族协商，通过《关于取消一切带歧视和侮辱少数民族称谓的协议》，体现了民族平等、民族团结的要求。

宗教信仰具有多元性、层次性，与民族生活紧密相关，但因为一些宗教风俗遗存原始社会、封建社会的因素，具有极大破坏性。我们尊重少数民族的宗教信仰，也要逐步破除其阻碍生产的恶劣习俗。但并非采取暴力手段直接破除，而是通过说服教育的方法，等群众思想觉悟提高后自觉放弃。正如毛泽东在《湖南农民运动考察报告》中所指出："菩萨是农民立起来的，到了一定时期农民会用他们自己的双手丢开这些菩萨，无须旁人过早地代庖丢菩萨。共产党对于这些东西的宣传政策应当是'引而不发，跃如也'。"①

过去，景颇族巫师董萨祭鬼，一般杀猪杀牛，有些群众生病了，自己家里没有猪牛，就借钱买猪买牛祭鬼。这一全民信仰根深蒂固，突然取消此类风俗令群众很难接受。民族工作队与董萨商量，抓住祭品这个关键问题，询问能否降杀牛为杀猪，杀猪为杀鸡，杀鸡为用鸡蛋。经过反复协商，董萨接受工作队的意见，群众负担大为减轻。一次，董萨自己病倒，杀两头牛祭祀却没有效果，还是工作队的医生把他治好的。② 在潞西县弄丙寨，景颇族山官染了疟疾，杀牲祭鬼都没有效果，后来工作队医治好了山官的病，山官和群众都非常高兴。在怒江州，民族工作队为一个头人家小孩做排脓手术，救治了生命垂危的孩子，之前多次杀牲祭鬼完全无效。少数民族群众逐渐认识到现代科学技术的力量，生病之后大多去医院治病，杀牲祭鬼之风在新社会逐渐式微。

红河县某哈尼族村寨发生痢疾，有很多群众患病，短时间内出现人员死亡现象，群众认为村中出了恶鬼。工作队进村之后很快根治了痢疾。群众高兴地说："共产党是救苦救难的活菩萨，连鬼都不怕。"③ 自然，能治疗杀牲祭鬼都不能痊愈的疾病，就比巫师鬼神还高一筹。工作队被一些少

---

① 《毛泽东选集》第一卷，第33页。

② 姚文斋：《德宏工作片段》，收入中国人民政治协商会议云南省委员会编《云南民族工作回忆录（一）》，第157页。

③ 李山：《红河边疆民族工作回顾》，收入中国人民政治协商会议云南省委员会编《云南民族工作回忆录（一）》，第190页。

数民族群众奉若神明，双方建立了信任关系，工作队为政府树立了权威。当然，少数民族群众自觉放弃其宗教信仰中的落后因素，但其价值性资源仍然存在，宗教信仰自由政策还要长期贯彻下去。

3. 引导宗教信仰回归理性

少数民族群众将宗教风俗作为一种亲和性认同，将之视为自身存在的要素和民族认同的关键。所以，当改革时机尚不成熟时采取强硬措施，极容易引发矛盾冲突。经过党的宣传，少数民族群众觉悟提高，开始自动放弃宗教信仰中的落后风俗。少数民族宗教信仰的工具层面，在新的社会阶段容易陷入危机，但是其信仰的价值层面仍然具有生命力，不会被轻易放弃。民族宗教信仰具有长期性和群众性，改造宗教风俗习惯应充分考虑时机是否成熟。应当放在将来进行的改造，如果提前到现在，则可能好事会变成坏事。科学知识的传播，一定程度上铲除了宗教产生的认识根源，但宗教依然是影响民族生产生活的传统力量。在民族工作中，宗教仍然是社会资本、网络构建的关键因素，尊重少数民族的宗教信仰和风俗习惯是建构亲近感的有力手段。历史经验告诫我们，在发挥宗教积极作用的同时，必须消除宗教作为"我者"信仰，排斥"他者"信仰的不良习惯。

（三）高度重视民族宗教工作

1. 民族宗教工作专门化

所谓工作，是人群相互配合完成各类具体任务的过程，是一种达到特定目标的劳动集合，需要精心管理并形成文化规范。换言之，完成一项特殊的工作需要有专门的知识、人员、任务、机构、政策，民族宗教工作就是如此。民族宗教工作的任务目标就是实现民族团结、宗教和谐、边疆稳定，达到目标的手段在于沟通、信任、合作。只有在彼此信任的基础上，才能开启团结之旅。

20 世纪 50 年代，党和政府向云南边疆民族地区派出的民族工作队，其主要任务是疏通民族关系，培养民族干部，建立人民政权，为民主改革做准备。民族工作队通过"做好事，交朋友"疏通民族关系，进而"团结对敌，团结生产"。一切以团结为中心的民族工作队，同少数民族群众交往的第一个回合，戏剧性地展现了现代医疗技术与封建迷信、宗教巫术的博弈与碰撞。通过治疗巫师难以治愈的疾病，民族工作队树立了克里斯玛型权威，赢得了少数民族群众信任。例如，西双版纳有一位傣族姑娘患了重病，姑娘的父母天天到江边烧香祈祷龙王爷显灵，但她的病情却日渐加重。解放军医生治好了傣族姑娘的病，她的父母感动地说："解放大军比龙王爷还灵。"① 最终，党和政府成功消除了民族隔阂，有力维护了民族团结，为边疆民族地区各项工作提供了前提条件。

2. 民族宗教工作与边疆各项工作紧密结合

民族宗教镶嵌在民族社会之中，宗教关系是一种社会关系，宗教改革本质上也是社会改革，民族宗教工作在本质上是群众工作。20 世纪五六十年代，云南边疆民族地区动辄召开数千人规模的群众大会，虽然大搞群众运动的方式不一定可取，但能够动员如此之多的各族群众，本身就是民族大团结的表现。各民族兄弟欢聚一堂，具有强烈的符号意义和宣传效果。一开始，党和政府依靠民族和宗教上层人士联系群众，一旦群众自身觉悟提高之后，反过来可以推动民族改革和民族社会发展。一些地区的经验是，与上层人士"面对面"协商，发动下层群众"背靠背"诉苦，通过自上而下与自下而上相结合的方式，通过民主改革使少数民族社会发生天翻地覆的变化。

宗教作为掌握群众、联系群众的社会组织形式，既是一种生活方式，也是一种集体行动习惯，能够表达人群共同体的团结感情。在边疆民族地区，民族宗教工作可谓"牵一发而动全身"。宗教是隐含在民族心理中的文化基因，民族宗教工作与边疆民族地区的各项工作密切相连。云南拥有4060 公里的边境线，少数民族群众大多居住在边疆，边疆少数民族群众大都信奉某种宗教。只有团结好广大信教群众，才能实现民族团结；只有实现民族团结，才能巩固边防；只有巩固边防，才能维护国家安全。这些都是边疆民族地区开展社会建设的前提条件，溯其源头，皆与民族团结有关，而宗教在民族团结中发挥着重要作用。

---

① 昆明军区政治部编《昆明军区群众工作史》，第 79 页。

宗教和谐与民族团结是党在边疆开展各项工作的重要前提，各级政府通过政治、法律、经济、社会等多种手段消除一切不利于民族团结的宗教因素。例如，1953 年 1 月 17 日，西双版纳各族各界人民代表大会第一次会议在景洪开幕。唐登岷做了题为《进一步加强民族团结，开展对敌斗争，巩固祖国边防》的报告，通过了《关于取消一切歧视和侮辱民族称谓的协议》，民族平等不仅在法律上也在日常生活中成为现实。

3. 充分重视宣传教育工作

中央民族访问团带来各民族急需的生产生活用品、毛主席像章等。每到一处，访问团都将毛主席亲笔题写的锦旗"中华人民共和国各民族团结起来"赠送给各少数民族，同时奉上礼物。中央访问团抵达碧江县知子罗时，300 多名各民族代表列队欢迎，并扎了一座松柏牌坊，题联："访问民间疾苦，毛主席真乃万家生佛；感谢中央关怀，共产党确是人民救星。"一系列关心少数民族群众的实实在在行动，树立了党和政府以及毛主席的威望。一些基层单位总结自己民族宗教工作的经验是"人人开口，村村宣传，严守纪律，劳动感化，搞好团结，争取民心"[1]，觉悟了的群众都可以成为宣传员，通过言传身教促进民族团结。在民族地方，有的教会骨干成为政府工作人员后，主动放弃了基督教信仰。[2] 民族工作队还使用民族语言自编自演节目，宣传党的政策方针，各民族群众对此非常认可，把他们叫作"毛主席派来跳舞的人"。但由于认识有限，从未接触过现代话剧，有些地方的少数民族群众，把化妆的演员看作"鬼"，而不是人，远远地就躲了起来。一开始，怒江傈僳族基督教徒受教规约束，不参加群众大会、不观看宣传影片，后来受周围群众的参与热情日渐高涨，主动放弃这一教规，对党和政府宗教政策的了解更加深入。

民族工作队通过文艺表演、播放电影等群众喜闻乐见的方式，宣传国内形势和党的民族宗教政策，收到了非常好的效果。很多云南边疆民族地区都播放过《中华民族大团结》的影片，边疆少数民族也自发产生了歌颂共产党、歌颂毛主席的新文艺形式，《阿佤人民唱新歌》《红太阳照边疆》

---

① 昆明军区政治部编《昆明军区群众工作史》，第 52 页。

② 福贡县政协文史编辑室：《福贡文史资料选辑》第七辑，昆明新闻印刷厂，1997，第 3 页。

等经典曲目至今传唱不衰。《云南歌谣》中收录的彝族新歌谣唱道："从前唱山歌：石头不能做枕头，汉人不能当知心。今天唱山歌：彝汉相处像兄弟，两个民族一条心。"① "一个池，两样花，汉族彝族是一家。大家团结紧，共同做主人。"② 在党的领导下，云南少数民族利用传统文艺形式，创作了很多歌颂共产党、赞美民族团结的新歌谣。

（四）依法打击宗教违法犯罪活动

1. 消除宗教谣言

宗教谣言的传播速度较快，破坏性也较大，可能成为武装暴乱或一般群体性事件的导火索。例如，红军长征经过中甸时，就有人散布谣言："共产党不准拜佛念经，不要喇嘛。"听信谣言，松赞林寺大部分喇嘛都跑了。贺龙元帅派兵保护寺院，不准队伍进驻，派人找回喇嘛，宣传党的民族宗教政策，还赠送一面"兴盛番族"的旗帜给松赞林寺。

中华人民共和国成立之后，在云南边疆民族地区，敌对势力为阻止政府派遣的民族工作队进入村寨，就煽动少数民族群众祭鬼，借口祭鬼期间外人一概不许入内。为阻止群众观看《中华民族大团结》等进步电影，敌对势力造谣说，电影队会放鬼，发动机的响声就是鬼在叫。怒江州福贡县个别牧师造谣："解放军是解放妇女的裤带，解放富人的腰包"，并在大街上张贴传单，造谣说："到八月一日要天昏地暗七天七夜，猛兽下山，江水暴涨，到时教徒升天，非教徒丧命。"还有人写信到乡政府，造谣说："妖怪进村吃了两个小孩的脑水。"这些谣言导致福贡很多地方人心惶惶，有的群众不敢出门劳动，不敢上街买东西，学生不敢上学，妇女不敢进夜校。进入福贡的民族工作队配合人民解放军，通过政策宣传破除谣言，稳定了社会秩序，使群众认识到"翻身不离共产党，安定要靠解放军"。③ 破除宗教谣言的产生机制和社会根源，要靠实实在在的社会行动。1956～1958年，反对民主改革的少数中甸、丽江藏族、彝族上层，散布汉人"灭族、灭教"的谣言煽动群众，以"保族、保教"为幌子进行武装叛乱。对

---

① 左玉堂主编《彝族文学史》下册，云南人民出版社，2006，第933页。
② 左玉堂主编《彝族文学史》下册，第934页。
③ 赵文璧：《福贡工作回忆录》，收入《福贡文史资料选辑》第七辑。

于武装暴乱，除了军事打击，还要借助政治攻势进行化解。有时，也可以借助宗教信仰习俗阻止宗教谣言的散布。

2. 取缔反动会道门

会道门是各类秘密会社或宗教组织的总称。在封建社会，人们经常借助宗教信仰形成特定的人群集合体，宗教信仰成为凝聚成员、提振士气的重要手段。但很多秘密会社并非纯正的信仰组织，而是有着特殊政治目的，是进行武装暴动的工具。也有一些民间宗教最后演化成为反动会道门。为了躲避打击，历史上，一贯道等会道门经常改名换姓，先后有先天道、先天大道、孔孟圣道、孔孟大道、中央大道、白阳教、性理大道、明理道、中庸道、明一道、老母道、真道、真天道、崇华堂、中华道德慈善会等名目。

云南和平解放前夕，一贯道在边疆民族地区活动频繁，经常散播谣言、挑动是非，危害边疆安全。1950 年前后，临沧地区的一贯道暗中活动，造谣说共产党政权不会长久，到处叫喊"打下缅宁城，攻取县城，直取蒙化城"。[①] 1953 年 2 月，宜良县公安局抓获 32 名一贯道首领，有所谓"前人""总坛主""坛主""点传师" 19 名，游街示众，有效破除了他们散布的谣言和反动宣传。近千名一贯道徒纷纷退道，172 名骨干分子自首。[②] 龙陵县二区兴山的一贯道活动猖獗，公安机关制定了严密的打击措施。盈江县公安局抓获一贯道总坛主、点传师 5 人。1958 年，龙陵县兴山乡民兵抓获一贯道道首 7 名，缴获国外寄来的反动指示信件两封。

3. 打击宗教破坏活动

利用宗教进行分裂破坏活动，是境内外敌对分子惯用的手段。20 世纪 30 年代，加拿大籍美国传教士马导民在福贡县成立神召会，对入教者送一件小孩衣服，对有病的信徒进行免费治疗，逐渐吸纳了大量信徒。与其说是耶稣基督打败了少数民族的鬼神，不如说是西方的医疗技术打败了少数民族的宗教巫术。马导民通过当地傈僳族传教士开展教牧工作，杨思慧所传内地会的信徒也来协助马导民。当时，云南边疆民族地区的社会秩序比较混乱，国民党福贡设治局局长施国英被福贡人民打死。马导民等外国传

---

① 普之宝：《风雨征程录》，云南民族出版社，2003，第 182 页。
② 中国人民政治协商会议云南省委员会编《云南民族工作回忆录（一）》，第 97 页。

教士暂时不要农民还款，借此收买人心。1949 年，福贡县解放后，马导民从缅北神召会教区派人回国联络，召集 70 余名教职人员准备武装暴动，拟将霜耐冬等人抓到缅甸。在当地爱国教会人员和王杨美丽等有正义感的外国传教士劝导阻止下，该计划破产。有的外国牧师宣传"汉人的话听不得，汉人的饭吃不得"，当地信教群众看到工作队就跑。面对云南边疆民族地区复杂的情况，党和政府逐渐形成了自己的情报网络和工作方式。

（五）充分信任和团结宗教界爱国人士

争取民族宗教上层是党的统一战线工作的要求，统一战线的核心就是团结一切可以团结的力量。云南和平解放之后，中央指出，云南的工作方针是"在省委领导下，团结第一，工作第二"。边疆少数民族地区的各项工作要以民族团结为中心、为保证，即使一些少数民族上层和宗教人士觉悟不高，也要慢慢教育。

云南和平解放初期，民族宗教上层人士，既是民族的统治者，也是民族的保护者，在群众中间具有较高威信，将他们安排好、团结好，对于做好民族工作具有重大意义。少数民族上层人士主动向党和政府靠拢，其实也有为自身打算的考虑。放弃原有权利，可能会有更大利益，足以补偿其机会成本，而不放弃原有权利，则可能一无所有。新中国成立初期，党和政府多次组织边疆少数民族人士到北京、上海、成都、昆明等地参观访问，开阔了少数民族人士的眼界，使其切身体会到祖国的强大，培养了他们强烈的国家认同、中华民族认同和社会主义社会认同。少数民族群众以内地为榜样，对比边疆情形，产生了追求进步的强烈意识。民族群众了解到党的民族宗教政策，自觉拥护党的领导，维护民族团结。尊重宗教信仰，对维持民族团结起到了重要作用。

在一些民族尤其是全民信仰某一种宗教的民族中，团结好宗教权威人士，尊重群众的宗教感情，有助于维护安定团结局面。应引导并发挥宗教人士的积极作用，使他们在情感上认同，行动上靠拢，最后大力支持帮助政府开展工作。1950 年，西双版纳国庆节游行，勐遮佛寺大佛爷画了 4 幅精美的傣画表示支持。在西双版纳民主改革废除领主特权时，景洪佛教界著名长老援引教义说："佛教最高戒律是同情、怜悯众生，爱是宗教的基础。傣族社会一边是纵欲淫乐，一边是苦难与绝望，终年劳动而不得温饱，这不符合佛教教义。我也主张废除特权。"[1] 因为有宗教权威人士支持对教理教义进行合理论证，才避免了冲突对抗。

（六）吸取宗教"左倾"政策的教训

1958年"大跃进"期间，全国民族工作现场观摩会在广西三江召开。会议过分乐观地估计了形势，认为边疆少数民族地区一定能够用最快的速度来进行社会主义建设，将实事求是考虑少数民族风俗习惯特殊、民族关系复杂、自然条件差等思想作为保守思想进行批判。此后，如果有人提议按照边疆民族特点和具体条件进行工作，就会被批判为"民族特殊论""边疆落后论"，这些错误思潮在"文化大革命"中达到了顶峰。"极左"分子支持边疆民族地区批斗土司、山官、头人，清理阶级队伍，划分阶级成分，强制推行人民公社化，大搞"政治边防"运动。少数民族的风俗习惯和宗教活动被禁止，民族文化事项如传统服饰、传统节日等，也都被"革命化"和统一化。20世纪60年代，时任丽江县委书记的徐振康因组织人员整理、抢救东巴文化而被扣上"搞封建主义复辟"的帽子，参与整理工作的纳西族知名人士周霖、周汝诚以及一些大东巴惨遭迫害。"大跃进"至"文化大革命"期间，大量边民外逃，使得民族宗教工作非常被动。当时，"极左"分子给一些无辜的民族宗教人士贴上了反动标签，随意抓来批斗，在群众中造成恶劣影响。有些人被境外敌对势力煽动、利用，在边疆民族地区制造暴乱。例如，福贡县的茶树民暴乱，就是一个小头目自称在缅甸学过法术，只要一挥白手帕就可以刀枪不入，利用人们对"极左"政策的不满情绪发动茶树村民暴乱。

"极左"分子将宗教标签化，凡是与宗教相关的人和事，都被贴上封建迷信、帝国主义分子之类的标签。例如，1958年怒族地区"民主补课"，将当过传教士的怒族基督教徒划为反革命分子、坏分子、特务分子进行批斗，将运动扩大化，致使大批群众外流。1958年怒江地区的"裴霜反革命集团"

---

[1] 郑希贤：《景洪坝土改前的民主改革》，收入政协云南省委文史资料委员会编《云南民族工作回忆录（二）》，第306页。

冤案，牵扯了大量基督教信徒。怒江州将《圣经》《赞美诗》烧毁，或者放在医院中做包药纸；不少教堂改作学校、会议室、粮仓、保管室等。原碧江县①匹河区怒族基督教徒拉乍拒绝佩戴毛主席像章，被当作反革命分子。"文化大革命"期间，"左"的政策达到高潮，大搞"政治边防""二次土改""无宗教区"，取缔正常的宗教活动，拆毁宗教活动场所，一些民族宗教人士被打成反革命分子，扣上"宗教卖国""反动上层""修正主义""投降主义"的帽子。当时，还以所谓"挖牛鬼蛇神"的名义，对教徒进行迫害。

对宗教信仰问题采取强迫命令，往往不能使问题得到较好解决，反而还会激起信仰反弹。"文化大革命"期间，武定县小石桥苗族基督教徒面对信基督还是信毛主席的逼问时，回答说两个都信；但"左倾"分子说两者只能选一，信徒只好说选择信基督。人为制造宗教与社会主义社会的二元对立，主张非此即彼，对宗教进行打压迫害，造成的惨痛教训值得我们深思。"文化大革命"结束后，特别是党的十一届三中全会以来，迅速改变"左倾"方针，云南省委对涉及民族宗教的冤假错案进行平反，妥善处理了历史遗留问题。从 20 世纪 80 年代初开始，中央和云南省多次召开"民族团结进步表彰大会"，在各级政协中适当安排民族和宗教人士，倡导社会主义新风尚，宗教关系和民族关系逐渐回归正常，民族宗教上层人士在促进民族团结中的作用进一步显现。

总之，民族团结是一种社会关系，必须从相互的、辩证的角度分析认识宗教在促进民族团结过程中的作用。在社会情境中，宗教是将民族捆绑在一起的绳索，是联系民族关系的纽带。宗教通过人神关系调整人与人之间的关系，重新制定契约。由于在"上帝""神灵"面前人人平等，而平等观念有助于促进人际和谐。宗教联系信教群众，在本质上是一种集体行动，并因之形成信徒的共同群体如教会等。在现代化进程中，宗教仍然是一支不可忽略的社会力量，对于维护中华民族大团结，宗教仍然可以发挥积极作用。我们在制定民族宗教政策时，应充分考虑如何将少数民族的宗教认同与国家认同、社会主义制度认同相适应。

---

① 1986 年 12 月，碧江县撤销，辖境分别归属泸水县和福贡县。匹河区现名匹河怒族乡，今属福贡县。

第六章

云南宗教文化与民族团结关系的现实分析

　　纵观人类历史发展进程，宗教促进民族团结的事例比比皆是。公元 7 世纪，穆罕默德创立伊斯兰教，通过宗教信仰团结各民族部落统一了阿拉伯半岛，结束了半岛长期混战的局面，最终建立了一个强大的帝国。中世纪，欧洲各民族在以罗马教皇为中心的教廷控制下，基本可以和平共处，有助于维持欧洲稳定。到了近代，随着民族解放运动的兴起，民族国家纷纷独立。在印度的国家独立运动中，印度教信仰成为激发印度人民的民族主义和国家主义精神的重要动力。同样，人类历史上宗教危害民族团结乃至造成民族分裂的例子也不胜枚举。对于宗教与民族团结关系，我们必须从正负两个方面进行分析并基于现实问题做出判断。

　　2010 年全国第六次人口普查统计，云南共有 4596.6 万人，其中，汉族人口为 3062.9 万人，占总人口的 66.63%；各少数民族人口为 1533.7 万人，占总人口的 33.37%。[①] 云南民族众多，按人口由多到少排列，云南 26 个世居民族依次是：汉族、彝族、哈尼族、白族、傣族、壮族、苗族、回族、傈僳族、拉祜族、佤族、纳西族、瑶族、藏族、景颇族、布朗族、布依族、普米族、阿昌族、怒族、基诺族、蒙古族、德昂族、满族、水族、独龙族。云南的宗教类型较多，拥有佛教、道教、伊斯兰教、基督教、天主教五大宗教以及各具特色的民族民间宗教。有关资料统计，截至

---

　　① 国家统计局，2012 年 2 月 28 日，《云南省 2010 年第六次全国人口普查主要数据公报》，http：//www. stats. gov. cn/tjsj/tjgb/rkpcgb/dfrkpcgb/201202/t20120228_ 30408. html。

2011 年，云南共有信教群众约 425.57 万人，其中佛教 282.46 万人、道教 16.31 万人、伊斯兰教 64.00 万人，基督教 58.52 万人、天主教 4.28 万人。信教群众总数约占全省总人口的 1/10，信教群众的绝对数在全国各省市区中处于前列。[①] 云南宗教信仰的民族性尤为突出，少数民族占信教群众的比例较高。如绝大多数藏族群众信仰藏传佛教，云南迪庆等地有少部分藏族群众信仰天主教；回族基本上全民信仰伊斯兰教；傣族、德昂族、布朗族、阿昌族等不同程度信仰南传上座部佛教。做好民族宗教工作，构建和谐的宗教关系，维护民族团结、边疆稳定，对于云南现代化建设具有十分重要的意义。

一　云南边疆民族地区宗教信仰的整体形势

宗教是原始社会中文化、知识和权力的储存器，它可以通过调动配置性资源和权威性资源来支配社会。宗教仪式场合，有助于强化民族认同和团结，尤其是那些同源于中国某地的跨境民族，仍然保留对于祖先的认同感。我国的少数民族主要聚集在边疆，2.2 万公里的边境线，有 1.9 万公里在民族自治地方；全国 136 个边境县，有 107 个是民族自治地方；边境地区总人口 2200 多万，少数民族人口将近一半；有 30 多个民族与国外同一民族相邻而居。[②] 边疆少数民族大多数信仰宗教，宗教和谐与民族团结相辅相成，直接影响边疆稳定、国家统一。可以说，民族问题中有宗教信仰的问题，宗教问题又往往以民族问题的形式表现。边疆、民族、宗教问题往往结合在一起，解决宗教问题不能仅从宗教信仰角度，而应从社会系统的维度全方位立体地考虑。正是对宗教与民族团结关系的高度重视，中国共产党从实际出发，逐渐探索出有中国特色的民族宗教工作之路，丰富了马克思主义的民族宗教理论。

---

① 云南网，2011 年 5 月 19 日，《云南宗教的主要特点》，http：//yn. yunnan. cn/html/2011 - 05/19/content_ 1620741. htm。
② 王国平、任维东：《从费孝通的一封信看兴边富民》，《光明日报》，2010 年 11 月 21 日，第 6 版。

（一）民族的宗教性与宗教的民族性

我国有近 20 个民族的大多数人信仰某种宗教，宗教在这些民族中的影响很深。无论在常态上还是在异态上，宗教都与民族紧密相连。从正面看，宗教和谐有助于民族团结；从负面看，宗教内部对立斗争和敌对势力、民族分裂势力利用宗教进行破坏，导致流血冲突的事件时有发生。与宗教关系最为密切的人群共同体范畴就是民族，与宗教关系最为密切的意识形态就是民族主义。处理好民族地区的宗教问题，对国家的稳定和统一，对民族的团结和进步，有着极其重要的意义。民族问题与宗教问题关系密切，形成我中有你、你中有我的一体局面。我们可以从宗教问题透视民族问题，也可从民族问题透视宗教问题。

我国的民族宗教问题既有共同性，又因不同民族地区自然地理、人文环境和现实情况等的不同而具有特殊性。云南是中国民族种类最多的省份，有 26 个世居民族，50 多种民族成分。云南民族"大杂居、小聚居"的特点明显，民族语言文字丰富多彩，民族传统宗教文化多元多样，既有世界宗教，也有原始宗教，各民族的风俗习惯也不尽相同。从地域角度看，云南有滇池文化、滇南文化、洱海文化等地域文化；从民族学的角度看，云南有"坝区的农耕文化、半山区的耕牧文化、高寒山区的畜牧文化"[①]；从民族属性看，有傣族文化、彝族文化、藏族文化、纳西族文化、景颇族文化、哈尼族文化、白族文化等，每一个世居民族、特有民族都有自己特色的宗教文化。宗教在云南边疆民族地区有着悠久历史和广泛社会基础，拥有大量少数民族信徒，有些民族甚至全民信仰某一种宗教。

云南宗教并不总是起到促进民族团结的作用，在很多情况下，也会引发民族之间的冲突。历史上，由于各民族经济社会发展情况和人口多少的差异，民族冲突时有发生，而且多为人口较多的民族欺负人口较少的民族。我们现在看到云南多民族多宗教和谐共处的状态，是经过冲突调适之后逐渐形成的。尤其是中华人民共和国成立之后，倡导新型民族宗教关系，彻底消除了个别地区历史上长期无法化解的民族世仇、宗教歧视，为

---

① 王子华：《试论云南民族文化的多元和谐》，《云南社会科学》2000 年第 4 期。

宗教和谐、民族团结、社会进步奠定了坚实基础。现阶段云南民族宗教的基本形势很好，威胁主要来自境外敌对势力的宗教渗透活动，其目的在于以宗教认同挑战民族认同，进而挑战国家认同，企图在边疆民族地区制造民族独立、国家分裂情绪。我们必须从正负两个方面对云南宗教与民族团结的关系进行分析。

在我国，经过民主改革和社会主义改造，宗教活动基本限制在正常范围内，宗教干预民族社会生活的现象基本绝迹，宗教与民族的关系逐渐回归理性。从互动关系角度分析，宗教民族化为其本土化提供了条件，也符合中国宗教中国化的方向；而民族宗教化则是一股逆流，会导致宗教干涉政治、司法、教育等，会对民族群众正常生活产生影响，甚至引发动乱。虽然民族与宗教问题紧密交织，但它们是两个独立的范畴，在学术上和实际工作中，要予以清晰的界定。

(二) 宗教文化生态的演化态势

云南各大宗教的信仰生态相对平衡，各宗教信仰的载体民族在政治、经济、文化、社会方面交往密切，加之中华民族大家庭的认同、社会主义事业的共同目标等，使云南作为多民族、多宗教、多文化和谐相处的典型地区，越来越多受到社会关注。2011 年 5 月 6 日，国务院发布的《关于支持云南加快建设面向西南开放重要桥头堡的意见》，明确提出将云南建设成为全国民族团结进步边疆繁荣稳定示范区的战略任务，这既是对云南民族、宗教工作的高度肯定，也是高度期许。

云南多宗教多民族多文化共存现象是自然、历史、社会和宗教自身等多方面因素共同作用的结果。这些因素的变化也会造成宗教信仰情状的变化，特别是在社会转型、经济转轨带来急剧变迁的当下。综合而言，云南的宗教生态由汉传佛教、道教、基督教、天主教、伊斯兰教、藏传佛教、南传上座部佛教以及少数民族传统宗教和其他宗教信仰共同构成，其发展趋势是国家民族政策、民族传统文化、民族包容性以及宗教属性共同作用的结果。意大利学者圭多·德·拉吉罗在分析了欧洲宗教发展史之后指出："宗教成为社会能量流通的强有力的兴奋剂，并是各阶级之间联合的黏合剂。"[1] 在多民族多宗教共存的云南，宗教也扮演了不同民族之间的黏合剂、民族关系的润滑剂的角色。

对于民族民间宗教而言，在国家重视文化遗产保护、注重文化产业发展、逐步恢复传统文化的大背景下，以汉传佛教、道教和儒教为代表的传统宗教借助文化的名义逐渐兴盛，并将沉淀入民族文化心理结构深处的神圣性因素重新唤醒，与全国性的传统文化复兴运动相呼应，成为云南多宗教共存的主要力量。例如，云南建水、景东、诺邓、石羊、凤仪等文庙保存较为完整的地方，近年来恢复或者正在筹划恢复祭孔仪式，并逐步将之打造成为当地旅游文化中的一张名片。当前，应警惕因旅游开发而带来的宗教信仰民俗化、媚俗化、表演化的趋势。不得不指出，伪宗教民俗、假民族风情会危害宗教信仰的纯正性。

对南传上座部佛教和藏传佛教来说，信仰群体的民族属性比较固定，且很大程度上为全民信仰，因而宗教信仰具有很强的民族性。这两种宗教已经完全融入傣族、藏族等民族的现实生活中，宗教精神生活与民族现实生活紧密联系；宗教文化已经成为民族传统文化的重要组成部分。所以在短时间内藏传佛教和南传佛教的信仰民族主体与信徒规模不会发生较大改变，并将更加深入地渗透信仰民族文化的各个方面，使之成为民族文化的有机组成部分。

对于伊斯兰教来说，其信仰的民族性更为突出。云南回族人口数量位居全国第六，除个别县市，全省基本都有回族人口分布，他们一般围绕清真寺形成聚居区。过去，在云南伊斯兰教几乎为回族所单一信仰，现在因为人口流动加快，云南很多城市都有维吾尔族、撒拉族、保安族等信仰伊斯兰教的民族群众经营餐馆或者工作学习，如何满足他们正常的信仰需求值得关注。当前，应高度警惕极端主义对云南省伊斯兰教的渗透，应特别关注外来穆斯林人口的伊斯兰教信仰状况。历史上的冲突主要来自外部群体触犯伊斯兰教禁忌和未能尊重回族生活习惯。回族一般不会主动向他民族传教，其发展方式主要依靠血缘关系代际传承，因而在传播上基本不会同其他宗教发生矛盾。

---

① 〔意〕圭多·德·拉吉罗：《欧洲自由主义史》，杨军译，吉林人民出版社，2011，第97页。

对于基督教和天主教来说，由于二者强烈的传教意识和现代人信仰需求的多样化，云南基督宗教信徒的增长速度相对较快。受国际大环境影响，基督教的传播势头还要猛于天主教。过去很少有基督徒的民族如傣族、白族也开始有了大批信徒，景洪、大理城乡都成立了傣族、白族教会；过去从未有过基督教信徒的民族如基诺族、阿昌族、瑶族等，现在也有了第一批信徒；过去受基督教影响较大的民族如苗族、傈僳族等，信徒人数仍保持增长，有些地方信徒甚至占当地总人口的80%，形成半成熟的基督教文化圈。虽然个别传统乡村教会中心如武定县洒普山苗族教会、禄劝县撒老坞彝族教会等与新中国成立前相比呈衰落状态，但从整体上看，在未来相当长的时期内，基督宗教的传播速度还会持续，基督宗教是影响云南多宗教共存现状的最大变量。当前，应高度重视并积极抵御境外势力利用基督教对我国进行渗透，转化家庭教会进入三自爱国教会，打击地下教会非法祝圣、非法传教活动，防止宗派思想抬头破坏教会团结。从另一方而言，基督教在向云南少数民族传播过程中，已经呈现本土化的端倪，它也将进一步与信仰民族的传统文化结合，加快民族化的发展步伐。

对分布最广、信徒最多、形式最为发散的民族民间信仰来说，这些历经千百年发展的宗教信仰在很长时间内都在少数民族精神文化生活中占据着核心地位，宗教信仰对民族生产生活的影响无处不在。作为少数民族传统文化的主要载体，民间信仰的恢复和发展对传统文化的传承保护有着特殊重要的作用。然而，社会的发展已经使少数民族民间宗教面临着迥异于传统社会的生存环境。对此，我们或可使用"脱域化"一词来形容，所谓"脱域"是指从其关系场域中脱离出来，所谓"化"，是指脱域的趋势已经成为主流。现代社会的发展使少数民族民间宗教不得不面临从其原生环境中脱离出来的情景。由于青壮年外出打工、巫师祭司后继无人、现代科技文明冲击等原因，原生宗教在民族场域中逐渐剥离同政治的关系、同经济的关系、同社会生活的关系，自身也面临严重的生存危机。去主体化的民族民间宗教将成为无源之水、无本之木。我们应充分认识民族民间宗教信仰的文化功能和社会功能，挖掘其蕴含的保护生态、助人利他、宽容和谐等思想价值，发挥其维护多元宗教文化生态平衡的作用，使之从容面对多元化、世俗化、现代化的社会环境。少数民族民间宗教只能改变宗教自身的结构、素质以及态度，与社会发展同步协变，才能在由传统社会向现代社会的转型中求得生存和发展。

多元性是云南宗教信仰的显著特征，多元宗教和谐是隐含在边疆民族地区各项工作中的一个重要背景，在促进宗教和谐基础上实现民族团结、社会稳定，是我们当前民族宗教工作的重要目标。云南多宗教、多民族、多文化共存的局面还会在现代社会中持续下去，发生改变的只是其中各个宗教力量的对比，只要这种力量的消长是健康的且在合理范围内，宗教文化生态就能保证各种宗教同地域人口和社会环境的协调共变。多元宗教各得其所，满足人们的各种信仰需求，是宗教信仰自由政策所允许的和社会发展所必需的。多元宗教和谐的文化生态能够为边疆民族地区筑起一道坚实的"文化防火墙"，抵御境外敌对势力的宗教渗透和文化渗透，有利于维护民族团结、边疆稳定、社会和谐、国家统一。美国学者斯特伦指出，宗教多元化的意义主要有："第一，人们不能把一个宗教视为因袭的必然系统，并仅仅对置身于该文化传统之内的人才有效力；第二，不同的宗教传统在对新的历史条件做出反应时，都会产生十分重要的内部分化与变革；第三，一个人执着某一历史的宗教传统，可能会由于结合了其他传统的某些价值或实践（礼仪）而使这种执着更为坚定。"① 我们还要为之加上第四点：政治方面有助于向内整合同一民族，向外维护国家安全；第五点：社会方面有助于培育宽容态度，促进不同民族之间理解、交流乃至通婚，进而促进社会和谐；第六点：经济方面有助于开展民族宗教文化旅游，发展有关文化产业。云南多元宗教和谐相处的历史和现实为上述功能提供了生动的事实注解。我们有理由相信，云南这座"宗教博物馆""民族百花苑"将长久存在。

二 云南宗教影响云南民族团结的正负因素

所谓"民族、宗教无小事"②，一些在非信徒看来很简单的事情，却因

---

① 〔美〕斯特伦：《人与神：宗教生活的理解》，金泽、何其敏译，上海人民出版社，1991，第 367 页。
② 《江泽民文选》第三卷，第 392 页。

为触犯了民族宗教感情而引起大规模流血冲突。《吕氏春秋·孝行览第二》记载："氏羌之民，其虏也，不忧其系累，而忧其死不焚也。"[①] 从汉文化的眼光审视，一些"他者"的宗教习俗很难理解。过去，怒江流域的白族支系巴尼人认为，祖坟上的一草一木都不能动，否则意味着又要死一个人。如果不小心在别人家的祖坟上放牧、割草砍树，极容易引起大规模冲突。[②] 因此，在民族交往过程中，尊重民族风俗习惯和宗教信仰非常重要，不能忽视宗教因素对民族团结的影响。目前，云南省宗教文化生态整体上保持平衡，各民族之间和睦相处，重点宗教和重点地区的信仰活动规范有序。辩证地看，宗教在促进和维护民族团结中具有积极作用，也存在消极作用。

（一）宗教维系云南民族团结的功能模式

宗教即使不是民族文化的中心，也是影响民族生活方式、文化模式、意识形态和谋生手段的重要因素。在人际交往过程中，宗教既是工具性手段，也是价值性目标。直接或者间接通过宗教因素融入政治、经济、文化等因素，能够有效维护民族团结。

1. 宗教交往与民族交往的重叠互构

宗教交往网络实际上是民族交往网络的折射和反映。例如，汉传佛教在云南白族、纳西族、拉祜族等民族中间传播，我国本土宗教道教在云南白族、彝族、纳西族、阿昌族、瑶族等民族中间传播，是历史上汉族同这些民族交往留下的印记。所谓"礼失而求诸野"，在中原汉族地区早已不觅踪迹的洞经音乐，仍然在白族、纳西族、彝族等民族地区流传，融入其传统文化并成为有机组成部分。我们可以根据宗教的传播路径推测民族交往的关系，儒释道三教在云南民族地区传播，是两汉魏晋南北朝、隋唐宋尤其是元明清以来，中央王朝与云南地方社会博弈的结果，同时也是汉族移民进入云南边疆并与少数民族群众长期交往的结果。

宗教交往有助于增进民族交往，增强民族理解，进而推动民族团结。

---

① （汉）高诱注《吕氏春秋》，《诸子集成》第六册，中华书局，2006，第146页。

② 张曙辉：《滇西北怒江流域巴尼人的民族认同与文化变迁》，第192页。

云南历史上如此，今天仍然如此。2012 年 7 月间，我们曾在武定县城基督教清心堂进行考察，发现该教堂每逢周日以汉族为主，当地苗族、彝族各族信众络绎而来聚集在一起参加礼拜，当问及一位汉族大姐对其他民族信徒的感想时，她说"我们以前不太认识，现在经常一起做礼拜，大家都熟悉了"，"不做礼拜时，我也会和住得近的几位姐妹约着一起上街，其中就有一位苗族"。当问及一位前来县城打工的未婚苗族男青年是否介意同其他民族的姑娘结婚时，他回答："这要看她是在教内还是教外，如果是基督徒不管苗族、彝族都很好。"很明显，因为一起参加宗教仪式产生的亲切感又被日常生活交往互动带来的熟悉感强化，在微观方面有利于民族团结。

2. 宗教交流有助于国家交流

云南的 26 个世居民族中，有汉族、壮族、布依族、独龙族、怒族、傈僳族、景颇族、阿昌族、德昂族、傣族、布朗族、佤族、拉祜族、哈尼族、彝族、苗族、瑶族等 17 个民族跨境而居，他们大多与境外某一民族在血缘关系上属于"同族"，在宗教信仰上属于"同宗"，自古以来就交往密切。因此，云南民族、宗教与境外民族、宗教有着历史与现实的天然联系，宗教在云南现代化建设中发挥着独特而又重要的作用。云南自古就存在的西南丝绸之路和茶马古道，是沟通省内外、国内外的重要商道，也是宗教传播的重要路线。古道沿线上的重要城镇，大多是多宗教和谐共存、多民族团结相处的典型地区。南传上座部佛教在与云南相邻的缅甸、老挝、柬埔寨、泰国等东南亚国家，具有很深的社会影响，信奉南传上座部佛教的少数民族也大都是跨境民族。宗教信仰与民族文化的频繁交流，对于促进睦邻友好，深化发展我国与南亚、东南亚各国的友好关系具有十分重要的意义。今天，在积极融入"一带一路"国家倡议的过程中，云南宗教文化能够发挥更加积极的作用。

3. 宗教道德有助于维持社区秩序

宗教文化为少数民族提供了一套适应环境的技术手段、为人处世的道德原则，以及把握自身命运和应对各类突发、偶然事件的手段。从制度结构的视角看，宗教为少数民族生产生活提供了实质性规范，通过宗教权威和头人行使惩罚权力，对普通成员进行道德教育。在这些民族社区中，宗教仍然是强势文化。从风俗习惯的角度看，人们将宗教作为社会事实、社会势力尊重。为了更好地生存和发展，宗教总是自觉适应社会发展，宗教的一系列社会功能即是其在适应社会演化中发挥出来的。

当前，我们应突出强调宗教的道德属性，引导广大信徒积极参与社会服务和慈善事业，发挥宗教道德的社会作用，彰显宗教伦理化的存在价值。"所谓宗教的伦理化是指宗教道德属性越来越突出，宗教道德的作用越来越明显，而宗教的神学内容越来越受到人们的怀疑和冷遇，人们信仰宗教，更多的是出于道德的需要。"① 法律只可惩恶于后，而宗教却可扬善于前。神圣的戒律不仅告诉人们什么是恶，不能去做；也告诉人们什么是善，必须去做。在神灵的监督下，宗教道德行为比世俗道德行为具有更强的自律性。宗教能运用信仰、仪式等手段，尤其运用教规戒律来约束人们的行为。几乎每种宗教都有一套系统的戒律，如佛教的居士戒、菩萨戒，基督教的十诫，原始宗教信仰中的各种禁忌，这些戒律禁忌对社会秩序的稳定仍然具有积极的意义。在云南民族地区，宗教通常借仪式和道德力量维系社会秩序，通过隐含的惩戒权力进行社会控制。

以外来宗教中的基督教为例，基督教传入之后，对云南一些少数民族影响重大。在基督教本土化、中国化较好的地区，其发挥的正面功能远远大于负面功能。从基督教教义来看，《新约》所宣扬的宗教观念是以"爱"的观念为核心的，基督教"爱"的观念可以分为三个层次：上帝对人类的爱"慈爱"；人类对上帝的爱"敬爱"；人对人的爱"博爱"。对他人的爱是无条件的、无差别的，是一种"博爱""泛爱"。基督教主张"爱人如己"，强调要通过"宽容、忍让"来改变和感化犯错之人的心灵，使他们获得拯救。基督教要求信徒勇于"牺牲、施舍"，不是出于同情和怜悯的恩赐，而是出于爱心的慷慨奉献。以此而言，基督教对促进人际关系和谐与民族团结具有积极作用，但受一些外部因素和偶然因素的影响，基督教也存在破坏民族团结的负面能量。

4. 宗教资源有助于经济社会发展

云南省昆明市富民县小水井苗族社区以"唱诗班"享誉全国，基督教

① 辛世俊：《人类精神之梦：宗教古今谈》，河南大学出版社，2001，第278页。

信仰不仅为苗族群众带来了神圣的情感慰藉，也带来了实实在在的经济利益。矗立在据小水井教堂路边的《小水井碑记》记载：1914 年，苗族先辈打猎至此，看到这里森林茂盛、水源丰沛、气候宜人，于是张老二及王成当等六户人家相继迁徙至此定居。如今，小水井社区已经发展成为昆明市居住最为集中、人口最多、面积最大的苗族聚居村，被誉为昆明市苗族第一村。居住在滇黔交界乌蒙山区的民族支系"大花苗"在 20 世纪初大规模信仰基督教，此后，楚雄、昆明等地的大花苗群众也逐渐信仰基督教。1936 年，小水井苗族开始信仰基督教，至今全村仍有 80% 以上的村民信仰基督教，小水井教堂也是周围几个乡镇基督教徒的活动中心。

小水井教会龙兴德传道员说，1936 年澳大利亚传教士郭秀峰将基督教传入小水井并设立教堂，立马福才为长老、王学明为礼拜长、王福义为执事。郭秀峰开办教会学校，举办苗文培训班，编写苗文识字读本，教苗族青少年识字，还用苗文翻译《圣经》。[①] 1958 年，教会正常活动被迫停止，转到地下秘密活动。1980 年，党的宗教信仰自由政策得到落实，小水井教会借用村上公房重新聚会。1982 年，小水井教堂落成，当时是草房，1986 年重建为瓦房，1998 年再重建为 200 多平方米的砖混结构教堂。随着党的宗教信仰自由政策的贯彻落实，小水井教堂获得了富民县人民政府颁发的《宗教活动场所许可证》。目前小水井教会已发展成一堂五点（小水井教堂、中献堂聚会点、茨塘聚会点、白水塘聚会点、汉营聚会点、白冲聚会点），有信教群众 500 余人。

小水井唱诗班恢复成立于 1986 年，成员有五六十多岁的中老年，也有十五六岁的青少年。唱诗班由四个声部组成：男高音、男低音、女高音、女低音，有一名指挥，一名手风琴师。小水井唱诗班成立后，参加各种形式的文艺晚会和文化交流，对小水井苗族社区的民族团结产生了巨大的影响。最初，小水井唱诗班在教内小有名气，20 世纪 80 年代曾三次应邀参加云南省基督教两会的"三一圣堂"圣诞联欢晚会。1998 年，云南省基督教两会组织"苗族访问团"赴广州、上海等地访问。1999 年"昆明世界园艺博览会"期间，小水井唱诗班受云南省基督教两会的邀请到昆明大光

---

① 杨丽华：《基督教对小水井苗族唱诗班的影响》，《民族音乐》2008 年第 4 期。

明酒店为全国各地教会的牧长们举行专场演唱。此后，在云南省基督教两会的"三一国际礼拜堂"、昆明市基督教两会的"圣约翰福音堂"、呈贡新区的"昆明市基督教活动中心"的落成典礼上都有小水井唱诗班的表演。后来，小水井唱诗班登上中央电视台，省市多家电视台也为他们录制节目。这些年来，小水井基督教会唱诗班不仅在大陆小有名气，还去了澳门、台湾，甚至出国表演。

唱诗班为小水井带来了"人气"，政府投入资金改善社区基础设施和交通条件。例如，省、市、县等有关部门共投资 600 多万元，完成 3700 米进村弹石路面建设；改建村内 2 条总长为 580 米的沙石公路；建成 500 立方米的饮水池；修复小水井标志牌；修筑 3000 立方米的坝塘；新建旅游标准化公厕 1 个、垃圾池 2 个、沼气池 126 口、小水窖 58 口；完成"一池三改"131 户；完成 116 户农户室内水泥地板、火塘改造，对 23 户农户房屋外墙进行粉刷；实施东元至散旦公路二期（东元至小水井段）改扩建工程，打通小水井连接县城的交通瓶颈；建成拥有两层砖混 300 平方米教学楼、1500 平方米运动场的小水井希望小学；建成文化室、图书室、文娱室和 70 平方米的科普活动室；建成苗族文化天籁广场；建成农村信息化体验点，有线电视实现与昆明联网，同时为村民购买 29 寸彩电共计 151 台，丰富村民的业余文化生活；建成医务室，解决群众看病难的问题。2006 年，小水井村被列为昆明市首批社会主义新农村试点，政府先后为每户村民建了沼气池，在村中安装了太阳能路灯，建成民族风情文化广场，使小水井村的村容村貌有了翻天覆地的改变。通过这些活动，加强了小水井村苗族同其他民族和非基督教徒的交流和团结，对民族团结有很大的促进作用。

除此之外，小水井村的教徒在日常生活中互相帮助、互助互爱，"一家有困难，家家来帮忙"。长老说："村里谁家有困难了，教会就会组织信徒捐款捐物，帮助村民解决困难。哪里发生了地震、干旱、洪灾什么的，教会也会组织教徒捐款捐物，为灾区出一份力。"在很大程度上，教会团结了小水井村苗族群众，带领大家共同为村子发展而努力。实际上，云南很多少数民族接受基督教的一个重要原因就是信仰基督教后不吸烟不喝酒，不说人坏话，有助于家庭和睦与社区和谐；戒除烟酒有利于身体健康，有规律的生产劳动自然能够增加收入；因此，信教群众的家庭条件普遍要比不信教家庭要好。除基督教，云南各大宗教和民族民间宗教，经过与社会主义社会相适应的调适，都可成为融入现代化建设的有益资源。

（二）影响云南民族团结的主要宗教问题

我国的宗教信仰具有长期性、民族性、群众性、国际性、复杂性的"五性"特征，作为多民族、多宗教的边疆省份，云南的宗教问题尤为突出，有些宗教问题直接影响云南民族团结、边疆稳定。当前，此类宗教问题主要有以下五种。

1. 宗教渗透

张桥贵教授认为："宗教渗透是指利用宗教或宗教势力，逐渐进入其他社会、文化领域，并对其产生影响；其目的是为了颠覆中华人民共和国政权和社会主义制度，破坏祖国统一；是一种以宗教为幌子的政治活动而非宗教活动。"[①] 与正常的宗教活动相比较，宗教渗透具有政治恶意性、文化侵略性、活动国际性、手法多样性、组织秘密性、破坏严重性六方面的特征。云南地处我国西南边疆，接壤缅甸、老挝、越南三国，毗邻印度、泰国、柬埔寨等南亚东南亚国家，边境线长达 4060 公里，有 17 个少数民族跨境而居，边民日常往来频繁，历史上与东南亚各国间社会经济和文化交流及相互影响十分活跃，从而使云南宗教具有鲜明的国际性，这些都成为宗教势力进行宗教渗透的有利条件。

清朝末年，一些外国基督教传教士利用不平等条约赋予的权力，干预司法乃至地方行政，借以帮助个别入教的流氓恶棍欺压普通百姓，引起群众强烈抵制，一时间"教案"频发，基督教自身也披上了"洋教""鬼子教"的污名。后来，基督教的传教策略有所改变，注重向边疆少数民族传教，通过自身开设的一系列社会事业赢得一些信徒。基督教在云南少数民族地区传播，客观上有助于推动少数民族社会发展进步，但仍有传教士自觉不自觉地通过基督教信仰危害民族团结。有的外国传教士在边疆民族地区形成政治势力，甚至与地方政府抗衡，企图建立国中之国。在一些用民

---

① 张桥贵主编《云南跨境民族宗教社会问题研究》（之一），中国社会科学出版社，2008，第 48 页。

族文字编写的识字课本中公然宣传民族分裂思想，对教徒从小灌输基督教好、美国好、英国好之类的思想。在澜沧传教的永伟理父子编写的拉祜语课本中，第一句便是"上帝，汉人来了，我害怕！"① 教徒每日饭前的祷告词是"上帝啊，汉家压迫我们"。② 公然制造民族分裂和民族对立情绪。经过永氏父子多年的经营，至 1937 年，澜沧县的糯福、班利等村寨，90% 以上的群众都信仰基督教。当时的有识之士感慨："帝国主义者文化之侵略手段，无微不至，信教日增，妄事宣传，恐成尾大不掉之势，对于政治国防影响殊大"③；"中英未定界，不失于英伦之飞机重炮，而失之于永氏父子之福音堂布道会"④。当时，确实有极个别基督徒长期屈从传教士的训诫，成为西方文明的信奉者和追随者，"身在中国而不知中国为何物，人为中国人而不受中国政府之管束"⑤。江应樑先生在 1944 年编撰的《边疆行政人员手册》提出"廉、信、实"的工作原则，并说："甚至若干边民，只知有教士，不知有政府，其原因无他，教士在边区中，深能体验此三字秘诀，身体力行"，告诫入边官吏"诚能做到'无官场做官之习气，有教士传教之精神'，则何忧边民不拥戴政府"。⑥

云南和平解放前后，一些外国传教士不愿离去，于是煽动信教群众武装叛乱，进行分裂破坏活动。1949 年 12 月，浸礼会传教士在陇川县景颇族地区组织成立了"中国山头族办事处"，发展信徒，散布破坏民族团结和国家统一的言论。⑦ 在江城和墨江，美国牧师贝开文组建了"灵工团"进行破坏活动，出境前还要求教徒不唱革命歌曲，不配合政府工作。1949年，游击队解放澜沧，美国浸信会传教士永文生指使澜沧等地传教士张元培、陈定希等人组织"四大民族联盟"（拉祜族、佤族、哈尼族、傣族），以"反汉独立"为号召，煽动糯福、东回等地基督教徒武装暴乱。阴谋败

---

① 牟钟鉴、张践：《中国宗教通史》，第 1203 页。
② 澜沧边工委：《澜沧地区宗教工作情况和问题》，1958，普洱市档案馆藏。
③ 周光倬编《滇缅南段未定界的调查报告》，台湾成文出版社，1967，第 36 页。
④ 云南昆华省立民众教育馆编《云南边地问题研究》，内部铅印，1933，第 28 页。
⑤ 张晓琼：《碰撞与冲突——基督教在云南少数民族中传播特征探析》，《广西民族学院学报》2002 增刊。
⑥ 江应樑编著《边疆行政人员手册》，收入马玉华主编《云南全省边民分布册》（五种），黑龙江教育出版社，2013，第 50 页。
⑦ 颜思久主编《云南宗教概况》，云南大学出版社，1991，第 239 页。

露之后，永文生等人仍不甘失败，又勾结匪徒进行武装叛乱，企图摧毁新生的人民政权。1950 年被解放军击溃后，永文生带领一批教职人员和信徒外逃缅甸。现永文生之子永飞里长期居住在泰国，近年来，多次到过澜沧县班利教堂参观并捐款。

目前，在云南的宗教渗透活动中，针对基督教与南传上座部佛教的活动尤为突出。基督教的渗透势力强大、渗透手段多样化、渗透势力的组织化、计划性程度高，如印缅"爱与行动"、缅甸"浸信会"等组织的渗透活动。总的来看，对云南进行渗透的基督教组织既有国外敌对势力和分裂组织，也有国外教会组织，还有新中国成立前在云南活动的外国传教士的后人及其所属教会组织，主要采取的方式有：直接入境传教、投资建堂，偷运基督教宣传品，举办教会学校和培训班吸引境内教徒，通过大型庆典活动吸引境内教徒，利用广播、互联网、手机微信等媒介传播有害思想，借助旅游、探亲访友或宗教文化交流进行渗透，通过慈善事业、经济合作控制三自教会等。南传上座部佛教的渗透源于近几年"有寺无僧"现象，主要是境外僧人入境传教以及主持宗教活动，在西双版纳等地口岸，入境的缅甸籍僧侣有吸毒贩毒的现象，对信教群众产生不良影响。

近年来，云南中缅边境一线宗教渗透活动又出现了一些新情况、新问题、新特点。2012 年 3 月，笔者从普洱市孟连县的勐阿口岸出境，前往缅甸掸邦第二特区（佤邦）首府邦康进行考察，实地走访了邦康基督教堂、康成小学及教堂并与佤族、景颇族有关教会负责人、信教群众进行座谈，拜访佤邦政界、军界的有关人员，了解到佤邦境内基督教的某些新情况。尤其值得高度重视的是，有韩国、泰国、美国背景的基督教组织采取"工厂＋教会""教会＋学校"的传教模式在缅甸掸邦的第二、第四特区站稳脚跟，并与中国东南沿海温州、上海等地的家庭教会密切联系，通过交流互访、经济援助、扶持发展等形式强化合作，加紧对边境沿线的哈尼族、拉祜族信教群众进行传教。韩国"爱哈尼"组织对澜沧县酒井乡的部分优秀哈尼族学生进行资助，目的是通过长期的资助和意识形态感染，培植基督教在哈尼族地区的传教人员和代理人。缅甸贺岛等地的神学院以食宿全免、补助生活费等诱人条件，吸引边境地区青少年前往就读。

境外基督教通过资金支持、参与股份等形式扶持境内教会的产业发展。如泰国清迈基督教总会派教职人员共 102 人次入境到澜沧班利基督教堂，资助建盖"培训中心"大楼，并扶持教会种植茶叶，以此扩大在拉祜族信徒中的影响。据有关部门掌握的情况，涉嫌利用基督教对云南进行渗透的境外组织达 80 个之多。民族性、群众性、国际性、与人们日常生活紧密结合、与现实问题相交织等特点，共同构成了云南跨境民族地区宗教的特殊复杂性。这种复杂性与东南亚地区和周边国家复杂的社会和民族宗教形势相重叠，使跨境民族地区的防渗透、反渗透工作面临着极大的压力。再加上云南"建设南亚东南亚国际大通道"发展进程的不断深入，境外宗教渗透对边疆社会稳定乃至国家安全的威胁将日益显现，成为我国在发展过程中的潜在隐患。

另外，据龙陵县民宗局的汇报材料，在中缅边境北段一线，自 1992 年以来，缅甸密支那傈僳族基督教会、景颇族基督教浸信会、仰光华人基督教会和缅甸南桑神召会等境外宗教组织，先后有 84 名教职人员以探亲、经商、旅游等为借口公开或秘密入境进行非法传教。目前，缅甸北部各基督教会在中缅边境一线设立了 10 余所神学院校，以减免学费、提供补助、报销差旅费等优惠条件为诱饵，引诱青年教职人员和信徒出境学习或参加培训，学成后可在边境一线传教，也可回国活动，成绩优秀的则送到泰国、美国深造。这些培训班吸引了境内怒江、德宏、保山等地多人出境学习，仅德宏州就有 500 多人。尤其是特定民族所属教会开办的神职院校和培训班，特别推崇学习本民族文字，营造民族教会的氛围，对云南边境地区傈僳族、景颇族、拉祜族和佤族等民族的团结以及主流教会的统一造成了不利影响。此外，在缅甸的众多神学院校中，许多具有复杂的政治背景，如美国政治势力的介入，台湾当局情报组织的介入等，这些学校和培训班除了学习民族语言、《圣经》读本及一般神学知识以外，还穿插有政治内容，是敌对势力利用宗教对我国进行"西化""分化"的重要手段。

2. 邪教传播

《中华人民共和国刑法》第 300 条规定：邪教组织是指冒用宗教、气功或者其他名义建立，神化首要分子，利用制造、散布迷信邪说等手段蛊惑、蒙骗他人，发展、控制成员，危害社会的非法组织。邪教组织多散布"世界末日"谣言，教主自称具有超自然的力量，打着"拯救人类"的幌子，通过秘密结社的组织形式和各种洗脑宣传控制、蛊惑群众，不择手段地敛取钱财。

在我国官方认定的 14 种邪教组织中，除观音法门、灵仙真佛宗 2 种打着佛教幌子，其余呼喊派（地方教会）、门徒会、全范围教会、灵灵派、新约教会、主神教、被立王、统一教、三班仆人派、天父的儿女、达米宣教会、世界以利亚福音宣教会 12 种都打着基督教幌子。目前，在云南活动比较频繁的邪教组织有"东方闪电"和"门徒会"，它们打着基督教名义，具有较强的迷惑力，使一些信徒难辨正邪、不分真假。

"东方闪电"，又称"实际神""全能神"，创立于 20 世纪 90 年代初，主要从李常受创立的邪教组织"呼喊派"分化演变而来。其教义以"世界末日就要来临""中国人最卑贱""信'女神'得拯救"等歪理邪说为中心，宣扬"全能神"已经以女性的肉身降临中国，现在是全能神的时代，一切要听从"全能神"旨意，才能躲避灾难。2009 年 1 月，云南省江川县公安局破获一起"东方闪电"邪教案件，参与人员有 17 人，他们秘密聚会，发展成员，散布谣言，蛊惑他人，社会影响非常恶劣。近期，有"东方闪电"骨干分子号召信徒与"大红龙"决战，妄图推翻党和政府，建立所谓的"神国"，已经被我公安机关严密侦查和打击。

"门徒会"由陕西耀县农民季三保创立于 1989 年，内部设总会、大会、分会、小会、小分会、教会、教会点等 7 级机构。"门徒会"歪曲《圣经》，编造"七步灵程"邪说，宣扬"祷告治病""种庄稼无用""学生信主不学也自通"等邪说。据相关资料显示，大约于 1997 年"门徒会"传入云南省红河州，一度在金平县、绿春县等地迅速传播。据金平县公安局统计，截至 2007 年，"门徒会"已经波及全县 13 个乡镇 86 个自然村，包括 6 个分会点，28 个教会，241 个教点，信徒包括汉族、拉祜族、彝族、哈尼族、瑶族、苗族、壮族等民族，信教人数达 4300 多人。2010 年 11 月，云南省迪庆州维西县公安局就告破一起以汉建平为首的"门徒会"邪教组织案件，涉案人员达 200 多人。

3. 宗教极端主义

宗教极端主义是宗教与极端主义的复合词，是冠以"宗教"之名的"极端主义"，本质上是一种政治行为而非宗教行为。宗教极端主义"用一些偏执、无限扩大化、绝对化的观点诠释某一宗教的信仰体系，煽动宗教狂热。它主要有两种类别：第一类是指宗教内部的极端主义倾向；第二类是指在宗教名义下的极端主义，或打着宗教旗号的极端主义"。① 宗教极端主义具有三方面的特征："第一，它在本质上是非宗教的，是宗教蜕变的产物，与所信仰的宗教有一定的关联；第二，它在信仰同一宗教的、特定的人群中从事活动；第三，它具有排他性，绝对排斥一切异质文化和一切异教信仰，进而对之冲击、拒绝、打杀、毁灭一切异质文化和一切异教信仰的载体或象征物；即便是那些与它同质的文化和信仰，由于与自身极端的思想观念具有一定差距或区别，同样会受到排斥、打击。"②

当前，全球范围内宗教极端主义和恐怖主义蔓延的严峻形势，有些与云南毗邻的南亚、东南亚国家正在遭受宗教极端主义的袭扰，云南边境沿线有一些穆斯林流动人口，我们应及时掌握其宗教信仰状况。在德宏州瑞丽市，一些清真寺的领导权由印巴人掌握，内部活动较为隐秘，存在导致宗教事件和传播极端主义的隐患。近年来，云南伊斯兰教内部出现的"瓦哈比"③ 现象，源于境外组织在云南境内私自招收留学生，私自组织零散朝觐人员，这些人员返回云南后开始传播"瓦哈比"思想。④ 目前，云南正在积极融入"一带一路"倡议，全力推进"孟中印缅"经济走廊建设，从昔日的边疆转型成为开放前沿。在对外开放过程中，难免产生一般性的经济和社会问题。因此，应严加防范极少数徒有宗教信仰者之名的极端主义分子为了谋取非法的政治利益，歪曲宗教的基本精神，篡改某些教义教规并加以强化、极端化，利用经济社会发展中出现的一般问题，蒙骗、诱惑信教群众，组织、煽动宗教狂热。任何破坏正常社会秩序，破坏民族团结，威胁国家边疆稳定的活动，包括打着宗教旗帜的活动，都要依法严厉

---

① 陈杰军、徐晓天：《析宗教极端主义及其对国家安全的危害》，《江南社会学院学报》2006年第3期。

② 金宜久：《宗教极端主义的基本特征》，《中国宗教》2004年第2期。

③ 18世纪中叶，由阿拉伯半岛奈季德地区的伊斯兰学者穆罕默德·伊本·阿卜杜勒·瓦哈卜（1703～1792）创立，主张"回到《古兰经》去"的严格原教旨主义，提倡"圣战"以争取阿拉伯半岛的统一和民族的独立。

④ 熊胜祥、杨学政主编《云南宗教情势报告（2003～2004）》，第16页。

打击。

4. 宗教事件

宗教事件是因宗教原因、为宗教目的、以宗教手段而发生的各种矛盾冲突。杨金东对宗教事件的类型和性质做出以下分析：在日常交往过程中因不小心触碰特定民族的宗教禁忌而伤害民族情感而引发的冲突属于突变性宗教事件；蓄意违反和挑衅宗教禁忌因而引发冲突属于渐变性宗教事件；宗教内部因为教理教义、崇拜仪式、领袖任免等方面的分歧而引发的冲突属于裂变性宗教事件；借助宗教手段组织群众进行其他目的的冲突活动属于聚变性宗教冲突。按照其目标指向，宗教事件或者发生在同一宗教信徒内部，或者发生在不同宗教信徒之间，或者发生在宗教信徒与非信徒之间，也有可能发生在宗教信徒与政府之间。①

因为宗教掌握大量信徒，借助自身的组织网络具有强大的动员能力，一旦以宗教为导火线引发社会事件，其破坏程度不容忽视。新中国成立以来，云南发生的危害民族团结的重大宗教事件主要有："教徒外流事件""瑶山事件""沙甸事件"等。

（1）"教徒外流"事件。在"向宗教开战""消灭宗教"等"极左"政策影响下，1958～1962 年，中缅边境怒江州、德宏州、临沧地区和思茅地区先后外流基督教徒超过 20 万人，并一直持续到"文化大革命"结束。

（2）"瑶山事件"。1969 年 4 月 15 日，因对强行收缴火药枪不满的红河州河口县瑶山公社部分瑶族群众"上山""闹皇帝"进行反抗，被错误地定为"反革命武装暴动事件"遭到镇压。

（3）"沙甸事件"。沙甸是云南省红河州个旧市附近一个较大的回族村落，"文革"末期受"极左"思潮影响，地方工作人员不尊重回族宗教信仰，强行封闭清真寺，禁止回族群众参加礼拜活动，焚毁伊斯兰教经典，甚至号召回族群众养猪，引发回族群众强烈不满。1974 年，军队介入引发大规模武装对抗和流血事件。这些所谓的宗教事件，大都发生在或溯源于"极左"思潮横行时期，经过党和政府认真细致的工作，现在已经得到了

---

① 杨金东：《云南边疆民族地区宗教事件的类型、趋势与对策分析》，《宗教学研究》2014年第 1 期。

妥善处理。

5. 基督教过快传播与传统宗教的对立冲突

整体而言，宗教传播有人为传播和自然传播两种模式，前者有明确的传教意识，不择手段向外部成员传播信仰，往往会引起冲突；后者借助日常交往等渠道，自然而然、潜移默化地传播宗教信仰，在很大程度上可以避免冲突。基督教的过快发展会破坏当地的宗教文化生态平衡，有可能会引发各宗教争夺信众的矛盾和冲突，危害民族团结，破坏社会稳定。近代以来，基督教在云南少数民族地区传播，最初经常因为信仰和文化等差异引起冲突，之后传教士为少数民族创立文字、开办学校、开设医院，通过发展社会事业推动了宗教事业。虽然基督教在传播过程中，一直寻求与少数民族社会的适应，但仍有个别信徒拘泥于基督教的教义，对本民族不信教群众举行传统风俗活动持抵制和反对态度，由此引起对立冲突。新中国成立前，一些在云南传教的外国传教士规定，不准教徒与非教徒通婚，甚至不准不同教派之间的教徒通婚，严重破坏了不同民族之间、教徒与非教徒之间、不同教派教徒之间的团结。例如，福贡傈僳族教会制定的十诫中，第七条"禁止唱民族歌谣，跳民族舞蹈"；第八条"禁止教徒与非教徒通婚"；第十条"教徒与非教徒不得合作共事"。[①] 历史上，云南少数民族大多没有本民族文字，民族歌谣和舞蹈是民族口述历史和传统文化的载体，且多在有关宗教祭祀或仪式活动中唱跳，是表达民族感情的主要手段。外国传教士强行禁止少数民族唱民族歌曲、跳民族舞蹈、祭祀祖先，在民族传统文化保留较为完整的地区，容易引起民族版本的"礼仪之争"。改革开放以来，虽然不再明文做出类似规定，但基督教传播同少数民族传统文化之间的对立仍时有发生。要彻底消除此类冲突，必须通过引导少数民族基督教全面本土化和中国化来实现。

改革开放初期，几名在外打工的红河县哈尼族青年回家乡传播基督教，最多时乐育乡、宝华乡、洛恩乡等地2000余名哈尼族、汉族群众信教。由于红河县哈尼族传统宗教文化保留相对完整，仍然以集体名义"祭竜"。信奉基督教之后，信徒不参与集体"祭竜"，传承数百年的文化传统

① 颜思久主编《云南宗教概况》，云南大学出版社，1991，第238页。

遭到挑战。因此，某哈尼族村寨以集体名义对基督徒进行排斥，乃至强行停水断电、没收土地林地，甚至赶出村寨。基督徒针锋相对，砍倒"竜树"建盖聚会点，引发双方激烈冲突。最初，政府工作人员介入，劝说基督徒放弃信仰，甚至运用行政手段打压教徒，将之定性为"邪教"，不但没有调解好冲突，还使矛盾越积累越复杂，基督教信徒和当地政府的关系一度非常紧张。后来，政府改变调解策略，才使哈尼族某村寨传统宗教同基督教 20 年之久的紧张关系有所缓和。根据杨佳鑫的调查，目前红河县基督教与哈尼族传统宗教之间的关系主要有以下三种类型。

一是，双方相互隔离的对立型共处，主要表现为不同信仰群体之间互不来往，相互对立、相互指责，日常生活和宗教生活全面隔离；二是，双方相互包容的分立型共处，主要表现为不同信仰群体之间在日常生活方面有一定程度的交往，在宗教信仰及活动方面则完全分立，双方完全不参与对方的任何宗教性活动，包括传统的婚丧嫁娶活动；三是，双方相互交往的离合型共处，主要表现为不同信仰群体之间在日常生活方面相互交往，在宗教信仰及活动方面则相对分离，基督教信徒参与其他村民的婚礼、葬礼、建房等活动，但对其中传统的祭祖、跪拜等仪式采取回避态度，而对村社的传统宗教活动，则采取参与平摊费用，但不参与祭祀仪式和聚餐等活动的方式。第三种类型的宗教关系、民教关系、政教关系都较为融洽，属于双方相互理解、和睦相处的类型。[①]

可以说，影响云南边疆民族地区社会稳定的宗教因素主要来自外部，如境外宗教渗透。此外，某一宗教发展过快导致原有宗教生态失衡，也是引发冲突的重要因素。我们应着重考察并积极引导宗教促进民族内、民族间的融洽团结，并以此为中心分析带有普遍性的机制与规律；分析宗教如何引发民族冲突，造成不同宗教之间的矛盾对立，以及如何引导冲突向和谐转化，以求对政府相关工作部门处理类似事件提供切实可行的借鉴。化解宗教冲突和宗教问题，是为了更好地促进宗教和谐与民族团结，这是一个问题的两个方面。

---

① 杨佳鑫：《红河哈尼族传统宗教与基督教的冲突和调适探析》，《保山学院学报》2012 年第 6 期。

第七章

引导宗教促进民族团结的对策建议

党的十八大报告提出："促进政党关系、民族关系、宗教关系、阶层关系和海内外同胞关系的和谐"[①]；"全面贯彻党的宗教工作方针，发挥宗教界人士和信教群众在促进经济社会发展中的积极作用"[②]，为新时期做好民族宗教工作提出了更高要求。习近平总书记在 2016 年召开的全国宗教工作会议上讲话强调："在我国，宗教关系包括党和政府与宗教、社会与宗教、国内不同宗教、我国宗教与外国宗教、信教群众与不信教群众的关系。促进宗教关系和谐，这些关系都要处理好。处理我国宗教关系，必须牢牢把握坚持党的领导、巩固党的执政地位、强化党的执政基础这个根本，必须坚持政教分离，坚持宗教不得干预行政、司法、教育等国家职能实施，坚持政府依法对涉及国家利益和社会公共利益的宗教事务进行管理。"[③] 可见广义的宗教关系涉及诸多方面，处理好宗教关系，是一项社会系统工程。宗教和谐是宗教关系的核心内容，同样，民族团结也是民族关系的核心内容，宗教和谐与民族团结可以相辅相成、互促互进。在党和政府正确引导下，宗教可以通过与民族相互重叠的关系网络，对民族团结发挥促进作用。团结广大信教群众，挖掘宗教蕴含的有益资源，为经济建

---

① 胡锦涛：《坚定不移沿着中国特色社会主义道路前进 为全面建成小康社会而奋斗——在中国共产党第十八次全国代表大会上的报告》，《人民日报》2012 年 11 月 9 日，第 1 版。

② 胡锦涛：《坚定不移沿着中国特色社会主义道路前进 为全面建成小康社会而奋斗——在中国共产党第十八次全国代表大会上的报告》，《人民日报》2012 年 11 月 9 日，第 1 版。

③ 人民网，2016 年 4 月 23 日，《习近平出席全国宗教工作会议并发表重要讲话》，http://politics. people. com. cn/n1/2016/0423/c1001 - 28299513. html。

设、社会建设、文化建设、生态文明建设营造良好氛围，提供建设性资源，是民族宗教事务部门做好民族宗教工作的首要任务。

改革开放 30 多年来，国家通过多种形式组织宗教界人士参观学习，提高了他们爱国爱教的思想觉悟，边疆民族地区的宗教界人士大多能够自觉维护民族团结。目前，云南各大宗教团体在弘扬传统宗教文化和宗教道德蕴含的积极因素的同时，能够与时俱进，在积极融入国家"一带一路"倡议进程中发挥对外交流黄金纽带的功能，在建设"边疆繁荣稳定民族团结进步示范区"进程中运用自身资源维护民族团结。关于引导宗教促进民族团结的对策建议，应基于"国家—社会—宗教—信徒"的互动框架进行分析。

一　完善相应的宗教政策及法律法规

20 世纪 50 年代，国务院、云南省以及有关州、市、县出台多部禁止宗教歧视、以宗教名义进行人身攻击之类的法律法规。由于民族宗教风俗的长期延续性，有些恶风劣俗至今仍未根除，需要制定法律禁止。例如，1990 年制定的《云南省兰坪白族普米族自治县自治条例》第四十八条规定：禁止诽谤他人为"杀魂""养药"等侵犯公民人身权利的违法行为。改革开放以来，因不尊重少数民族宗教信仰，侵犯少数民族风俗习惯引发的冲突时有发生，对此，《中华人民共和国刑法》对剥夺少数民族宗教信仰自由和侵犯少数民族风俗习惯，歧视、侮辱少数民族的行为，处以有期徒刑、拘役或者管制。

1991 年中央制定的 6 号文件《中共中央、国务院关于进一步做好宗教工作若干问题的通知》，是宗教工作法治化进程中的可贵一步，文件指导性地提出政府依法管理宗教的内容、目标和方法。2004 年 11 月 30 日国务院颁布、2005 年 3 月 1 日正式实施的《宗教事务条例》是我国首部综合性宗教行政法规。经过改革开放深入推进、经济社会快速发展的十多年，我国宗教领域出现了一些新情况、新问题，如城市流动人口特别是流动穆斯林的宗教信仰问题等。当前，除考虑修订《宗教事务条例》，还可以考虑制定《宗教安全法》和《民族团结法》两部法规。各地和各部门乃至宗教活动场所也可以根据《宪法》和《宗教事务条例》，结合具体情况制定管理办法。2017 年 8 月 26 日，国务院总理李克强签署国务院令，公布新修订的《宗教事务条例》自 2018 年 2 月 1 日起施行。

民族团结与社会稳定是少数民族地区经济社会发展的重要前提，也是各民族群众的共同心愿。我们应不断巩固和发展平等、团结、互助、和谐的社会主义民族关系，牢固树立"汉族离不开少数民族，少数民族离不开汉族，各少数民族之间也相互离不开"的思想观念。宗教问题关系国家和民族的利益，不能有丝毫懈怠，应建立应对宗教事件的长效处理机制，从源头上治理宗教破坏民族团结的事件。当前，应对此类民族宗教事件，尚缺少相应的政策和法规依据，因此应根据实际情况，针对宗教破坏民族团结的重大事件，从中央或地方层面制定和完善相关法律法规。

宗教必须合理地嵌入在社会结构，进一步发挥维护社会稳定的正功能。如果发生宗教问题，应将之作为社会问题进行处理，不宜渲染其敏感性。我们在制定宗教促进民族团结的政策法规时，必须将加强宗教管理、维护多元宗教和谐、促进民族团结三个方面的内容有机结合起来。针对云南多民族多宗教多文化并存的情况，应立足边疆民族地区实际，坚持宗教信仰自由原则，坚持民族平等原则，坚持政教分离原则，坚持抵御宗教渗透、打击违法犯罪原则，积极引导宗教与社会主义社会相适应，积极引导宗教服务边疆、服务民族社会发展，将宗教信仰引导至私人领域，禁止宗教妨碍公共利益。历史上，宗教权威主要是克里斯玛型或传统型权威，而不是法理型权威，人大于法、以宗教领袖言论代替法律的现象时有发生。国法大于教法，宗教活动场所并非法外之地，当前我们应提高宗教界人士的法律知识水平，将宗教活动纳入法律管理，切实提高宗教工作的法治化水平。

二　明确政府有关部门的职责

加强党的领导是处理好宗教问题的根本保证，政府有关部门尤其是民族宗教事务部门应在党的民族宗教政策框架内展开工作。各级党委政府应该针对云南少数民族地区的特殊情况，从实际出发，明确相关责任。一是严格执行宗教政策，尊重各民族群众的宗教信仰，保障信徒的正当权利，大力宣传党的宗教信仰自由政策。党的宗教信仰自由政策能够广泛地团结一切可以团结的信教群众，对民族团结、社会稳定和国防巩固具有促进作用。二是大力宣传党的民族政策，有关部门可以采取报纸杂志、广播电视、互联网乃至微信平台等多种形式宣传党的民族宗教政策，并认真加以贯彻落实。三是号召广大宗教信徒树立爱国爱教思想，倡导多民族多宗教之间和睦相处。四是切实提高处理复杂宗教民族问题的能力。随着云南对外开放步伐的加快，边疆民族地区宗教情况将日益复杂，我们必须加强监控，及时了解口岸地区、重点宗教人群情况，防止破坏民族内部或民族之间团结的事件发生。边疆民族地区发生的民族宗教冲突，相比内地更容易演化为政治问题。在"云南民族团结进步边疆繁荣稳定示范区"建设过程中，应加大宗教问题的专项调研力度，除已经立项的"清真食品管理""和谐寺院建设"等重点调研课题，应划拨专项经费，着重推进宗教促进民族团结的专项调研。

宗教工作落实的好坏，关键在于党政领导干部、统战和宗教工作干部、宗教界人士这三支队伍的综合素质和能力的提高。应从完善政府宗教管理工作和宗教自我管理工作两方面入手，既要加强宗教工作干部的宗教专业知识的学习和培训，提高"依法管理"的水平，为宗教界积极服务社会创造良好的环境和条件；又要抓紧宗教组织的建设工作，健全组织机构，完善管理模式，不断加强和完善爱国教职人员的培养工作。在改革开放进程中，不断推动宗教健康理性发展，改革不利于生产生活的传统宗教制度和宗教习俗，坚持不懈地在宗教界和信教群众中进行爱国主义教育和科学技术教育，调动信教群众发展生产、改善生活、脱贫致富的积极性，把人们的宗教热情转化到发展经济的生产生活中来。当前，应贯彻落实宗教信仰自由政策，处理好信教群众与不信教群众、不同宗教、不同教派之间的关系，谨防矛盾激化、事态扩大，警惕因宗教问题引起的民族纠纷。

三 建立处理宗教突发事件的有效机制

民族和宗教问题一直都是关系社会长治久安的大问题。党的十八大报告重申贯彻好宗教工作基本法则，同时提出了"促进宗教和谐"的更高要求。近年来，边疆地区个别破坏民族团结的不法分子，企图利用宗教策划和实施破坏民族团结、致使国家分裂的罪恶行径。我们可以根据宗教事件演变的时间脉络、影响范围大小以及涉及群众的多少，综合时间、空间、人口等因素将宗教事件分为渐变型、突变型、裂变型以及聚变型四种类型。任何预谋破坏民族团结和国家稳定为目的的宗教活动，都属于恶性宗教事件，必须依据法律手段坚决打击。宗教对云南跨境民族的影响较深，应引导其发挥促进民族团结的积极作用，防范恶性民族宗教事件，制定处理宗教突发事件的长效机制。在宏观层面，应保持民族宗教政策的长期性、正确性；在中观层面，应设置专门的民族宗教工作机构；在微观层面，可以借助乡规民约促进民族团结、宗教和谐。总之，要自上而下、自下而上形成民族团结、宗教和谐的合力。

在建立长效机制的同时，也应注意制定应急预案。突发事件应急预案是针对突然发生，造成或者可能造成严重社会危害，需要采取应急处置措施予以应对的自然灾害、事故灾难、公共卫生事件和社会安全事件的处置方案。突发事件很难预测，一旦事件爆发，应能按照预定方案采取措施。针对危害民族团结的宗教突发恶性事件也可采取应急对策，做好预案和部署，考虑到各种可能发生或出现的意外情况，制定出相对全面和可行的多套方案。各级地方政府更应做好相关工作，积极筹备。尤其是宗教事件多发、频发地区，在相关部署中应规定和安排各部门的职责和任务，措施应周密而详尽，保证在突发事件时各方面能全力配合与行动。唯其如此，才能以不变应万变，降低宗教冲突带来的危害和损失。

四　慎重处理民族宗教问题

一是从国际视野审视边疆民族地区的宗教问题。云南与缅甸、老挝、越南三国接壤，毗邻印度、孟加拉、泰国、柬埔寨、马来西亚等国，这些国家的宗教文化复杂多样，很容易传输到国内。历史上，南传佛教从东南半岛传入我国傣族地区，基督教也在缅甸北部形成了辐射我国边疆民族地区的几个传教中心。当前，国外敌对势力仍然利用边境的特殊地理位置对我国进行渗透。因此，边疆民族地区的宗教问题在某种程度上具有国际性，有些问题应在国际合作框架内解决。当前，还应重点防范藏传佛教分裂势力以及伊斯兰教极端主义在我国边境的活动。在打击宗教恐怖主义、分裂主义、极端主义问题上，需要国际社会紧密合作。要开展国际合作，也应宣传报道好国内民族宗教情况。

二是培养社会大众对待宗教的理性意识。宗教作为一种社会文化体系，其精华部分可以与社会主义核心价值体系对接，宗教组织也可以积极融入社会，带领信教群众服务社会。普通群众应该理性对待宗教现象，在日常交往中必须尊重信教群众的宗教信仰风俗。在多民族多宗教共存的社区，普通群众也应具有一定的宗教常识，尤其是不能触犯敏感的宗教禁忌。普通群众在价值中立的客观立场上，更容易发现以宗教为幌子危害民族团结、国家统一的各类行为。如果发现宗教违法犯罪活动，应及时向有关部门报告，迅速措置处理。

三是引导大众传媒的宣传报道。近年来，互联网络兴起，已经成为人们生活中不可或缺的部分，手机微信等新兴媒体和平台更是传播信息的媒介。我们可以借助大众传媒的强大社会影响力，发挥大众传媒在学习、宣传民族宗教政策方面的作用，讲好宗教促进民族团结的云南故事。通过大众传媒来宣传党的宗教和民族政策，不仅可以使更多群众加强理论学习，有助于在更大范围内共享价值观念，增强中华民族的向心力和凝聚力。目前，有关民族宗教方面的宣传报道很少，仅限于新闻类的报道或是有关会议精神的传达。应积极拓宽宣传报道的广度和深度，不仅要宣传宗教文化在社会生活中的正能量，也可以曝光宗教破坏民族团结的负面事件，以期引起人们的关注和反思，达到维系宗教和谐、维护民族团结的目的。有关媒体和平台在介绍常识的同时，也可发布有一定思想深度和理论深度的学术文章。在多民族聚居区，应注意使用民族语言文字，适当运用民族群众喜闻乐见的形式，酌情举办"民族团结宣传月""民族团结摄影展"等专题宣传活动。

五 加强宗教团体的自我管理能力

一是加强教职人员队伍建设。宗教界人士是联系政府与信教群众的桥梁纽带，应着力培养一批"政治上靠得住、宗教上有造诣、品德上能服众、关键时起作用"的合格教职人员队伍，充分发挥他们的引领示范作用。在边疆民族地区，我们有过因为民族宗教上层人士出走而引发边民大批外流的惨痛教训，也有过因为民族宗教上层人士出面劝导而化解民族宗教冲突的积极经验。应积极引导宗教界人士带领信徒弘扬正信、发挥正能，形成正识，凝聚正力；引导宗教界人士广泛参与和兴办社会公益慈善事业，将各种宗教信息反馈给政府有关部门，以利于相关政策法规的制定。一般信教群众也应增加自己的辨别能力，不为别有用心的人士所利用，不说不利于团结的话，不做危害国家和人民的事，自觉抵制境外宗教渗透以及邪教传播。在现实社会情境中，宗教徒表现为不同身份的融合，同时扮演国家公民、民族成员以及其他社会角色。因此，应将国家意识、法律意识、民族意识以及时代意识植入宗教信仰意识，形成系统的、稳定的文化心理结构。

二是规范宗教仪式和宗教活动。宗教蕴含着大量有益于社会和谐的因素，但是一些宗教活动或仪式的随意性较大，一些信徒自行解释教理教义，在一定程度上造成了混乱，给不法分子以可乘之机。有些宗教活动长期在封闭的"暗箱"中活动，财务不公开、制度不透明，极易滋生宗教腐败。有些宗教存在借教敛财现象，个别教职人员自身素质不高，公众形象不好，绯闻不断。因此，在挖掘宗教文化精华的同时，应坚决抵制宗教极端主义对教义的歪曲，杜绝别有用心之人利用宗教破坏民族团结的恶性事件。我们应规范日常宗教活动，杜绝借教敛财现象，依法管理宗教事务。

三是加强宗教内部制度建设。我国宗教整体发展状况良好，但是随着社会发展进步，各宗教在因应传统、适应现实的过程中，角色定位与发展方向出现不同程度的迷失、偏离和错位。如宗教观念滞后，宗教活动失范，宗教团体机关化、行政化，教职人员官僚化、阶层化，宗教内部运行机制和工作方式不符合时代要求等，影响了宗教的健康持续发展，也不利于民族团结、社会和谐。有些宗教内部争权夺利，不仅影响宗教自身团结，也导致信徒彼此冲突，容易诱发宗教突发事件。宗教内部应制定和完善相关规章制度，尤其是财务管理制度，在政府监管、社会监督、信徒监察的基础上，公开透明地开展宗教活动，规范教职人员的价值观念和行为规范。

四是挖掘宗教蕴含的现代价值。宗教是人类一种特有的文化和社会现象，作为一个高度概括和抽象的复合概念，宗教具有广阔的外延，从世界宗教到世界诸民族的传统宗教，不同宗教在教义模式、信徒规模、组织结构、文化特征等方面存在极大的差异性。宗教无论多么神秘，它总是现实的、具体的、历史的。宗教表面上以虚幻而又虔诚的方式诉诸神灵，本质上却仍然是运用人类自身力量追求成功、趋向完美。宗教蕴含着大量有益于社会人心的教理教义，例如，基督教倡导爱人如己，佛教主张众善奉行，伊斯兰教提倡顺从坚忍，几乎所有宗教都劝导人们和平、博爱、宽容、仁爱、友善、弃恶等，这些价值同样也是世俗社会所奉行的金科玉律。这些积极的宗教思想可以通过宗教仪式或宗教活动等反复强化，逐渐内化为宗教群体的自我意识和自觉行动，用以指导和规范人们的日常行为。充分发挥和促进宗教中有益于民族团结的各种价值、行动、资源的社会化、制度化和长期化，对于日常生活和社会活动的正常有序进行具有重大的意义。宗教文化资源包括宗教思想智慧资源、道德教化资源、文物遗产资源、文学艺术资源、教育事业资源、旅游观光资源、慈善公益资源、养生保健资源、环境保护资源等，挖掘并利用有益于民族团结的宗教文化资源，也有利于宗教健康良性发展。我们应将宗教的团结价值内化于心，规范并指导信徒行为，形成维护民族团结的文化自觉，最终在社会行动中持续呈现，营造民族团结的人际关系网络，实现民族团结内在化和社会化的有机结合。同时，要从外部积极引导、内部自觉破除宗教阻碍民族团结、社会发展的落后因素。

五是引导宗教推动民族团结的行动。宗教的健康良性发展，既要借助宗教内部的自我发展和完善，又要借助外部力量的规范和约束。应辩证理解宗教和谐与民族团结的关系，对宗教义理做出适应社会主义核心价值体系的调整，从外部引导宗教促进民族团结的行动能量，以自身的健康理性发展融入民族团结实践。宗教界应积极服务社会并处理日常生活纠纷，社会也应加强监督管理，积极发现并反馈宗教问题，在法律框架内化解矛盾，为民族团结、社会和谐奠定坚实基础，并形成双赢互利的良性循环。必须清楚，宗教只是维护云南跨境民族地区民族团结的因素之一，只有与经济因素、社会因素、文化因素、政治因素等综合协调，才能发挥更大作用。

六　构筑宗教文化生态平衡

宗教文化生态平衡是一个涉及宗教和谐、民族团结和国家安全的问题。促进并维护宗教生态平衡，才能使各宗教在相对和谐、安全、稳定的环境中生存发展，进而促使各宗教联系的信徒群体和谐相处，维护民族内和民族间团结。应提倡不同宗教间学习交流，形成宗教和谐相处的文化圈，推动外来宗教本土化，本土宗教不断提升信仰理性和文化理性。当前，对云南边疆民族地区宗教文化生态破坏最大的就是宗教渗透和邪教传播，敌对势力企图借助宗教宣扬西方价值理念，散布民族分裂言论，以宗教认同挑战中华民族和社会主义国家认同。对宗教渗透防范不力，势必危及社会主义核心价值体系，导致民族文化和民族精神的流逝，产生严重的国家认同危机和马克思主义信仰危机。如何有效抵御宗教渗透，维护国家意识形态安全，为中华民族提供强大的精神动力，构建共同的精神家园，是我们必须认真研究的重大课题。

宗教渗透与宗教传播、宗教交流有着本质的区别。宗教传播是以宗教人生观、世界观和价值观为媒介，跨越特定的空间和时间界限争取信徒、扩大宗教影响的一系列宗教性活动。在这些活动中，宗教主要作为一种信仰资源而被宗教组织或个人所使用。宗教交流是以宗教自身作为媒介开展的一系列旨在促进友谊、加深理解的文化友好性活动。在这些活动中，宗教是一种良性的文化资源。而宗教渗透则是在宗教名义下进行的政治破坏活动，其目的不在于争取更多的个体信仰者，而是消融异质社会的思想、文化和信仰基础，是针对异民族的政治、文化和社会整体进行的渗透活动。宗教渗透不是服从宗教目的而是服从政治目的。云南跨境民族地区宗教渗透的危害首先表现在意识形态领域，进而向社会领域全面扩散，如同恶性肿瘤不及早切除，必将引起整个肌体的全面病变。[①] 全社会尤其是党政领导干部应从国家安全的战略高度重视宗教渗透问题，把防范和抵御境

---

① 孙浩然：《境外宗教渗透与云南边疆民族地区意识形态安全研究》，《中共云南省委党校学报》2012 年第 1 期。

外宗教渗透作为改革开放和社会发展战略的重要任务和基础工作来抓，切实加强抵御宗教渗透工作的紧迫感和责任感，提高依法管理宗教事务的水平和能力。

有关部门应组织专项调查，深入研究境外敌对势力宗教渗透活动的社会文化基础、惯用手法、渗透渠道、表现特征、发展规律、机构设置、人员情况等，以此作为制定抵御宗教渗透策略的理论依据。针对云南边疆毗邻三国，民族众多，宗教信仰与各族人民的经济、社会、文化、精神生活密切相关，宗教关系与民族关系、群众关系、国际关系错综交织，信教群众普遍贫困，教职和管理人员整体素质不高，管理水平和"自养"能力较差的实际情况，我们应深入研究跨境民族地区宗教问题具有的特殊复杂性，为抵御宗教渗透提供坚实基础和内在动力；探索如何建立有效的防范机制，广泛动员和利用全社会力量参与到抵御宗教渗透工作中；同时认真总结经验，如实践证明行之有效的"宗教场所亲情式服务"等，将之提升为理论模式并逐步推广。结合云南边疆民族地区实际，我们认为做好抵御宗教渗透工作，应从以下八个方面着手。一是不断加大宗教政策的宣传力度，使全社会牢固树立抵制和防范宗教渗透的思想意识，使国际社会了解我国尊重宗教信仰自由的现状，使各宗教团体抵制渗透的意识得到加强。二是制定和完善相关法律法规，使打击宗教渗透活动有法可依。三是建立健全政府管理宗教渗透事务的专门机构，培养一支人员稳定、技术过硬的反宗教渗透专业队伍。四是加强情报信息工作，及时掌握境外宗教渗透活动的情况，从源头上掌握抵御宗教渗透的主动权。五是深入推进专案侦查工作，全面查禁取缔宗教非法组织和非法活动，提高防范、控制和依法处置的能力。六是建立健全涉外宗教事务制度，使一切可能涉及宗教渗透活动的组织和个人都能坚定立场。七是改进工作方法，切忌简单粗暴；加大经费投入，设立专项资金。八是提高跨境民族经济、社会和文化综合发展水平，积极引导信教群众投入家乡建设，通过社会主义社会自身的力量粉碎境外宗教渗透的阴谋。

总之，作为外来宗教的基督教在云南只有融入地方宗教文化生态，才能成为促进云南民族团结、经济社会发展的良性因素。基督教本土化的过程，也是不断提升政府管理基督教水平、挖掘基督教服务社会能力、培育信徒爱国爱教精神的过程。我们认为应着重从以下三方面入手，推动基督教本土化，发挥其促进民族团结的积极作用。

第一，政府层面，要积极加以引导，为本土化营造良性空间。一是引导基督教开展神学思想建设和教会建设，增强基督教与现实社会和传统文化融合的自觉性和能动性。二是坚持"属地管理"原则，规范基督教信仰活动，抵御基督教跨民族、跨区域的扩张性传播和境外基督教"化本土"的渗透活动。三是引导基督教准确认识自己在多元宗教文化格局中所处的位置，彻底消除排他性、专制性等带有霸权主义特征的不良文化性格，建立与其他宗教的平等友好关系，积极调解基督教信仰与传统宗教文化的矛盾冲突。四是加大相关学术研究力度，为基督教本土化提供理论参考，尤其应关注基督教与国家认同、民族认同、政治认同、社会认同的关系等问题。

第二，教会层面，三自爱国教会要自我调适。三自爱国教会是推动基督教本土化的主体力量，"适应社会—融入社会—服务社会—贡献社会"是基督教本土化的首要任务与核心理念。应通过多种途径实现爱国教会的自我增权，挤压各种非法宗教和异端邪说的生存空间，增强其服务社会的能力。一是因地制宜开展多种经济活动，增强教会自养能力。二是培养爱国爱教的高素质教会人才，满足广大信教群众的宗教需求，加强识别和抵御宗教渗透、邪教滋生和传播的能力。三是主动与社会主义核心价值观相适应，充分吸纳本民族传统文化精华，建设具有民族传统文化内涵的神学理论和宗教活动形式。四是淡化扩张性传教意识，从加强教会建设入手，建设理性化、道德化、人本化、现代化、公益化、社区化的本土化教会。

第三，信徒层面，发挥信教群众建设社会主义和谐社会的积极作用。广大信教群众是基督教本土化的基础，应当教育和引导信教群众积极融入当代社会并发挥建设性作用。一是引导信教群众将社会主义核心价值体系与时代精神熔铸进自己的信仰，丰富时代和文化内涵。二是加强爱国主义教育和正信教育，自觉抵制异端邪说和邪教侵蚀。三是鼓励信教群众践行基督教和谐、自由、平等、博爱、友善的精神，积极开展公益活动，塑造自身良好形象，获得社会认可。四是教育信教群众尊重不同宗教和文化，消除潜在矛盾冲突，维护社会和谐。

附录　中国历代民族宗教政策

　　回顾人类历史，由民族宗教问题引发的争端屡屡见诸各种史书记载。如何正确处理民族宗教问题，古今中外许多国家都在苦苦探索。中国自古以来就是多民族、多宗教的国家，历代统治者为了处理好民族和宗教问题采取了诸多政策措施。梳理和总结古代中国的民族宗教政策，对于解决当前民族宗教问题具有积极借鉴意义。

　　从汉武帝在云南设立郡县以来，在国家力量介入与地方民族社会重构的历史进程中，宗教扮演了重要角色。一方面，民族宗教是国家力量着力改变的对象；另一方面，民族宗教也是沟通国家与地方社会的中介工具。有些民族的统治者不仅是政治意义上的领袖，也是宗教意义上的领袖，这些民族信奉的宗教也为其统治合法性进行论证辩护。历史上，西双版纳最高领主"召片领"还有"至尊佛主"的称号，南传佛教的高级僧侣只能由"召片领"的亲属担任。因为民族、宗教与边疆的紧密结合，中国古代的边疆治理政策中包含着大量民族宗教内涵。因此，我们不能仅从民族、宗教的视野审视民族、宗教的关系，还应从国家政策的角度审视民族与宗教的关系。正是在国家主导下，边疆少数民族宗教逐渐改变其文化内涵，服务于民族团结与边疆稳定。有利于民族团结的价值观念也不断内化，促进良性社会行动。

　　中国历史悠久，民族众多，各民族之间长期相互交流和融合，这是形成统一的多民族国家的重要基础。自秦始皇统一中国，建立中央集权制度开始，中国历代封建王朝常常面临着极其复杂的民族、宗教问题。宗教是民族文化的重要内容，民族问题往往通过宗教形式表现出来，宗教问题又常常是影响民族关系的重要因素。能否妥善地处理民族、宗教问题，关系到社会治安、国家盛衰和政权兴亡，因此，中国历史上大多数统治者都将制定合乎国情的民族宗教政策，作为治国方略的重要组成部分。当然，中国历史上也不乏处理民族宗教问题不当导致的失败教训。我们按时间脉络，简要分析我国先秦、秦汉、魏晋南北朝、隋唐、宋辽金夏、元明清和民国七个历史时期民族宗教政策的成败得失。

一　先秦时期民族宗教政策的初步形成

距今四五千年是我国历史传说的"三皇五帝"时期，黄河流域活跃着由黄帝领导的姬姓部落和由炎帝领导的姜姓部落，双方经常发生摩擦。长江流域也分布着众多的氏族和部落。后来，黄帝在阪泉（今河北涿鹿东南）战胜了向东扩张的炎帝，随后两个部落结为联盟。炎黄部落打败周边很多部落，如蚩尤领导的"九黎"部落，失败者或融入炎黄部落，或向外迁徙。历史上，民族融合总会在宗教文化象征上构建复合性图腾符号，例如中华民族的龙图腾。龙正是融合了诸多民族图腾动物特征而形成的超级图腾符号。图腾首先反映了血缘关系，随着部落联盟的发展扩大，也具有地缘关系的性质。血缘关系是人类社会的原初关系，地缘关系是人类社会活动范围扩大之后形成的地域空间或地理位置关系。原生民族的名称大多源于图腾的名称，居住在某一地域的图腾氏族，也将该图腾名称赋予地方名称，因而逐渐将血缘关系转化为地缘关系。而外人也多以图腾称呼该地方，甲骨文卜辞中就有"马方""羊方""虎方"的名称，是以马、羊、虎为图腾的周边少数民族部落；此外还有"人方""鬼方""土方""羌方"等。夏、商、周三个王朝同周边民族时战时和，周朝曾与南方八个少数民族方国会师讨伐商纣王，西周最后一位君主幽王被犬戎杀死。随着经济社会发展，各民族进一步交流融合，到春秋战国时期，"华夏"作为民族名称正式见于史籍，居住在华夏周边的民族则被称为"东夷""南蛮""西戎""北狄"。中国先秦古籍有记载大禹、周文王是西戎人，舜是东夷人，但他们都是中国古代著名帝王，以文化而不以血统作为区分标准的民族观在先秦时期逐渐形成。

夏、商、周三代，宗教在政治生活和社会生活中扮演重要角色，所谓

"国之大事，在祀与戎"。夏禹"菲饮食而致孝乎鬼神，恶衣服而致美乎黻冕，卑宫室而尽力于沟洫"①，非常重视祭祀鬼神；商王几乎每事都要占卜，军国大事取决于龟蓍占卜的吉凶与否；周王自称天子，虽对宗教进行了人文化的改革，但仍然注重以宗教论证统治的合法性。春秋战国时期"礼崩乐坏"，中国古代宗教受到强烈冲击，思想领域出现诸子百家争鸣。百家思想的原型，有些可以溯源至宗教，但经过了扬弃改造；有些如道家，成为后世宗教思想的滥觞。儒有"君子儒"和"小人儒"之分，"小人儒"的原型很可能是上古时期丧葬仪式的主持者。人文化的儒家对宗教采取理性态度，孔子"敬鬼神而远之"②"未能事人，焉能事鬼"③ 的鬼神观对后世影响深远。在天人关系上，孔子并未直接否认存在超自然力量的"鬼神"，但是对此"存而不论"。中国古代宗教"敬天法祖"的宗法性传统和"君权神授"的合法性论证以及"神道设教"的实用主义态度都能在孔子的宗教观中找到论证。孔子说："夷狄之有君不如诸夏之亡也"④，一般将之理解为对少数民族的歧视，其实孔子非但没有歧视少数民族，他还想搬到少数民族的地方居住，推行自己的学说主张。《论语·子罕》记载，"子欲居九夷"，有人反对，说那里太鄙陋，孔子则认为："君子居之，何陋之有？"⑤ 后世儒家韩愈对孔子以文化礼仪划分民族的思想进一步阐释说："孔子所作《春秋》，诸侯用夷礼则夷之，夷之进于中国者则中国之。"⑥

先秦时期，我国多民族、多宗教的格局初步形成。但此时的民族宗教关系相对单一，宗教主要局限在民族内部，为特定民族所信仰，是民族认同的重要依据。民族间的宗教冲突从属于民族冲突，民族间的宗教融合也有助于民族融合。周朝最高统治者以天子自居，视"普天之下，莫非王土；率土之滨，莫非王臣"⑦，也将周围的少数民族看作子民，并用是否遵

---

① 杨伯峻：《论语译注》，第 83 页。
② 杨伯峻：《论语译注》，第 60 页。
③ 杨伯峻：《论语译注》，第 112 页。
④ 杨伯峻：《论语译注》，第 24 页。
⑤ 杨伯峻：《论语译注》，第 90 页。
⑥ 童德第选注《韩愈文选》，人民文学出版社，1985，第 218 页。
⑦ 程俊英、蒋见元：《诗经注析》，第 643 页。

循华夏礼仪作为划分民族的标准。不论原来属于什么民族，只要承认华夏礼仪，皆可进入中华之邦；不论何种宗教，只要有益于人伦教化，都是礼教的工具。[①]

二　秦汉时期的民族宗教政策

秦始皇统一六国，建立我国历史上第一个"大一统"的中央集权的封建帝国。至汉朝，先秦时期的华夏民族有了"汉族"的新名称，我国民族关系随之呈现出新的特征。北方草原上的匈奴，东北地区的乌桓、鲜卑、夫余、高句丽，西北地区的氐、羌、乌孙、月支以及西域诸族，中南东南地区的苗蛮族群、百越族群，西南地区为数众多的"西南夷"等，同汉族保持密切的政治关系和经济关系，通过战争、和亲、通婚、迁徙、仕宦等方式，不断融入汉族之中。同时，也有一些因为戍守、屯田、经商等，进入边疆民族地区的汉族，接受少数民族宗教信仰和风俗习惯，融入进少数民族。在统一的秦汉王朝内部，无论哪个民族，都有共同的"臣民"身份，民族身份和宗教信仰的差异成为次要因素。

秦汉王朝依托强大的国力，开拓疆土。秦始皇征服百越，击退匈奴，在边疆民族地区设置郡县，设立典客、典属国专门管理民族事务和外交事务。西汉王朝在短暂休养生息之后出现"文景之治"，为汉武帝用兵拓土奠定了基础。卫青、霍去病率军彻底击败匈奴，张骞数次出使西域，南越、滇、夜郎等国先后臣服，纳入中央王朝版图。汉朝将郡县分为"内郡"和"边郡"，前者为汉族聚居区，后者为少数民族聚居区，还设立大鸿胪管理民族事务和外交事务。汉王朝根据国势强弱，除采取战争手段，也实施怀柔笼络的和亲政策以及羁縻政策。

秦汉时期的宗教情况与先秦相比，已经发生较大变化，特别是东汉时期本土道教的形成和外来佛教沿着丝绸之路传进入中原，是中国宗教史上的大事。汉武帝听从董仲舒的建议，奉行"罢黜百家，独尊儒术"的思想政策，客观上形成制约佛教、道教传播的社会环境。佛教还没有获得后世那样广泛的群众信仰基础，东汉统治者对佛教和其他外来宗教采取宽容与

---

① 张践、齐经轩：《中国历代民族宗教政策》，中国社会科学出版社，2007，第31页。

防范并举的措施。汉明帝给外来僧人以极高的礼遇，建立白马寺作为活动场所，同时派人西行取经。最初，为防止汉人大规模信仰佛教，东汉政府明令中国人不得出家。"汉明感梦，初传其道，唯听西域人得立寺邑，以奉其神，其汉人皆不得出家。"① 对于本土宗教，在顺其发展的同时也制定了打击异端的政策。汉朝统治者对传统国家宗教的观念、礼仪等进行修订和整理，《礼记》《周礼》《仪礼》三书至汉代定型。东汉中晚期，道教在融合了长期流行于民间的神仙方术、巫术、鬼神思想以及黄老道家思想、谶纬之学的基础上产生。早期道教组织主要有张陵创立的五斗米道、张角创立的太平道等。张角利用太平道组织发动全国范围的大起义，先后持续20年之久，极大地动摇了东汉王朝的统治。张陵之孙张鲁利用五斗米道的力量割据汉中，保持境内统治相对稳定。

秦汉王朝的民族宗教政策虽然仅是初步成型，但对于维系我国统一的、多民族国家具有积极作用。宗教活动必须服务于封建统治、在边疆民族地区设立郡县、实行羁縻政策等一系列措施，也深远影响了后世封建王朝的民族宗教政策。

三 魏晋南北朝时期的民族宗教政策

魏晋南北朝是我中国历史上持续时间最长的分裂对立时期，汉族和少数民族先后建立大小二十多个政权，攻城略地，杀人盈野。民族之间的大冲突反过来也导致了民族大迁徙和大融合。曾经风云一时的少数民族建立政权，采取汉化措施。这一时期儒教、佛教、道教三教并存局面初步形成，少数民族和汉族共同信仰儒教、佛教、道教，客观上有助于中华民族的凝聚力和向心力的形成。

游牧在我国北方和西北的匈奴、鲜卑、羌、氐、羯五个民族，在西晋后期大批内迁进入中原，在黄河以北建立了十六个地方民族政权。此后，鲜卑族建立的北魏统一了中国北方，少数民族大量涌入中原，大批中原汉族为避战乱向南方和东南沿海迁徙。中国南方先后出现东吴、东晋、宋、齐、梁、陈六个朝代更迭，在开发我国长江流域、珠江流域广大地区的过

---

① （梁）释慧皎：《高僧传·佛图澄传》。

程，汉族与东南地区的山越、长江中游的"蛮族"、岭南地区的俚族以及西南地区的"西南夷"诸族，形成了密切关系。

由于民族之间社会发展水平不同，生产方式和生活习惯也存在较大差异，再加上政权的频繁更迭，大规模的民族人口流动，导致了民族间的剧烈冲突。魏、晋政权推行民族歧视和民族压迫政策，引起少数民族的反抗。316年，匈奴贵族刘渊灭掉西晋建立"汉"国，采取胡汉分治政策，压迫汉族，民族冲突愈演愈烈。伴随政治权力在不同民族之间转移，各民族复仇陷入恶性循环。汉、前赵、后赵和冉魏统治下的民族战争非常惨烈，因为无法处理好民族矛盾，这几个政权多则十余年，短则两三年就覆亡了。此后，前秦、北魏等少数民族建立的政权为了巩固统治，采纳汉族谋士的建议，怀柔安抚境内各个民族，缓和了境内民族矛盾，一度统一北方。实际上，冲突也是一种特殊的相互关联方式，起码使从前毫无关系的民族产生关联，正如徐杰舜所说，魏晋南北朝时期，"民族大迁徙、大冲突的结果不是民族的衰亡和毁灭，而是多民族之间的大融合和大同化"。①

汉族高度发达的礼仪文化，对周边民族具有较强的吸引力。因此，一些少数民族贵族入主中原之后，倾慕中华文明，认同华夏礼仪，例如北魏孝武帝进行的汉化改革。一些少数民族君主为证明自己统治的合法性，纷纷建立祭坛、设立宗庙、修复社稷、设定年号，通过祭天祭祖体现"君权神授"，主动接受和吸纳以"敬天法祖"为特征的儒家文化。一些少数民族君主通过祭祀轩辕黄帝来证明其属于炎黄子孙，信奉土生土长的道教，如北魏道武帝笃信道教，太武帝登坛受箓，此后北魏诸帝登基都要接受符箓。一些少数民族建立的政权崇奉佛教，在战乱不已的时代，宣扬解脱苦难之说的佛教广泛传播，为入主中原的少数民族首领提供了新的信仰选择。崇奉佛教，"既可以增进本民族的凝聚力，又能摆脱在发达的汉族礼乐典章制度面前自惭形秽的心理缺失"。②

魏晋南北朝时期，作为"夷狄之教"的佛教获得汉族群众的广泛信仰。如何对待佛教，在朝廷庙堂之上引发了旷日持久的关于"华夷之辨"、

---

① 徐杰舜：《三国两晋南北朝民族政策特点略论》，《广西民族研究》1992年第1期。
② 张践、齐经轩：《中国历代民族宗教政策》，第45~47页。

儒释道三教孰优孰劣的争论。汉文化的支持者提倡儒教、道教反对佛教，认为佛教是"夷狄之教"，不可行于中国。而信奉和赞成佛教的人则极力证明佛教对于封建礼教有益无害，儒释道三教可以并行不悖。关于三教的争论往往又引到"夷夏之防"的民族问题之上，辩论的结论则是对外来宗教的宽容和各民族之间平等意识的增进。[①]

魏晋南北朝时期，儒释道三教的冲突，使儒家学说的独尊地位受到挑战，但仍居于主导地位。经过反复辩论，佛教和道教也得到更多传播并站稳了脚跟，取得了生存和发展的合法性。佛教主动吸纳儒教和道教内容，开启了中国化的进程。统治者认识到，儒释道三教虽然形式不同，但在稳定社会秩序、巩固伦理纲常等方面却异曲同工，都有助于维护封建统治。初现端倪的儒释道三教合一政策、各民族大融合政策，为后世统治阶级的民族宗教政策提供了有益借鉴。

四　隋唐时期的民族宗教政策

经过南北朝近 400 年的分裂动荡，公元 589 年，隋文帝杨坚重新统一中国。隋朝虽然只存在了 37 年，但是它创设的各项制度以及迅速覆亡的前车之鉴却被唐朝继承和吸取，在较长时间保持了国家统一。在唐太宗"贞观之治"和唐玄宗"开元盛世"中，唐王朝进入全盛时期，政治稳定，经济繁荣、文化发达、国力强大、民族和谐，影响亚洲许多国家，成为中国封建社会发展的一个高峰。

在魏晋南北朝大规模民族迁徙和广范围民族融合中，游牧民族的剽悍勇猛、开拓冒险和农耕民族的勤劳节俭、吃苦耐劳精神，丰富了中华民族的文化性格。隋唐两代君主都出自北方，同北周、北魏少数民族贵族通婚，堪称民族融合的典型。隋文帝和唐高祖、唐太宗对南北朝时期残酷的民族冲突有着深刻反思，制定了宽容博爱、怀柔羁縻的民族政策。唐太宗李世民曾说："自古皆贵中华，贱夷狄。朕独爱之如一，故其种落皆依朕如父母。"[②] 正是秉持中华夷狄爱之如一的民族观，唐太宗对境内少数民族

---

① 张践、齐经轩：《中国历代民族宗教政策》，第 51 页。
② （宋）司马光编纂《资治通鉴》，岳麓书社，1990，第 596 页。

采取因俗而治、团结和亲、德怀恩化的统治政策。唐太宗经常隆重接见前来朝拜的少数民族领袖，赐给高爵厚赏，予以重用。唐太宗得到边疆少数民族的热烈拥戴，被尊为"天可汗"。

隋唐两朝的开明君主都能包容多元宗教，推行"三教并奖"政策，允许外来宗教正常传播。隋文帝杨坚出生于尼姑庵中，由尼姑智仙抚养成人，隋文帝从小对佛教充满感情，但他并不排斥道教，更不会忽略作为立国根本的儒教和宗法性宗教。唐太宗认为自己的祖先为老子，诏令"道士女冠，可在僧尼之前"①，认为佛教和道教虽然有空谈虚妄的弊端，但由于信徒众多、势力庞大，在劝化百姓、稳定秩序、巩固统治的过程中起着重要作用，因此大张旗鼓地加以利用。隋唐时期，不仅儒释道三教并存，景教、伊斯兰教、袄教、摩尼教等外来宗教也均有一定程度的发展。至唐朝会昌年间，佛教过度发展甚至影响了国家财政收入。唐武宗李瀍②笃信道教，在会昌五年（845）发动灭佛"法难"，同时也株连景教、袄教和摩尼教等。唐武宗去世后，佛教又很快恢复发展。中国化程度较高的禅宗得到发展，其他印度色彩较浓的佛教支派逐渐衰落，群众基础不深的景教、袄教和摩尼教或者逐渐消亡，或者转入地下活动，成为民间秘密宗教的滥觞。历史反复证明，统治者运用行政力量强制压迫宗教，反而会导致信众或逃离或聚集为乱，会加剧社会动荡，也会影响民族关系。

整体而言，隋唐采取宽容和开放的民族与宗教政策，有利于和睦邻邦，稳定边疆，增强对外交流，促进国内经济社会发展和文化繁荣，一些具体措施成为后世封建统治者制定民族宗教政策的蓝本。

五　宋辽金夏时期的民族宗教政策

唐朝灭亡后，经过五代十国轮流更替，赵匡胤建立的北宋王朝定都开封，以华夏文明正统自居，同北方契丹族建立的辽国、女真族建立的金国对峙。金国灭辽国之后，又灭掉北宋，宋高宗赵构被迫迁都杭州，史称南宋。两宋时期，西北地区还有党项建立的西夏、回鹘族建立的地方政权，

---

① （宋）宋敏求编《唐大诏令集》卷一一三《道士女冠在僧尼之上诏》。
② 后改名李炎，840~846年在位。

青藏高原有吐蕃建立的地方政权，云贵高原有白族建立的大理政权。后来，蒙古族建立的元朝相继灭掉金国、西夏、大理和南宋，统一回鹘和吐蕃诸部，建立了幅员辽阔的元帝国。宋辽金夏时期，与魏晋南北朝时期相似，是我国历史上第二个较长的分裂时期，也是我国民族大冲突、大迁徙、大融合的时期。少数民族建立政权并不断吸纳汉文化，至元朝统一中国，已经将蒙古人、色目人之外、处于北宋统治范围内的各民族作为"汉人"对待，将南宋统治范围包括汉族在内的所有民族作为"南人"对待。

（一）宋朝的民族宗教政策

因为长期遭受北方民族政权的压力，北宋统治者歧视少数民族，口称之为"虏"，书写时也不忘加上"犭"，恰恰反映北宋统治者缺乏政治军事实力的自卑心理。北宋初期的几位皇帝多次用兵辽国和西夏，以求统一中国，但均失败。在客观形势逼迫下，宋朝统治者不得不重新反思对待少数民族的态度。武力强盛的辽国契丹族统治者采纳中华器物文化和制度文明，也以中华正统自居，与北宋结为"兄弟之国"，北宋不再以"古之夷狄"对待他们。由于中原地区和少数民族地区自然地理和社会基础的差异，虽然宋王朝同诸少数民族政权在政治上、军事上相互对立，但经济上、文化上仍然彼此交往。宋朝对付辽、金、西夏，积极实行边境的"互市"政策，对吐蕃各部和南方苗、瑶、黎、彝、白等民族采取怀柔政策，尊重其宗教信仰和风俗习惯。为拓展财源，两宋在沿海城市设立市舶司从事海外贸易，一些信奉伊斯兰教、犹太教等宗教的"胡商""胡客"最终定居泉州、广州、开封等地，其宗教信仰也随之传入，并得到宋王朝宽容对待。宋太宗、宋真宗、宋徽宗等北宋皇帝推崇道教，宋真宗将自己的祖先说成是"圣祖天尊大帝"，大量编造政治神话，借以掩饰其统治的虚弱。

（二）辽国的民族宗教政策

辽国的统治民族契丹族历史上流行图腾崇拜、祖先崇拜和萨满教，从公元4世纪起契丹族就开始在我国北方草原游牧迁徙。916年，辽太祖耶律阿保机正式称帝建国。此后，契丹贵族仿效汉族建立官僚制度，积极推行汉族文化，吸收儒学和汉族宗法性宗教，接受佛教和道教信仰。一方面出于契丹民族寄托精神信仰的宗教需要，另一方面也借助推崇儒释道三教安抚被统治的汉族和其他民族群众。辽国统治者强调自己"行与国之大义，解诸夏之倒悬"①，俨然以华夏正统自居。辽国没有采取全盘汉化的方针，而是"因俗而治，得其宜矣"。② 辽太宗耶律德光占领燕云十六州后，设置北南面官制，"官分南北，以国制治契丹，以汉制待汉人"。③ 辽国统治者对其他民族如征服渤海国政权后，也能采取灵活的治理措施。1124年，金灭辽后，辽皇族耶律大石率众西迁，史称"西辽"。当时，我国西北诸民族分别信奉伊斯兰教、景教、佛教等，西辽后期的当政者强迫伊斯兰教信徒改信佛教，遭到反抗。1218年，成吉思汗进攻西辽，下令保护伊斯兰教信徒的宗教信仰。在蒙古大军进攻和国内民族反抗中，西辽很快灭亡。

（三）金国的民族宗教政策

1115年，原本受辽国统治的女真贵族完颜阿骨打即皇帝位，建立金国。在不断同辽国、宋国进行战争中，金国统治者以正统和中心自居，希望"混一天下"，"中外一统"。在民族宗教政策上，金国基本沿袭辽国旧制，在攻灭北宋后，采取"以汉治汉"的政策，扶持刘豫成立伪齐、张邦昌成立伪楚等傀儡政权，后来则废掉傀儡进行直接统治。"绍兴和议"后，南宋向金称臣。为加强军事力量，金朝统治者还把境内各族人民编入"猛安谋克"④组织。为削弱反抗力量，金朝统治者强行将汉族迁离故土。为证明自己的正统性，金朝统治者创制文字，推崇儒学和佛教，提倡道教，支持王重阳创立的全真教和刘德仁创立的大道教，利用宗法性仪式祭祀天地，改革传统的萨满教仪式。金朝统治者借助儒释道三教作为联络民族感情、缓和民族矛盾的工具，客观上有利于各民族的交流融合。

---

① 国立奉天图书馆编《辽陵石刻集录·圣宗皇帝哀册》。
② （元）脱脱等撰《辽史》，中华书局，1997，第685页。
③ （元）脱脱等撰《辽史》，第685页。
④ 《金史·兵志》说："猛安者，千夫长也；谋克者，百夫长也。"

（四）西夏的民族宗教政策

西夏王室是党项族，同时能够联合境内汉、吐蕃、回鹘、鞑靼等多个民族，西夏的民族矛盾不太尖锐，各民族传统文化得到一定程度的发展。党项族原本是羌族的一支，信奉原始宗教。1038 年，李元昊正式在银川建都立国，设立汉制和党项制两套官制。西夏建国后，统治阶级借鉴汉族政治制度，吸收并改造儒学，创制西夏文字；同时积极扶持佛教，开办译经场，由国家组织高僧大规模翻译佛经。参与译经的僧人包括汉、回鹘、吐蕃等各个民族，佛教成为西夏与中原民族交往交流的媒介。

（五）大理政权的民族宗教政策

被誉为"天下第一长联"的昆明市大观楼长联，有"汉习楼船、唐标铁柱、宋挥玉斧、元跨革囊"的句子。相传，宋太祖反对平定后蜀的将士继续南征大理，挥动玉斧在地图上沿大渡河画线，说大渡河以南的领土不必攻占了。终两宋王朝，大理政权没有同中原发动战争，与宋朝保持着友好的经济文化交流，并接受宋朝加封的"云南八国都王""云南大理国主统辖大渡河南姚嶲州界山前山后百蛮三十六鬼主兼怀化大将军忠顺王""云南节度使金紫光禄大夫检校司空上柱国大理王"等封号。大理政权基本上继承了南诏的疆域，也继承了南诏的阿吒力教，同时积极学习儒家文化。大理政权境内众多少数民族群众，也保持着自己的传统宗教信仰。

六　元明清时期的民族宗教政策

（一）元朝的民族宗教政策

我国历史上存在过十几个少数民族建立的政权，只有蒙古族和满族入主中原并统一全国。蒙古族建立的元朝，疆域空前辽阔，生活在境内的民族成分更加多样，民族之间的交流联系十分紧密，形成"华夷一统，共有天下"的格局。但是，元朝境内的民族地位并不平等，统治者实行赤裸裸的民族歧视和压迫制度，激化了国内阶级矛盾和民族矛盾。蒙古族是统治民族，在所有民族中的地位最高；来自西域乃至中亚、波斯等地较先臣服蒙古的诸多民族统称色目人，地位仅次于蒙古族，协助蒙古族统治全国；包括汉族、契丹族、高丽族在内的民族统称汉人，南宋遗民和境内各民族统称南人，二者遭受歧视和压迫。① 宗教职业者在元朝有较高地位。关于元朝的社会阶层，流传"一官二吏三僧四道五工六农七医八娼九儒十丐"的说法，僧人和道士的社会地位普遍比儒生要高。然而，汉族毕竟是国内文化最为发达、人口最多的民族，与其他入主中原的少数民族一样，蒙古族也推崇儒教，开设科举考试笼络汉族士人。

对于辽阔地域上众多民族信仰的众多宗教，蒙古族统治者基本上都能尊重并加以利用。萨满教是蒙古族的原生宗教，但从成吉思汗起②，蒙古族就对其他多种宗教采取宽容态度，统治者能够兼收并蓄，实行"因俗而治"的宗教政策。元朝境内各民族信仰的原始宗教、萨满教、汉传佛教、藏传佛教、阿吒力教、道教、天主教（景教）、伊斯兰教等多种宗教并存。史载，罗马教廷曾多次派遣使者向蒙古大汗传教。元大都有多种宗教的活动场所，各宗教只要不危害其统治，统治者都加以保护和利用，对于发动起义的民间宗教则予以打击。

元朝统治者特别推崇和优待藏传佛教，其政治用意是为了拉近同西藏贵族的关系，有效管理西藏各部。元朝设立宣政院管理西藏事务，在西藏推行政教合一制度，元世祖尊藏传佛教萨迦派活佛八思巴为国师，八思巴去世后赐号"皇天之下一人之上开教宣文辅治大圣至德普觉真智佑国如意大宝法王西天佛子大元帝师"，③ 竟有三十八字。藏传佛教领袖通常有帝师称号，"帝师之命，与诏敕并行于西土"。④ 很多蒙古贵族也信奉藏传佛教，藏传佛教自上而下向民间扩散。

元朝政府为巩固蒙古贵族的专制统治，采用了各种办法，包括用宗教思想来麻痹民众，但是民族压迫的残酷现实还是让忍无可忍的民众最终奋起反抗，而这时各种宗教的存在，恰恰成为进行起义宣传与组织的工具，

---

① 彭建英：《元代民族政策的类型、特点及其主要指导思想》，《西北史地》1996 年第 2 期。
② 成吉思汗曾设立专门管理宗教事务的部门"别乞"，允许其征服的各族人民信仰不同宗教。
③ （明）宋濂等撰《元史》，中华书局，1997，第 4518 页。
④ （明）宋濂等撰《元史》，第 4520 页。

元末农民起义大多与宗教组织有关，如明教、白莲教。整体上看，元朝统治者作为入主中原的少数民族，其民族宗教政策同秦、汉、隋、唐等统一的汉族王朝相比，具有自身特色。

（二）明朝的民族宗教政策

明王朝是在农民起义、消除各地割据政权、推翻元朝统治的基础上成立的。元朝的民族压迫政策唤醒了汉族强烈的反抗意识。明太祖朱元璋北伐讨元时提出的口号"驱逐胡虏，恢复中华"，表达了汉族反抗民族压迫、恢复民族文化传统的愿望。"己所不欲，勿施于人"①，既然汉族不希望少数民族压迫自己，那么少数民族当然也不希望汉族压迫自己。朱元璋在诏谕中多次强调"华夷一家""凡在幅员之内，咸推一视之仁"②，用人时"不分等类，验才委任"。③明朝开国元勋中有不少回族将领，其他少数民族的文臣武将也为明朝所用。例如，朱元璋派遣归顺明朝的元威顺王之子伯伯劝说仍然盘踞在云南的梁王把匝剌瓦尔密。正是在相对平等的民族观念指导下，明朝统治者制定了一系列较为开明、宽容的民族宗教政策。

为了巩固初生的政权，明朝初期几代帝王重点防御退居漠北草原的蒙古贵族势力。长期的封锁政策，阻碍了北方民族同中原地区正常的经济往来，为了获取明朝境内的茶叶、布匹、食盐等生活必需品，蒙古族经常发动战争，至明朝中后期准许开关互市，才带来较长时间的边境安定。对于同蒙古族保持较为密切关系的藏族和西北诸民族，明朝采取"群封众建、以分其势"的政策，实行分而治之。明朝一改元朝独尊萨迦派的政策，重新调整藏传佛教各派的势力，先后册封噶玛噶举派黑帽系五世活佛哈立麻为"大宝法王"，萨迦派昆泽思巴为"大乘法王"，格鲁派宗喀巴大师的弟子释迦也失为"大慈法王"。除册封"三大法王"，明政府还在藏区政教合一的地方领袖中分封了"五王"。④明成祖以降，明朝皇帝或者推崇藏传佛教，或者迷恋道教长生不老之术，推动道教一度"贵盛"。对于中南、西南

---

① 杨伯峻：《论语译注》，第164页。
② （清）张廷玉等撰《明史》，中华书局，1997，第8587页。
③ 《明太宗实录》卷五三。
④ 张践、齐经轩：《中国历代民族宗教政策》，第160~161页。

等地众多少数民族，明朝采取宽容优抚、因俗化导、为我所用的政策，大力推行羁縻政策和土司制度，并对土司的任命、承袭、义务、奖惩等做了详细规定。当条件成熟时，明朝政府也努力推行"改土归流"，派设流官治理地方，通过提倡儒教和宗法性宗教，提升了边疆民族对中华文明的认同。

在元朝基础上，明朝信仰伊斯兰教的各民族人口持续增长，尤其是回族，已经成为具有较大影响的社会力量。例如，曾经七下西洋的郑和，本来是云南晋宁的回族。明朝统治者吸取元朝覆亡的教训，清楚认识到妥善处理民族宗教问题的重要性。明朝政府推行较为宽容的宗教政策，在国内大量敕建清真寺，尊重穆斯林的风俗信仰，对边疆穆斯林采取怀柔安抚的政策，对归附的"回回"给予优待政策等，显示明朝政府强调"回汉一家"并非虚言。回汉通婚在民间比较普遍，至今云南还有一些回族群众说，"我们的老祖婆是汉族"。

总的来说，明朝相对宽松开明的民族宗教政策颇有成效，防止了因宗教信仰引发的民族矛盾，有助于维护统治秩序。

（三）清朝的民族宗教政策

清朝是我国历史上最后一个封建王朝，生活在辽阔国土上的众多民族共同缔造了这个在 18 世纪仍雄踞世界第一的大帝国。清朝前期积极开拓疆土，其疆域面积仅次于元朝，拥有自己的藩属国，与周围一些民族结为政治联盟，派驻军队镇守边疆，推动了边疆民族地区经济社会发展。清朝统治者既有因为采取正确的民族宗教政策而保卫边疆、维护统一的成功经验，也有因为推行错误的民族宗教政策导致流血冲突、民族对立的失败教训。清朝的民族宗教政策具有两面性：一方面希望借助和谐的民族宗教关系维系国家统一；另一方面为了维护满族统治者利益，不惜损害汉族和其他民族的利益。

清王朝坚定维护多民族国家的统一，反对民族分裂。为了更好地笼络境内各族群众，制定"一切政治，悉因其俗"[①]的方针政策，将民族宗教信仰和风俗习惯视为影响政治统治的重要因素。然而，作为满族入主中原

---

① 《清世祖实录》卷一五。

建立的政权，清朝在众多民族中"首崇满洲"①，满族始终作为一个特权民族凌驾于国内其他民族之上，因此清朝存在民族歧视和民族压迫。从努尔哈赤崛起于建州到末代皇帝溥仪逊位退国，清政府一直"以蒙古部落为屏藩"②，将蒙古贵族作为自己的战略盟友，对其怀柔优抚，大加赏赐。利用藏传佛教控制蒙古族、藏族各部，是清政府长期奉行的基本国策。乾隆皇帝说："兴黄教即所以安众蒙古，所系非小。"③ 清朝政府给予藏传佛教高僧多种政治特权，大量赏赐钱财，先后册封"达赖喇嘛"和"班禅额尔德尼"作为治理西藏的两大支柱。同时，清朝设立理藩院柔远司专门管理藏传佛教及民族事务，为防止宗教领袖尾大不掉，建立活佛转世制度，逐步削弱宗教领袖的政治权力。为维护国家统一，坚决清除宗教队伍中的民族分裂分子。清政府对于国内人口数量最多的汉族，则恩威并举，既笼络利用，也打击迫害。顺治皇帝入关定鼎之后，强迫汉族人民按照满族风俗剃发留辫，否则就要砍头。到了清朝晚期，满族皇室更加猜疑防范汉族大臣。清朝统治者未能处理好回族与汉族的关系，甚至挑拨他们"互杀"，多次残酷镇压回族群众的起义。清政府对伊斯兰教采取的政策主要有：宽容保护伊斯兰教的存在和发展；对民族宗教中的上层人士进行拉拢联合；利用乡约制度来管理约束穆斯林民众；针对伊斯兰教中的新老教派矛盾，采取拉老教、打新教、分而治之的策略；对于起义的回族人民则进行无情镇压和残酷屠杀。④

　　元明清政府在南方少数民族中普遍实行土司制度，借以维系国家统一。随着时间推移，有的土司势力膨胀，割据一方，乃至相互吞并，对抗中央王朝，俨然以土皇帝自居，阻碍了当地社会发展进步。清朝雍正皇帝接纳鄂尔泰的建议，在云、贵、川、鄂、桂等地推行改土归流，强行废除半数以上的土司，改设流官，编纳户籍，设立保甲，垦荒屯田。在建立政权之前，满族主要信仰原始的萨满教，后来通过与汉族、蒙古族接触也开始信仰佛教、道教，对其原始宗教信仰进行改造，产生一些新的神灵。满

---

① 《清世祖实录》卷七一。
② 《清世祖实录》卷二七五。
③ 《卫藏通志》首卷。
④ 张践、齐经轩：《中国历代民族宗教政策》，第 251～261 页。

族取得全国政权之后，为证明自己继承大统的合理性，多尔衮听从范文程的建议以国殇礼仪为明朝崇祯皇帝发表，大力推崇儒学。很多少数民族都有士子参加科举考试，在中举人、进士之后做官，成为统治阶级的一员。

七 民国时期的民族宗教政策

孙中山先生领导的辛亥革命推翻了中国两千多年的封建统治，成立了"中华民国"。当时，中华民国对内面临封建残余势力未灭、一些边疆少数民族谋求独立，对外面临帝国主义不断侵扰的严峻形势。处理好民族和宗教问题，是维护中华民族大团结，保卫国家主权，维护领土完整的内在要求。北洋政府和南京国民政府的民族宗教政策即是在这一宏观背景中制定的。

孙中山领导的同盟会虽以"驱除鞑虏，恢复中华，创立民国，平均地权"为宗旨，虽有民族主义情结，但并非片面的排满运动。1912 年 3 月颁布的《中华民国临时约法》第五条规定："中华民国人民，一律平等，无种族、阶级、宗教的区别。"民主革命先行者孙中山十分重视少数民族问题，在倡导的三民主义中，把民族主义摆在首位，维护国家统一，反对民族分裂，主张"合汉、满、蒙、回、藏诸地为一国，则合汉、满、蒙、回、藏诸族为一人"。1924 年召开的国民党第一次全国代表大会宣言声明："国民党之民族主义，有两方面意义：一则中国民族自求解放；二则中国境内各民族一律平等"[1]，规定"人民有集会、结社、言论、出版、居住、信仰之完全自由权"[2]。

民国时期，国民政府开始注意民族平等和尊重少数民族宗教信仰和风俗的问题。国民政府在边疆少数民族聚居区推行民族自治政策，因为时代条件和周边环境已经发生改变，这种自治政策存在诸多纰漏。在强邻压境、西方列强不断侵扰下，民族自治政策反而不利于维护国家统一和领土完整。虽然北洋政府不予承认，但是外蒙古还是于 1921 年宣布脱离中华民国独立。在英国的侵略和操纵下，西藏形成亲英势力，出现分

---

① 孙文：《建国方略》附编，武汉出版社，2011，第 404 页。
② 孙文：《建国方略》附编，第 410 页。

裂独立倾向。国民政府坚决反对西藏独立，并采取诸多政治和外交手段维持西藏和中央政府关系，如成立蒙藏事务局（1912）、蒙藏委员会（1929）、驻藏办事处（1940）；恢复和册封宗教领袖名号，发给薪俸；在哲蚌、色拉、甘丹三大寺熬茶礼佛，发放布施；对西藏当局做出不改变政教体制的承诺等。

新疆地域辽阔，与中亚诸多国家接壤，民族宗教情况复杂。民国时期，杨增新、金树仁和盛世才相继主政新疆。在杨增新治理新疆期间，社会较为稳定。杨增新认识到伊斯兰教的巨大社会作用，能够尊重穆斯林的宗教信仰和风俗习惯，沿袭"阿訇概由地方百姓公举"的传统，笼络宗教上层人士，以服民心。杨增新推行政教分离政策，防范和限制伊斯兰教，不许私设道堂，坚决抵制外国势力借助伊斯兰教进行的分裂破坏活动，捍卫了国家统一。

然而，南京国民政府关于伊斯兰教和回族的政策不具有整体性。南京国民政府否认内地回族是一个民族，后来甚至不允许使用"回族"一词，只以"回教"相称，回族在得不到承认的情况下，其宗教信仰和风俗习惯也得不到应有的尊重和保护。[1]

值得注意的是，在抗日战争时期，南京国民政府内迁重庆，西南成为抗战大后方，西南边疆开发成为全社会关注的问题。从政策制定到学术研究，在西南边疆问题中涉及了大量民族宗教问题，尤其是对基督教在西南少数民族中间传播的忧虑在各类文献中俯拾即是。前文已有相关引述，此处不再赘述。思普沿边行政总局第一任总局长柯树勋，在1916年成书的《普思沿边志略》中提出："无论汉民夷族，均须平等看待，亲若同胞，不得稍涉歧视。"[2] 1944～1946年，国民政府云南省民政厅先后印制了《边疆行政人员手册》《大小凉山开发方案》《腾龙边区开发方案》《思普沿边开发方案》《云南省边民分布手册》等，供相关人员学习。这些资料对少数民族及其宗教信仰进行介绍，提出在边疆开发中应注意特别提防基督教渗透、尊重少数民族宗教信仰、改良落后的风俗习惯等。如江应樑编

---

[1] 张践、齐经轩：《中国历代民族宗教政策》，第366页。
[2] 柯树勋：《普思沿边志略》，收入马玉华主编《中国边疆研究文库·西南边疆卷》卷一，黑龙江教育出版社，2013，第59页。

著的《边疆行政人员手册》提到："对于边民固有之文化体系、宗教信仰、民间习俗，只能以诱导及实证方法改进，（切忌）与之直接发生冲突。"①

总之，中国古代的民族政策有合理的一面，也有不合理的一面。历史上，统治阶级因政策措施不当导致民族歧视、民族压迫和民族隔阂，由此带来宗教歧视、宗教排斥和宗教冲突的事例并不少见。但出于自身利益和共同利益的考量，各民族仍然在经济、文化和社会交往等方面保持密切关系，经过数千年血浓于水的交往，最终形成中华民族多元一体格局。而统治阶级政策措施得当，无疑提升了中华民族整体凝聚力和向心力的加速度。建立中央王朝的统治者无论是汉族还是少数民族，都要认真考虑如何正确处理民族宗教问题，维护民族团结、社会稳定、领土完整和国家统一。在我国多民族、大一统国家的形成过程中，宗教曾经发挥重要作用，是民族文化的重要内容、民族凝聚力的重要源头、民族团结的重要手段。宗教是影响民族关系的重要因素，民族问题经常通过宗教问题的形式表现出来，历代统治者制定民族政策时往往联系宗教政策，希望在尊重不同民族宗教信仰和风俗习惯的基础上，实现宗教和谐，进而维系民族团结；或者借助宗教超越民族的宽泛社会网络，利用多个民族信仰同一种宗教的亲切感培育民族感情；或者笼络对民族群众有重大影响的宗教权威，借助他们的能力，羁縻民族群众；或者扶持儒教、佛教、道教等，对少数民族传统宗教进行变革，吸纳各民族精英进入统治阶层，使之心向中央王朝，借助共同的政治利益维护民族团结。无论如何，宗教都可以看作中华民族多元一体格局的黏合剂，制定民族政策的同时，必须充分考虑宗教维度；制定宗教政策的同时，也必须充分考虑民族维度。只有将二者充分结合起来进行考虑，才能收到良好的政策效果。

① 江应樑编著《边疆行政人员手册》，收入马玉华主编《云南全省边民分布册》（五种），第51页。

后 记

本书在笔者主持的云南省哲学社会科学研究基地课题结项报告的基础上修改完成。因为课题研究需要，本书第一章、第二章的第一节和第二节，以及第七章的部分内容，曾经作为阶段性成果发表在学术刊物上，在此谨向期刊编辑部的老师们致谢。上述内容收入本书后，笔者又对这几篇论文做了修改。附录中国历代民族宗教政策参阅了有关著作和论文资料，在此谨向原作者致谢。

感谢云南省哲学社会科学联合会将本书纳入云南省哲学社会科学创新团队成果文库，并聘请专家对书稿进行审读。特别感谢恩师张桥贵教授在百忙之中通读书稿，张老师提出的宝贵意见令本书增色不少。从我硕士至博士求学直至参加工作，恩师始终无微不至地关心我、启发我、帮助我，恩师的谆谆教诲、殷殷期望，弟子感激之情无以言表。得遇恩师，吾之幸也！正是作为恩师领衔主持的"云南宗教文化与民族社会和谐发展"创新团队成员，书稿得以遴选进入成果文库。书稿能够出版，与社会科学文献出版社责任编辑和校对人员付出的辛勤劳动分不开。

尚有敝帚自珍之意，敢怀抛砖引玉之情。作者虽然尽力修改完善书稿，但书中仍有诸多不足，恳请学界同人批评指正。作者自知静坐书斋寻章摘句之时甚多，涉足田野探求真知之日太少。立足田野，扎实做好调查研究，将是今后努力的方向。希望有一天能够系统梳理云南宗教文化与民族团结的关系内涵，提出更为成熟的理论分析模型。

校改完本书最后一字，恰好北窗晨曦初现，树丛群鸟乱啼，帘下清风拂面，户外桂香沁脾。一身轻松惬意，毕竟书稿已经改完；十分忐忑不安，唯恐书稿还有疏漏。不由想起王国维先生借以表达人生和学问境界的三句宋词。学问之道，仰之弥高，钻之弥坚，浸润其中越深，越不知门庭之所在。一路走来，看到点点灯光，至于阑珊灯火，吾辈何敢望之。只求不忘初心，但愿能得始终。

孙浩然

写于呈贡大学城寓所

2017 年 8 月 12 日

图书在版编目（CIP）数据

云南宗教文化与民族团结的关系研究／孙浩然著
. -- 北京：社会科学文献出版社，2017.9
（云南省哲学社会科学创新团队成果文库）
ISBN 978 - 7 - 5201 - 1096 - 9

Ⅰ.①云…　Ⅱ.①孙…　Ⅲ.①宗教文化 - 关系 - 民族
团结 - 研究 - 云南　Ⅳ.①B929.2 ②D633

中国版本图书馆 CIP 数据核字（2017）第 163926 号

·云南省哲学社会科学创新团队成果文库·
云南宗教文化与民族团结的关系研究

著　　者／孙浩然

出 版 人／谢寿光
项目统筹／宋月华　袁卫华
责任编辑／袁卫华　孙美子

出　　版／社会科学文献出版社·人文分社（010）59367215
　　　　　地址：北京市北三环中路甲 29 号院华龙大厦　邮编：100029
　　　　　网址：www. ssap. com. cn
发　　行／市场营销中心（010）59367081　59367018
印　　装／北京季蜂印刷有限公司

规　　格／开　本：787mm × 1092mm　1/16
　　　　　印　张：15.75　字　数：248 千字
版　　次／2017 年 9 月第 1 版　2017 年 9 月第 1 次印刷
书　　号／ISBN 978 - 7 - 5201 - 1096 - 9
定　　价／89.00 元

本书如有印装质量问题，请与读者服务中心（010 - 59367028）联系